工业和信息化高职高专"十二五"
规划教材立项项目

FE
21世纪高等职业教育财经类规划教材
财务会计类

基础会计

Accounting Principles

马秀菊 ◎ 主编

杨晞 王永莉 李艳莉 张继英 曹康锐 ◎ 副主编

人民邮电出版社

北京

图书在版编目（CIP）数据

基础会计 / 马秀菊主编. -- 北京 : 人民邮电出版社，2012.9（2016.1 重印）
21世纪高等职业教育财经类规划教材. 财务会计类
ISBN 978-7-115-28455-6

Ⅰ. ①基… Ⅱ. ①马… Ⅲ. ①会计学－高等职业教育－教材 Ⅳ. ①F230

中国版本图书馆CIP数据核字(2012)第179408号

内容提要

本书系统地介绍了基础会计的相关知识。全书共有 8 章，包括会计概述、会计恒等式和账户、复式记账、主要经济业务核算、会计凭证、会计账簿、财产清查、财务会计报告等。

本书既可以作为高职高专相关专业基础会计的教材，也可以作为中职会计专业的参考教材，还可以作为社会上各种财经类培训或自学教材。

工业和信息化高职高专“十二五”规划教材立项项目

21 世纪高等职业教育财经类规划教材 • 财务会计类

基础会计

♦ 主　　编　马秀菊
副 主 编　杨　晞　王永莉　李艳莉　张继英　曹康锐
责任编辑　李育民

♦ 人民邮电出版社出版发行　　北京市丰台区成寿寺路 11 号
邮编　100164　　电子邮件　315@ptpress.com.cn
网址　http://www.ptpress.com.cn
大厂聚鑫印刷有限责任公司印刷

♦ 开本：700×1000　1/16
印张：15.75　　2012 年 9 月第 1 版
字数：302 千字　　2016 年 1 月河北第 2 次印刷

ISBN 978-7-115-28455-6

定价：29.80 元

读者服务热线：(010)81055256　印装质量热线：(010)81055316
反盗版热线：(010)81055315
广告经营许可证：京崇工商广字第 0021 号

前言

基础会计是高职高专院校财经类专业重要的专业基础课程。针对高职高专学生基础知识掌握不足、实际核算能力薄弱等特点，遵循“够用、必需”的原则，依据2006年《企业会计准则》，我们组织从事会计教学多年的一线教师编写了本书。我们将教学、实训环节中出现的各类问题进行分析、总结，并将这些疑点、难点全部融入书中，做到既有的放矢，又易学实用，力求更好地为应用型人才的培养服务。

本教材的基本特色如下。

1．知识框架清晰，章节目标鲜明

本教材分为8章，每章均由知识目标、技能目标、知识框架、相关知识、本章小结、复习思考和同步测试等7个部分内容组成。学生通过每章的知识框架体系，可直观、全面、清楚地了解本章的全部内容；本章小结将知识线索有机串连起来，便于学生复习。值得一提的是，大多数教材将账务处理程序单独作为一章，实务中只有记账凭证账务处理程序和科目汇总表账务处理程序常用，因而本书将账务处理程序放入会计账簿这一章中，更符合实际操作。

2．拓展内容链接，学科触类旁通

本书每章的授课内容均有相关知识链接，涉及税法、财务会计和公司法等多个财经类学科领域，既要求教师紧随时代步伐，对国家的经济发展、法律法规了然于心，不断地更新知识信息，又可开拓学生视野，增加对会计的学习兴趣。

3．强化职业素养，德育渗透教学

本书开篇第1章着重介绍会计职业道德准则、会计法规体系等内容。在其他章节中，也加大了德育渗透力度，培养学生知法依法、知章循章、诚实守信和不做假账的职业素养。

4．增加实训题量，配套同步测试

为了加强学生实际核算能力和动手操作能力，本书加大了实训的题量。在复习思考、同步测试题上，习题与教学内容相吻合，有利于教师有条理、顺畅地授课。此外，本书还将授课内容中涉及的种种问题都归入习题中，让学生进行反复演练，增加了知识的难度、广度，使学生能及时自检，巩固学习内容。

本书参考学时为72学时。

本书由马秀菊任主编，杨晞、王永莉、李艳莉、张继英、曹康锐任副主编，参与本书编写的还有申香菊。本书编写具体分工如下：第1章由马秀菊编写，第2章、第3章由王永莉编写，第4章由李艳莉编写，第5章、第6章由张继英编写，第7章、第8章由曹康锐编写。第5章、第6章所有表格均由申香菊制作。

由于编者水平有限，书中难免存在错误和不妥之处，敬请广大读者批评指正。

编　者

2012年7月

目录

目录

目　录

第1章 总论

【知识目标】

1. 了解会计的产生和发展；
2. 理解会计的定义；
3. 理解会计对象与会计信息使用者；
4. 掌握会计目标；
5. 掌握会计核算方法；
6. 掌握会计核算的基本前提与会计信息质量要求；
7. 掌握会计核算的基础工作；
8. 熟悉会计法规体系。

【技能目标】

1. 能正确描述工业企业资金循环过程；
2. 能正确解释会计核算方法及其相互关系；
3. 能分析会计人员的行为是否符合职业道德。

【知识框架】

总论
会计概述
会计的产生与发展
会计的产生
会计的发展
会计的概念与特点
会计的概念
会计的特点
会计的职能
会计核算职能
会计监督职能
会计对象
工业企业资金运动
商品流通企业资金运动
行政事业单位资金运动
会计目标与会计任务
会计目标
会计任务
会计方法
会计核算方法
设置账户
复式记账
填制和审核凭证
登记账簿
成本计算
财产清查
编制财务会计报告
会计核算的基本前提与会计信息质量要求
会计核算的基本前提
会计主体
持续经营
会计分期
货币计量
会计核算的基础工作
会计信息质量要求
可靠性
相关性
可理解性
可比性
实质重于形式
重要性
谨慎性
及时性
我国会计法规体系
会计法律
会计行政法规
国家统一的会计制度
会计人员
会计人员的任职要求
会计工作岗位的设置
会计人员的职业道德

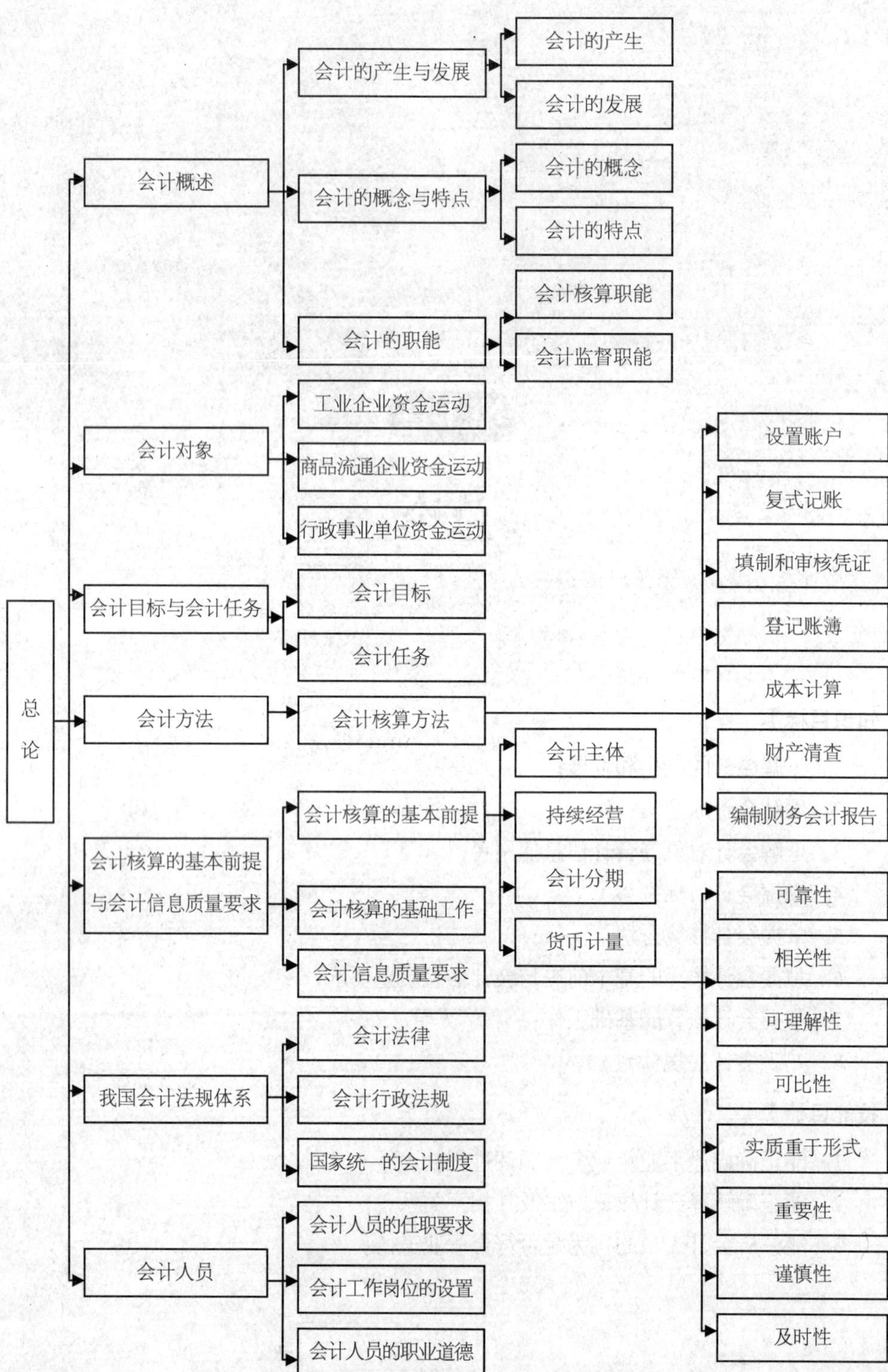

1.1 会计概述

1.1.1 会计的产生与发展

1. 会计的产生

会计何时、何地诞生，至今尚无定论。但会计是人类社会发展到一定阶段的产物，并伴随着社会经济的发展而不断得到发展和完善。

在原始社会，当捕获的猎物和种植的谷物等有了剩余，人们要算计着食用或进行交换，就需要进行简单的记录和计算。但当时还没有文字，所以只好“绘图记事”，后来发展到“结绳记事”、“刻石记数”等方法。这些最原始的记录和计算行为，就是会计的萌芽。当时生产力水平十分低下，这种记录和计量行为是由生产者本身附带完成的，只是生产职能的附带部分，并没有专职人员来记录。后来，随着生产力的发展，出现了剩余产品，会计逐渐从生产职能中分离出来，成为独立职能。

【知识链接】

结绳记事

结绳记事是文字发明前，人们所使用的一种记事方法，即在一条绳子上打结，用以记事。其结绳方法，据《易九家言》记载：“事大，大结其绳；事小，小结其绳。结之多少，随物众寡。”，即根据事件的性质、规模或所涉数量的不同系出不同的绳结。上古时期的中国及秘鲁的印地安人皆有此习惯，即使到近代，一些没有文字的民族，仍然采用结绳记事来传播信息。

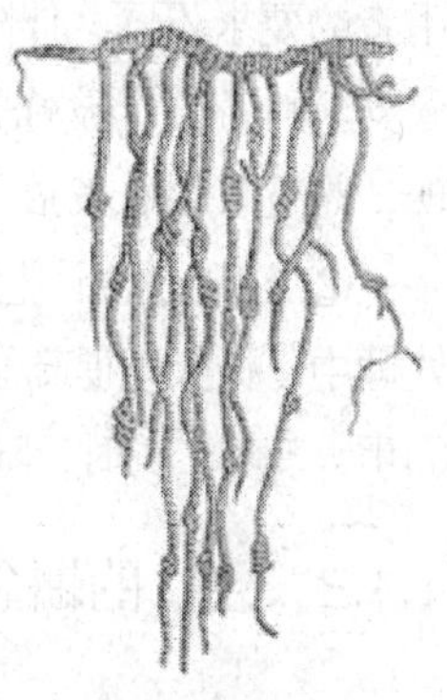

图1-1　奇普

奇普（Quipu或khipu）是古代印加人的一种结绳记事的方法，用来计数或记录历史。它是由许多颜色的绳结编成的，如图1-1所示。这种结绳记事方法已经失传，目前还没有人能够了解其全部含义。

2. 会计的发展

会计大致经历了三个阶段。

（1）古代会计（1494年以前）。“会计”一词，最早出现在西周，《周礼》中指出，“会计，以参互考日成，以月要考月成，以岁会考岁成”。那时的西周王朝，就设立了“司会”官职，专管朝廷的钱粮收支，进行“月计岁会”，每月零星计算称为“计”，年终总合计算称为“会”。唐宋时期，会计有了比较全面的发展，尤其在宋朝，出现了“四柱清册”，所谓四柱就是反映钱粮的“旧管”（期初结存）、“新收”（本期收入）、“开除”（本期支出）、“实在”（期末结存）。在明末清初，产生了“龙门账”，将账目划分为“进”（收入）、“缴”（支出）、“存”（资产）、“该”（负债），年终通过“进”与“缴”对比，“存”与“该”对比，确定盈亏，计算结果若完全吻合，称为“合龙门”。

（2）近代会计（15 世纪 1494 年—20 世纪 30 年代）。近代会计的标志是复式记账法在会计中的应用。13—15 世纪，意大利地中海沿岸城市产业经济的发展和资本借贷的兴起，推动了会计复式记账法的产生和发展。1494 年，意大利数学家卢卡·帕乔利（Luca Pacioli）出版了他的《算术、几何、比与比例概要》一书，系统地介绍了复式记账法。由于这本书的出版，复式记账法在欧洲和全世界得到推广，卢卡·帕乔利也因此被称为“现代会计之父”。这是近代会计发展史上的第一个重要里程碑，标志着记账方法从单式记账法向复式记账法转变。18—19 世纪，英国产业革命，资本主义经济得到空前发展，英国成为当时工业最发达、生产力水平最高的国家。在英国，产生了适应大生产需要的新的企业组织形式——股份公司，公司的账目需要职业会计师的监督，这就对会计提出了新的要求。1854 年世界第一个会计师协会——英国爱丁堡会计师公会的成立，被认为是近代会计发展史上的第二个里程碑。

（3）现代会计（20 世纪 50 年代至今）。20 世纪 50 年代以后，以美国为首的资本主义经济迅猛发展，会计也随之得到快速发展。在该阶段，会计有以下两个重要变化。

① 产生了会计学的一个新分支，即管理会计。由于企业内部和外部会计信息使用者的要求不同，伴随着生产和管理科学的发展，会计分为财务会计和管理会计两个分支。财务会计被称为对外报告会计，管理会计被称为对内报告会计。管理会计的出现，是近代会计发展为现代会计的重要标志。

② 出现了会计电算化。随着电子计算机的发明和运用，计算机逐步应用到会计信息处理中，极大地提高了会计信息处理的速度和质量，这是会计操作技术和信息处理方式的重大变革。同时，随着网络技术的发展，会计信息网络系统也逐渐地建立和发展起来。

1.1.2 会计的概念与特点

1. 会计的概念

清代学者焦循在《孟子正义》中是这样解释会计的，“零星算之为计，总合算之为会”，即日常的零星计算为计，岁末的全年总合计算为会，合起来就是会计。这是当时对会计的定义，随着社会经济的高速发展，现在会计的内容、范围和方法等发生了很大变化。不过，迄今为止，无论是国内还是国外，人们对“会计”概念的认识尚未达成共识。目前，在我国关于会计的概念主要有以下三种说法。

信息系统论：认为会计是一个以提供财务信息为主的信息系统。

会计控制论：认为会计是一个控制系统。

管理活动论：认为会计的本质是管理活动。

虽然会计的概念说法不一，但大多数学者比较趋同后一种说法，即管理活动论。因此可以把会计定义为，会计是以货币为主要计量单位，以凭证为依据，采用一系列专门的方法和程序，对单位发生的经济交易或事项进行连续、系统、全面、综合地确认、计量、记录和报告，并向利益相关者提供会计信息的一种管理活动。

2. 会计的特点

从概念中可以得知会计具有以下六个特点。

（1）会计以货币为主要计量单位。在会计实务中，主要有三种计量单位：货币量度、实物量度和劳动量度。原始的会计计量只是简单地用实物量度和劳动量度对经营活动和财务收支进行计算和记录；随着社会生产的日益发展，经济交易和事项越来越复杂，各种财产物资的实物衡量单位不同，无法统一计量和记录，而货币是商品的一般等价物，是衡量商品价值的共同尺度，货币量度的可比性和综合性越来越能满足会计的需要，所有财产物资的总括指标都只能利用货币量度间接地进行计算，并以实物量度和劳动量度为辅助，从而取得连续的、系统的、全面而综合的会计信息，使会计核算成为可能。

【知识链接】

交易：指发生在两个不同会计主体之间的价值转移，比如，一家企业购买另一家企业的产品或原材料等。

事项：主要指发生在主体内部各部门之间的资源的转移，比如，生产车间领用原材料等。

经济业务：我国习惯将交易与事项统称为“经济业务”。

（2）会计以真实、合法的原始凭证为依据。经济越发达，会计越重要。会计信息的一个最重要特点是具有可验证性，保证可验证性的重要前提就是反映交易或事项的凭证必须是真实的、合法的原始凭证。

（3）会计具有专门的方法和程序。会计是一门古老而年轻的学科，在其漫长的发展过程中，产生了一系列科学而系统的专门程序和方法。

（4）会计核算具有连续性、系统性、全面性和综合性。连续性是指会计对经济交易或事项应按其发生的时间先后顺序不间断地进行核算。系统性是指对各种经济交易或事项要进行科学地分类，进而对会计资料加工整理，以得到系统的会计信息。全面性是指对属于单位的经济交易或事项都必须无一遗漏地记录。综合性是对各种会计资料进行汇总，以得到综合的会计信息，从而满足信息使用者的需要。

（5）会计处理包括确认、计量、记录和报告四个环节。所谓会计确认是指单位发生的交易或事项依照规定的标准判别其是否属于会计对象，并作为会计要素加以计量以及是否列入会计报表的辨认过程。会计确认是通过一定的标准或方法来确定所发生的经济活动是否应该或能够进行会计处理。会计计量是指运用一定的计量单位和计量属性，确定被记录对象应记录的金额。会计记录是指通过一定的会计专门方法将经过确认和计量的信息在会计特有的载体上予以登记的过程。会计报告是指将日常记录的会计信息分类整理后编制成财务报告，提供给相关利益者。

（6）会计的本质是一种管理活动。会计产生于人们管理社会生产和经济事务的过程，会计工作的特点决定了单位的每个经营管理环节都离不开会计人员的参与，会计成为单位经济管理活动的重要组成部分。

1.1.3 会计的职能

会计的职能是指会计在经济管理活动中所具有的内在功能。马克思曾经将会计的基本职能概括为"对过程的控制和观念的总结"，即对经济活动过程的核算和监督。《中华人民共和国会计法》第五条规定："会计机构、会计人员依照本法规定进行会计核算、实行会计监督。"可见，在我国会计的基本职能是会计核算和会计监督。

1. 会计核算职能

会计核算职能主要是指会计以货币为主要计量单位，连续地、系统地、全面地、综合地对经济交易或事项进行确认、计量、记录和报告。这种功能在会计产生的时候就已经客观存在了。会计核算的主要内容有：

（1）款项和有价证券的收付；

（2）财物的收发、增减和使用；

（3）债权、债务的发生和结算；

（4）资本、基金的增减；

（5）收入、支出、费用和成本的计算；

（6）财务成果的计算和处理；

（7）需要办理会计手续、进行会计核算的其他事项。

2. 会计监督职能

会计监督职能是指会计人员按照一定的目的和要求，利用会计核算所提供的会计信息，对单位的经济业务的合法性、合理性进行事前、事中和事后审查，使其达到预期目标的功能。

合法性审查是为了保证各项经济业务的处理符合国家有关法律法规，遵守财经纪律。合理性审查主要是检查各项财务收支是否符合单位的财务收支计划，是否有利于预算目标的实现，是否符合内部控制制度要求等。

会计核算与会计监督两大基本职能关系密切，相辅相成。会计核算职能是会计的首要职能，是会计监督的基础。如果没有提供可靠、完整的会计核算资料，会计监督就没有客观依据，也就无法进行会计监督。会计监督是会计核算的保证。没有会计监督，就不可能提供真实可靠的会计信息，会计核算就失去了存在的意义。

会计的职能是随着会计的发展而发展的，随着社会生产的进一步发展和科学技术的进步，尤其是计算机和网络系统在会计领域中的广泛应用，为适应现代经济的需要，会计的职能除基本职能外，还有分析职能、预测职能和参与经营决策职能等。

1.2 会计对象

会计对象是指会计核算和监督的内容。会计是以货币为主要计量单位，对单位的经济活动进行核算和监督。而以货币表现的经济活动，通常被称为价值运动或资金运动。因此资金运动就是会计核算和监督的内容，也就是会计对象。所谓资金就是指单位所拥有的财产物资的货币表现及货币本身。

不同性质单位的经济活动不同，其资金运动的内容也不同。概括地说：企业的资金运动是指经营资金的运动；行政事业单位的资金运动是指预算资金的运动。

为了更好地了解和认识会计对象，现以工业企业、商业企业和行政事业单位为例，具体说明资金运动形式。

1.2.1 工业企业的资金运动

工业企业主要从事产品生产和销售，其生产经营活动主要分为供应、生产和销售三个过程，伴随着生产经营活动的经营资金也顺次经过供应、生产和销售三个过程不断地改变形态，周而复始地循环周转。

在供应过程中，企业以货币资金购进原材料和固定资产等，为生产进行必要的物资储备，货币资金就转化为储备资金。

生产过程是将原材料投入生产并加工成产品的过程。在这个过程中会发生各种生产费用，如材料的消耗，固定资产的磨损，职工薪酬的支付等，储备资金和一部分货币资金转化为生产资金。生产过程中经过所有生产工序后，产品制造完成，生产资金又转化为成品资金。

在销售过程中，企业销售产品收到货款，成品资金又转化为货币资金，企业将经营所得的货币资金用于缴纳税金、偿还债务和分配股利等，其余部分又重新投入生产经营过程，继续进行周转。企业的资金通过上述三个过程，按照一定的规律依次转化，不断地循环，称为资金周转，如图1-2所示。

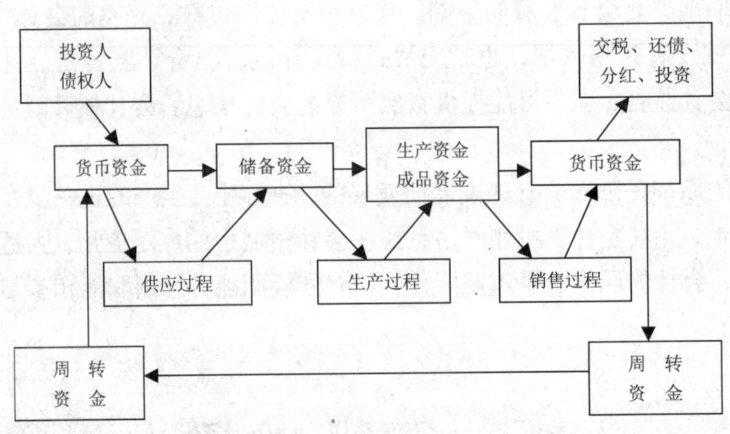

图 1-2 工业企业的资金运动

1.2.2 商品流通企业的资金运动

商品流通企业主要用来从事商品流通业务。商品流通企业的经营活动主要分为购进过程和销售过程。在购进过程中，通过商品采购，支付货款，货币资金转化为商品资金；在销售过程中，通过销售商品，收回货款，商品资金转化为货币资金。因此，商品流通企业的资金运动是沿着“货币资金—商品资金一货币资金”的形式连续不断地循环和周转的，如图 1-3 所示。

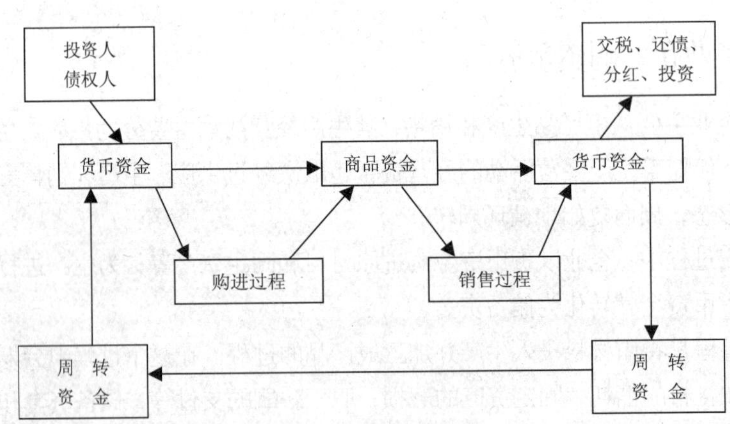

图 1-3 商品流通企业的资金运动

1.2.3 行政事业单位的资金运动

行政事业单位的经济活动不以赢利为目的，但为完成行政事业任务也需要拥有一定数量的资金，其中，行政单位的费用开支主要来源于国家预算拨款，与企业不同，预算资金运动不表现为资金的循环和周转，而只是预算资金的一收一支。自收自支事业单位的资金运动与企业的资金运动性质相同。实行差额预算的事业单位，预算拨款的资金运动方式与行政事业单位相同。这种预算资金的收支活动和事业单位业务收支的资金是行政事业单位的会计对象。

1.3　会计目标和会计任务

1.3.1　会计目标

1. 会计目标的概念

会计目标，是指会计这项管理活动所期望达到的预期结果。有了会计目标，就为会计活动指明了方向。会计目标受社会经济环境和会计内在本质的制约，会随着经济的发展而不断地发展变化。目前在我国随着会计所处环境的变化，会计目标成了一个热点问题，形成了以“受托责任观”和“决策有用观”为代表的两种主流观点。“受托责任观”学派认为，会计目标是向资源的提供者报告资源的受托管理情况。以历史客观的信息为主，更强调会计信息的可靠性。“决策有用观”学派认为，会计目标是向信息使用者提供有助于合理决策的信息，更强调会计信息的相关性。目前居于主流观点的是以可靠性为主，兼顾相关性。

我国《企业会计准则》中明确规定：会计信息应当符合国家宏观经济管理的要求，满足有关各方了解企业财务状况和经营成果的需要，满足企业加强经营管理的需要。这也正是会计的目标所在。

2. 会计信息使用者

会计信息需求来自单位利益相关者，以企业为例，主要来自企业外部和内部两方面，它们分别是会计信息的外部使用者和内部使用者。

（1）会计信息的外部使用者。会计信息的外部使用者是指企业外部与企业有利害关系的集团和个人，具体包括以下内容。

① 投资者。投资者是企业会计信息的首要使用者，他们需要根据企业的季度、半年度及年度财务报告等提供的信息来评价企业经营成果、财务状况和现金流量等。股东们据此决定是保留投资、撤出投资还是追加投资。

② 债权人。债权人对企业的信誉、偿债能力是非常关心的。企业财务报告是这些信息的一个重要来源。债权人需要通过会计信息了解企业营运情况和偿债能力等，据此判断自己的资金是否安全。

③ 政府部门。税务部门需要掌握企业利润和交纳税额的信息；社会保障机关需要了解企业交纳各项社会保障基金的信息；此外，企业每年都应向工商部门提供

财务报告；国有企业还必须向国家财政、审计机关提供财务报告，以便接受政府监督等。

④ 职工。职工在为企业提供劳务的同时，职工个人除期望按期收到薪酬，掌握企业为职工提供社会保障的各类信息外，还特别关注企业的未来成长性，因此他们也需要了解企业的会计信息。

⑤ 供应商与客户。供应商和客户通过了解企业的信用状况、现金流量以及支付能力等方面的会计信息，以便决定与企业是否发生相关的经济业务往来。

⑥ 社会公众。社会公众是企业潜在的投资者，他们需要了解的是企业有没有投资价值及未来能否长期稳定发展的会计信息。

企业向外部使用者所提供的会计信息，大多属于“强制性的”或是“必须的”。例如，向政府部门和股东所报送的财务报告，均属于强制性的信息。这些信息通常被称为财务会计信息。为了不让财务会计信息的使用者在阅读这些信息时产生歧义或被误导，财务会计必须按照一定的程序和公认的会计原则、会计准则、会计制度对日常经济业务进行处理，以财务报告的形式发布财务信息，这些规则为整个社会所接受并理解。

（2）会计信息内部使用者。会计信息内部使用者主要是指企业内部管理者，如总经理、各部门经理、分厂经理、分部经理和车间主任等。管理部门利用会计信息做出有关预测和决策并对日常生产经营活动进行监督与控制，保证企业目标得以顺利实现。这些信息通常被称为管理会计信息。

1.3.2 会计的任务

会计的任务是根据会计的职能和作用而规定的，它取决于会计对象的特点和经济管理的要求。根据《会计法》第一条规定，国家对会计工作的要求是：发挥会计工作在维护社会主义市场经济秩序、加强经济管理和财务管理、提高经济效益中的作用。根据这一要求，提出了以下四项会计任务。

（1）加强会计核算，真实、准确地提供会计信息。

（2）监督经济活动，维护财经纪律，控制经济活动的全过程，维护社会主义市场经济秩序。

（3）加强经济核算，考核财务状况，提高经济效益。

（4）充分利用会计信息及其他相关资料，进行分析、预测，参与经营决策。

1.4 会计方法

会计方法是用来核算和监督会计对象，达到会计目的，完成会计任务的手段。现阶段会计方法包括会计核算方法、会计分析方法和会计检查方法等，其中会计核算方法是会计最基本的方法。

会计核算方法是对经济业务进行完整、连续和系统地记录和计算，为经营管理提供必要的信息所应用的方法，一般包括设置账户、复式记账、填制和审核凭证、登记账簿、成本计算、财产清查和编制财务会计报告等七个方面。

1. 设置账户

设置账户是对会计对象的具体内容进行分类、核算和监督的一种专门方法。

2. 复式记账

复式记账是一种记账方法，是对每一项经济业务都通过两个或两个以上相互联系的账户进行登记的一种专门方法。

3. 填制和审核凭证

填制和审核凭证是指在每项经济业务发生后，将其时间、数量和金额等在会计凭证中记录并审核。其目的是为了保证会计记录完整、真实，审查经济活动是否合法、合理而采用的一种专门方法。

4. 登记账簿

登记账簿简称记账，是以审核无误的会计凭证为依据，在账簿上连续地、系统地和全面地记录经济业务的一种专门方法。

5. 成本计算

成本计算是按一定的成本计算对象，对生产经营过程中所发生的成本、费用进行归集，以确定各对象的总成本和单位成本的一种专门方法。

6. 财产清查

财产清查是对各项财产物资进行实物盘点，账目核对，以保证账实相符的一种专门方法。

7. 编制财务会计报告

财务会计报告是指企业对外提供的反映企业某一特定日期的财务状况和某一会计期间的经营成果、现金流量等会计信息的文件。它是会计核算的最终成果。编制完成财务会计报告，就意味着某一会计期间会计核算工作的结束。

对于企业发生的经济业务，首先要取得合法凭证，按照所设置的账户，进行复式记账，根据账簿记录，进行成本计算，通过财产清查并保证账实相符的基础上编制财务会计报告。会计核算的这七种方法相互联系，密切配合，缺一不可，它们共同构成一个完整的会计核算方法体系。如图1-4所示，在这个体系中，填制和审核凭证是会计核算的最初环节，登记账簿是会计核算的中心环节，编制财务会计报告是会计核算的最终环节。

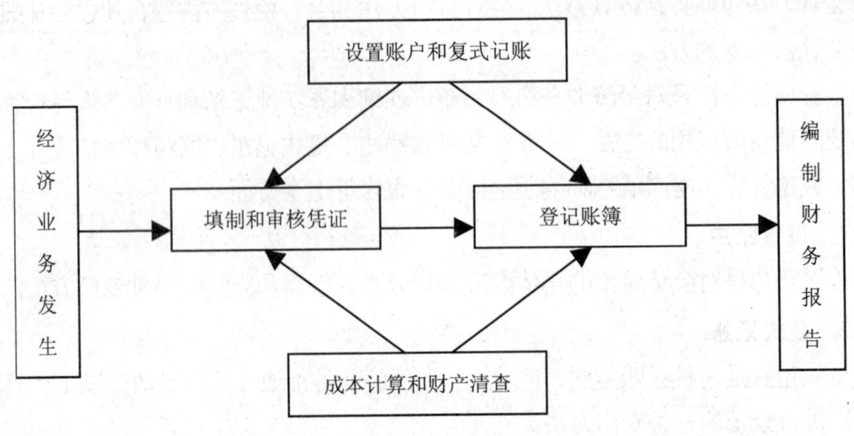

图 1-4 会计核算方法体系

1.5 会计核算的基本前提与会计信息质量要求

1.5.1 会计核算的基本前提

会计核算面对的是复杂多变的社会经济环境，会计人员必须对所处的环境做出判断，规定一系列基本的前提条件，才能使核算正常进行，才能据以选择并确定会计处理方法。因此，会计核算的基本前提是组织会计核算工作应当具备的前提条件，是企业进行会计确认、计量、记录和报告的基本前提。

会计核算的基本前提又称会计假设，是对会计核算所处的时间、空间环境等所进行的合理设定，主要包括：会计主体、持续经营、会计分期和货币计量。

1. 会计主体

会计主体是指会计工作为其服务的特定单位或组织。会计主体假设明确了会计确认、计量和报告的空间范围，即设定了会计核算的空间范围。

在会计主体假设下，企业应当对本身发生的交易或事项进行会计确认、计量和报告，反映企业本身发生的经济活动和其他相关活动。在确定会计主体时，需要注意以下两点。

（1）会计主体不同于法律主体。法律主体是指出资人组建，在政府指定部门注册登记，拥有法人产权，具有独立民事行为能力的单位。一般来说，法律主体必然是会计主体，但会计主体不一定是法律主体。会计主体可以是法人，也可以是非法人，例如，企业内部的某个部门是独立核算的，则该部门就是会计主体，但不是法律主体；母子公司构成的集团不是法律主体，但在提供合并报表时就是会计主体。

一般地，会计主体与法律主体的关系有两种情况：既是会计主体，又是法律主体，例如，有限责任公司、股份有限公司等；是会计主体，但不是法律主体，例如，由自然人创办的独资企业或合伙企业、分公司、企业集团等。

（2）会计主体不仅要与其他会计主体区分开，还要与会计主体的所有者在经济上划分清楚。企业的一切会计核算，都是将企业作为一个会计主体来进行的，而企业所有者的交易或事项只是企业所有者主体发生的，与企业的交易或事项无关，当然不应纳入企业会计核算的范畴。企业在经营中所获得的收益，也不能直接作为投资者的收益，只有按规定分配给投资者后，才算其收益。例如，由自然人创办的独资企业或合伙企业，不具有法人资格，但在会计核算上必须将企业作为一个会计主体，以便将会计主体的经济活动与会计主体所有者的经济活动区分开来。

2. 持续经营

持续经营是指在可以预见的将来，企业将会按当前的规模和状态继续经营下去，不会停业，也不会大规模削减业务。持续经营假设界定了会计核算的时间范围。

持续经营是相对于非持续经营而言的，在持续经营前提下，会计确认、计量和报告应当以企业持续的、正常的生产经营活动为前提。企业经营一旦终止或进行破产清算，持续经营的前提就不存在了，企业就必须改变会计核算方法。

会计上提出持续经营为前提是因为在市场经济条件下，企业之间必然存在竞争，最终优胜劣汰。一个企业在经营过程中很难预测到底能够经营多久，企业间的激烈竞争和社会需求的日益变化常常使企业的主观愿望与实际情况相矛盾。在这种不确定的情况下，在会计实践中只能做一种假设，即企业在可以预见的将来是能够继续存在的。只有在持续经营前提下，才能确定会计核算和监督的程序和方法，才有必要和可能进行会计分期，企业的资产和负债才区分为流动的和非流动的，企业对收入、费用的确认才能采用权责发生制等。

3. 会计分期

会计分期是指将一个企业持续经营的生产经营活动划分为一个个连续的、长短相同的期间。

会计分期的目的在于，通过会计期间的划分，将持续经营的生产经营活动划分成连续、相等的期间，据以结算盈亏，按期编制财务报告，从而及时向信息使用者提供有关企业财务状况、经营成果和现金流量的信息。

会计分期前提是对会计核算时间范围的具体划分，是对持续经营前提的补充。这是因为企业的经营活动是无休止地运行的，若等到经济活动全部终止后再进行计量、记录和报告，那么会计信息就没有什么价值了，企业的各种管理和决策等都必须及时得到有关信息。这就有必要假设每次核算和监督的起止时间。有了这个前提，才产生了本期和非本期的区别，才能对企业经济业务的处理做出一些具体规定，例如，收入的实现、费用的分配、折旧的计提、无形资产的摊销等。

会计期间通常分为会计年度和会计中期。我国《会计法》第十一条规定："会计年度自公历 1 月 1 日起至 12 月 31 日止。"中期是指短于一个完整的会计年度的报告期间。会计中期分为月度、季度和半年度。

【知识链接】

1. 采用会计年度为历年制（1 月—12 月）的国家和地区有：中国、奥地利、比利时、保加利亚、捷克、斯洛伐克、芬兰、德国、希腊、匈牙利、冰岛、爱尔兰、挪威、波兰、葡萄牙、罗马尼亚、西班牙、瑞士、俄罗斯、白俄罗斯、乌克兰、墨西哥、哥斯达黎加、多米尼加、萨尔瓦多、危地马拉、巴拉圭、洪都拉斯、秘鲁、巴拿马、玻利维亚、巴西、智利、哥伦比亚、厄瓜多尔、塞浦路斯、约旦、朝鲜、马来西亚、阿曼、阿尔及利亚、叙利亚、中非共和国、科特迪瓦、利比里亚、利比亚、卢旺达、塞内加尔、索马里、多哥、赞比亚等。

2. 采用会计年度为 4 月—次年 3 月制的国家和地区有：丹麦、加拿大、英国、纽埃岛、印度、印度尼西亚、伊拉克、日本、科威特、新加坡、尼日利亚等。

3. 采用会计年度为 7 月—次年 6 月制的国家和地区有：瑞典、澳大利亚、孟加拉国、巴基斯坦、菲律宾、埃及、冈比亚、加纳、肯尼亚、毛里求斯、苏丹、坦桑尼亚等。

4. 采用会计年度为 10 月—次年 9 月制的国家和地区有：美国、海地、缅甸、泰国、斯里兰卡等。

5. 采用其他类型的会计年度有：

① 阿富汗、伊朗：3 月 21 日—次年 3 月 20 日；

② 尼泊尔：7 月 16 日—次年 7 月 15 日；

③ 土耳其：3 月—次年 2 月；

④ 埃塞俄比亚：7 月 8 日—次年 7 月 7 日；

⑤ 阿根廷：11 月—次的 10 月；

⑥ 卢森堡：5 月—次年 4 月；

⑦ 沙特阿拉伯：10 月 15 日—次年 10 月 14 日。

4. 货币计量

货币计量是指会计主体在会计确认、计量和报告时以货币作为计量单位，反映会计主体的生产经营活动。

《会计法》第十二条规定："会计核算以人民币为记账本位币。业务收支以人民币以外的货币为主的单位，可以选定其中一种货币作为记账本位币，但是编报的财务会计报告应当折算为人民币。"

【知识链接】

记账本位币是指企业经营所处的主要经济环境中的货币，在日常登记账簿和编制财务会计报告时用以表示计量的货币。凡是记账本位币以外的货币都是外币。会计主体在选择记账本位币时，应遵循以下原则：

1. 每一具体会计主体应以其业务收支的主要币种作为记账本位币；
2. 在第1款原则的基础上考虑母公司合并会计报表的需要；
3. 应尽可能考虑便于会计报表主要使用者进行阅读和使用；
4. 便于会计人员操作，减少折算环节等。

1.5.2 会计核算的基础工作

根据企业会计准则规定，企业应当以权责发生制为基础进行会计确认、计量和报告。

权责发生制又称为应计制或应收应付制，它是以收付应归属期间为标准，确定本期收入和费用的处理方法。即凡是应属于本期实现的收入和应当负担的费用，无论其款项是否收付，都应当作为本期的收入和费用处理；凡不应属于本期的收入和费用，即使其款项已经收付，也不应作为本期的收入和费用处理。与权责发生制相对应的是收付实现制或称为实收实付制。它是以收付的会计期间为标准，确定本期收入和费用的方法。例如，大运公司于2011年12月5日向红河公司销售了一批玻璃，金额为68 000元，双方约定于2012年1月10日进行货款结算。在这笔交易中，2011年12月5日大运公司虽然没有收到货款，但交易满足了收入确认的条件，则必须确认收入的实现。2012年1月10日大运公司收到货款时，也不应确认为收入，只能作为应收账款的收回。

【知识链接】

收付实现制：收付实现制亦称实收实付制，是指在会计核算中，以实际收到或支付款项为确认本期收入和本期费用的标准。根据收付实现制原则处理会计业务时应做到以下两点：其一，凡本期内实际收到的收入和支付的费用，无论其是否应归属本期，均应作为本期的收入和费用处理；其二，凡本期未曾收到的收入和未曾支付的费用，即使应归属本期，亦不应作为本期的收入和费用予以处理。

因此，采用收付实现制，会计处理手续比较简便，会计核算可以不考虑应计收入、应计费用、预收收入、预付费用的存在。

1.5.3 会计信息质量要求

会计信息质量要求是对企业财务报告中所提供的会计信息质量的基本要求，是使财务报告中提供的会计信息对投资者等信息使用者的决策有用所应具备的基本特征。它主要包括可靠性、相关性、可理解性、可比性、实质重于形式、重要性、谨慎性和及时性等。

1. **可靠性**

可靠性要求企业应当以实际发生的交易或者事项为依据进行会计确认、计量和报告，如实反映符合确认和计量要求的各项会计要素及其他相关信息，保证会计信息真实可靠、内容完整。它是对会计核算工作和会计信息的最基本的质量要求。

企业会计核算是整个国民经济核算的基础。从宏观上讲，国家通过企业的财务报告进行分析、汇总，才能对整个国民经济做出正确地判断，并进行经济决策，它要求会计提供的信息真实、可靠；从微观上讲，企业会计必须为内部经营管理服务，错误的信息必然会导致经营决策的失误，甚至将企业带上绝境。因此，会计核算最起码的要求是会计信息的真实、可靠。

2. **相关性**

相关性要求企业提供的会计信息应当与财务会计报告使用者的经济决策需要相关，有助于财务会计报告使用者对企业过去、现在或者未来的情况做出评价或者预测。

相关性要求企业提供的会计信息必须与财务报告使用者相关联，满足与企业有关的多方面的需要。

（1）会计信息应当满足国家宏观管理需要，与国家宏观要求相关联。

（2）会计信息应当满足利益各方了解企业财务状况和经营成果等的需要，与企业利益相关者的信息需要相关联。

（3）会计信息还应当满足企业内部经营管理的需要，与企业内部经营管理的需要相关联。

需要注意的是：相关性与可靠性是对立统一的关系。二者是对立的，若提高相关性，就有可能损失可靠性；若提高可靠性，就有可能损失相关性。二者又是相互依存、互为前提的，相关性以可靠性为基础，会计信息没有可靠性，相关性就失去了实际意义；反之，会计信息没有相关性，可靠性也就失去了存在的意义。所以两者之间并不矛盾，不应将其对立起来。要提高会计信息的质量，不能片面强调其中一方，而忽视另一方。即在可靠性前提下，尽可能相关，来满足财务报告使用者的决策需要。

3. **可理解性**

可理解性要求企业提供的会计信息应当清晰明了，便于财务会计报告使用者理解和使用。

它要求在保证会计信息质量的前提下，力求使所提供的会计信息清晰明了、通俗易懂。只有这样，才能提高会计信息的有用性，满足向财务报告使用者提供决策有用的信息的要求。

4. **可比性**

可比性要求企业提供的会计信息应当相互可比。具体包括以下内容。

（1）同一企业不同时期可比。同一企业不同时期发生的相同或者相似的交易或者事项，应当采用一致的会计政策，不得随意变更。确需变更的，应当在附注中说明。

（2）不同企业相同会计期间可比。不同企业发生的相同或者相似的交易或者事项，应当采用规定的会计政策，确保会计信息口径一致、相互可比。

5. 实质重于形式

企业应当按照交易或者事项的经济实质进行会计确认、计量和报告，不应仅以交易或者事项的法律形式为依据。

企业发生的交易或事项在多数情况下，其经济实质和法律形式是一致的，但有时会出现不一致。例如，融资租赁方式租入的固定资产，虽然从法律上来说该资产的所有权不属于出承租人，但由于租赁合同中规定的租赁期相当长，往往接近于该资产的使用寿命，除此之外租赁期满承租方有优先购买的选择权等。从其经济实质上来说，承租方能够控制融资租入资产所创造的未来经济利益，在会计确认、计量和报告时就应将其视为企业的资产。

6. 重要性

重要性要求企业提供的会计信息应当反映与企业财务状况、经营成果和现金流量等有关的所有重要交易或者事项。

在实务中，重要性的应用需要依赖职业判断，若某一会计信息的省略或错报会影响投资者等财务报告使用者据此做出决策，则该信息就具有重要性。需要指出的是重要性的标准并不是主观随意的，而是根据会计信息产生效益与提供会计信息成本的比值及信息使用者对信息的有用程度或决策的重要程度来决定的。

7. 谨慎性

谨慎性，也称稳健性，要求企业对交易或者事项进行会计确认、计量和报告时应当保持应有的谨慎，不应高估资产或者收益、低估负债或者费用。

在市场经济环境下，企业面临着很多风险和不确定因素。谨慎性要求企业在面临不确定性因素时，应持谨慎态度，充分估计到各种风险和损失，既不高估资产或者收益，也不低估负债或者费用。这就需要会计人员能够做出正确的职业判断，充分估计可能承担的风险和损失，以对防范风险起到预警作用，有利于保护投资者和债权人的利益，有助于提高企业的市场竞争力。例如，对应收款项计提坏账准备，对售出商品可能发生的保修义务确认预计负债，对一些固定资产采用加速折旧法，对存货跌价准备的提取等，这些会计处理都体现了会计信息质量的谨慎性要求。

需要注意的是，企业在运用谨慎性时，不能滥用，不能以谨慎性为由任意计提各种准备，即秘密准备。

8. 及时性

及时性要求企业对于已经发生的交易或者事项，应当及时进行会计确认、计量和报告，不得提前或者延后。

由于会计信息的使用价值具有时效性，即使是可靠的、相关的会计信息，若未能及时提供，对于信息使用者来说其效用会大大降低，甚至会失去意义。因此会计核算工作必须讲求实效，会计业务处理要及时进行，不得拖延和积压，以便会计信息能及时被利用。及时性要求当经济业务发生或完成时，首先要及时整理各种原始单据或凭证；其次要及时加工处理会计信息，即按照会计准则的规定，及时对经济交易或事项进行确认、计量、记录并编制财务报告；最后要及时传递会计信息，以确保信息使用者及时使用和决策。

1.6 我国会计法规体系

我国现行企业会计法规体系主要由会计法律、会计行政法规和国家统一的会计制度组成。国家统一的会计制度包含会计部门规章和规范性文件。

1.6.1 会计法律

会计法律是指全国人民代表大会及其常务委员会经过一定立法程序制定的有关会计工作的法律。我国目前有两部会计法律，分别是《中华人民共和国会计法》（以下简称《会计法》）和《中华人民共和国注册会计师法》（以下简称《注册会计师法》）。

《注册会计师法》颁布于 1993 年，是我国中介行业的第一部法律。《会计法》是会计法律制度中层次最高的法律规范，是制定其他会计法规的依据，也是指导会计工作的最高准则。《会计法》是我国会计核算的根本大法，是我国会计工作的母法。全文共有 7 章 52 条，其中 7 章分别为：总则，会计核算，公司、企业会计的特别规定，会计监督，会计机构和会计人员，法律责任，附则。

《会计法》就我国会计核算的主要方面做出了规定，涉及我国会计核算的所有领域，是包括企业会计核算法规在内的所有会计法规制定的基本依据。制定《会计法》的目的在于规范会计行为，保证会计资料真实、完整，加强经济管理和财务管理，提高经济效益，维护社会主义市场经济秩序。

【知识链接】

《中华人民共和国会计法》在 1985 年 1 月 21 日第六届全国人民代表大会常务委员会第九次会议通过，同年 5 月 1 日正式实施，这是新中国第一部会计法。1993 年 12 月 29 日，第八届全国人民代表大会常务委员会第五次会议通过了《关于修改〈中华人民共和国会计法〉的决定》，并自公布之日起施行。1999 年 10 月 31 日由第九届全国人民代表大会常务委员会第十二次会议审议通过了第二次修订草案，并于 2000 年 7 月 1 日正式实行。

1.6.2 会计行政法规

会计行政法规是指由国务院制定并发布的或者由国务院有关部门拟订经国务院批准发布的，调整经济生活中某些方面会计关系的法律规范。其制定依据是《会计法》。我国当前施行的会计行政法规有两部，分别是1990年12月31日发布的《总会计师条例》和2000年6月21日发布的《企业财务会计报告条例》。

1.6.3 国家统一的会计制度

国家统一的会计制度是指由国务院财政部门根据《会计法》制定的关于会计核算、会计监督、会计机构以及会计工作管理的制度，包括会计部门规章和会计规范性文件。例如，财政部发布的《企业会计准则》、《小企业会计准则》、《会计基础工作规范》、《会计人员工作规范》等，财政部与国家档案局联合发布的《会计档案管理办法》等，以下重点介绍《企业会计准则》。

《企业会计准则》是我国会计核算工作的基本规范，它以《会计法》为指导，其目的是规范企业会计确认、计量和报告行为，保证会计信息质量。我国财政部于2006年2月发布的新企业会计准则体系由基本准则、具体准则和应用指南三个部分构成。其中，基本准则是纲，在整个准则体系中起统驭作用；具体准则是目，是依据基本准则要求对有关企业或报告做出的具体规定；应用指南是补充，是对具体准则的操作指引。这次发布的企业会计准则体系，包括1项基本准则和38项具体准则。基本准则是企业会计准则体系中地位最高、最重要、最基本的规范，具体包括总则、会计信息质量要求、会计要素、会计计量、财务会计报告和附则，共11章50条。具体会计准则根据基本会计准则的要求，就经济业务处理及其程序做出具体规定，主要包括：

《企业会计准则第1号——存货》、《企业会计准则第2号——长期股权投资》、《企业会计准则第3号——投资性房地产》、《企业会计准则第4号——固定资产》、《企业会计准则第5号——生物资产》、《企业会计准则第6号——无形资产》、《企业会计准则第7号——非货币性资产交换》、《企业会计准则第8号——资产减值》、《企业会计准则第9号——职工薪酬》、《企业会计准则第10号——企业年金基金》、《企业会计准则第11号——股份支付》、《企业会计准则第12号——债务重组》、《企业会计准则第13号——或有事项》、《企业会计准则第14号——收入》、《企业会计准则第15号——建造合同》、《企业会计准则第16号——政府补助》、《企业会计准则第17号——借款费用》、《企业会计准则第18号——所得税》、《企业会计准则第19号——外币折算》、《企业会计准则第20号——企业合并》、《企业会计准则第21号——租赁》、《企业会计准则第22号——金融工具确认和计量》、《企业会计准则第23号——金融资产转移》、《企业会计准则第24号——套期保值》、《企业会计准则第25号——原保险合同》、《企业会计准则第 26 号——再保险合同》、《企业会计准则第 27 号——石油天然气开采》、《企业会计准则第 28 号——会计政策、会计估计变更和差错更正》、《企业会计准则第 29 号——资产负债表日后事项》、《企业会计准则第 30 号——财务报表列报》、《企业会计准则第 31 号——资金流量表》、《企业会计准则第 32 号——中期财务报告》、《企业会计准则第 33 号——合并财务报表》、《企业会计准则第 34 号——每股收益》、《企业会计准则第 35 号——分部报告》、《企业会计准则第 36 号——关联方披露》、《企业会计准则第 37 号——金融工具列报》、《企业会计准则第 38 号——首次执行企业会计准则》。

基本准则高于具体准则，它能为具体准则提供基本概念并指引方向，是所有具体准则的基础，为具体准则的制定提供理论上的依据，可用于指导、评估和发展具体准则。

会计法律制度构成汇总表如表 1-1 所示。

表 1-1 会计法律制度构成汇总表

<table>
<tr><th colspan="2">名　称</th><th>制 定 机 关</th><th>内　容</th></tr>
<tr><td colspan="2">会计法律</td><td>全国人大及其常务委员会</td><td>《中华人民共和国会计法》、《注册会计师法》</td></tr>
<tr><td colspan="2">会计行政法规</td><td>国务院制定并发布或国务院有关部门拟订并经国务院批准发布</td><td>《企业财务会计报告条例》、《总会计师条例》</td></tr>
<tr><td rowspan="2">国家统一的会计制度</td><td>会计部门规章</td><td>财政部制定并由部门首长签署命令予以公布</td><td>《企业会计准则——基本准则》、《会计从业资格管理办法》、《财政部门实施会计监督办法》</td></tr>
<tr><td>会计规范性文件</td><td>财政部</td><td>38 项具体准则、《企业会计准则——应用指南》、《小企业会计准则》、《会计基础工作规范》、《会计档案管理办法》等</td></tr>
</table>

【知识链接】

为了规范小企业会计确认、计量和报告行为，促进小企业可持续发展，发挥小企业在国民经济和社会发展中的重要作用，财政部于 2011 年 10 月 18 日以财会〔2011〕17 号印发《小企业会计准则》，自 2013 年 1 月 1 日起在小企业范围内施行，鼓励小企业提前执行。该《准则》分为总则、资产、负债、所有者权益、收入、费用、利润及利润分配、外币业务、财务报表、附则，共 10 章 90 条。

1.7 会计人员

会计人员是从事会计工作、处理会计业务的人员。根据《中华人民共和国会计法》（以下简称《会计法》）和《会计基础工作规范》等要求，“各单位应当根据会计业务的需要，设置会计机构，或者在有关机构中设置会计人员并指定会计主管人员；不具备设置条件的，应当委托经批准设立从事会计代理记账业务的中介机构代理记账。”

1.7.1 会计人员的任职要求

根据《会计法》第三十八条规定：从事会计工作的人员，必须取得会计从业资格证书。担任单位会计机构负责人（会计主管人员）的，除取得会计从业资格证书外，还应当具备会计师以上专业技术职务资格或者从事会计工作三年以上经历。

会计从业资格证书（以下简称会计证）是证明能够从事会计工作的唯一合法凭证，即会计岗位的“准入证”；它是一种资格证书，是会计工作的“上岗证”，不分级。各单位应当根据会计业务需要配备持有会计证的会计人员。未取得会计证的人员，不得从事会计工作。

【知识链接】

会计证的取得实行考试制度，考试科目为：财经法规与会计职业道德、会计基础、初级会计电算化（或者珠算五级）。申请参加会计从业资格考试的人员，应当符合下列基本条件：

（1）遵守会计和其他财经法律、法规；

（2）具备良好的道德品质；

（3）具备会计专业基础知识和技能。

因有提供虚假财务会计报告，做假账，隐匿或者故意销毁会计凭证、会计账簿、财务会计报告，贪污，挪用公款等与会计职务有关违法行为被依法追究刑事责任的人员，不得参加会计从业资格考试，不得取得或者重新取得会计从业资格证书。

申请人符合上述规定且具备国家教育行政主管部门认可的中专以上（含中专）会计类专业学历（或学位）的，自毕业之日起两年内（含两年），免试会计基础、初级会计电算化（或者珠算五级）。

1.7.2 会计工作岗位的设置

会计工作岗位是指一个单位会计机构内部根据业务分工而设置的职能岗位。根据《会计基础工作规范》等要求，各单位应当根据会计业务需要设置会计工作岗位。

1. 设置会计工作岗位的基本原则

（1）符合内部牵制制度的要求。会计工作岗位，可以一人一岗、一人多岗或者一岗多人。但出纳人员不得兼管审核、会计档案保管和收入、费用、债权债务账目的登记工作。

（2）会计人员的工作岗位应当有计划地进行轮换，以促进会计人员全面熟悉业务和不断提高业务素质。

2. 主要会计工作岗位

会计工作岗位一般可分为：会计机构负责人或者会计主管人员、出纳、财产物资核算、工资核算、成本费用核算、财务成果核算、资金核算、往来结算、总账、财务会计报告、稽核、会计档案管理等。开展会计电算化和管理会计的单位，可以根据需要设置相应工作岗位，也可以与其他工作岗位相结合。

需要注意的是：医院门诊部收费员和住院部收费员、商场收银（款）员、单位内部审计员等所从事的工作均不属于会计岗位。

1.7.3 会计人员的职业道德

会计职业道德是指在会计职业活动中应遵循的、体现会计职业特征的、调整会计职业关系的职业行为准则和规范。会计人员遵守职业道德，是其从事会计工作必须具备的基本素养。

《会计法》规定："会计人员应当遵守职业道德，提高业务素质。"《会计法》对职业道德的基本内容没有做出具体规定，财政部于 1996 年 6 月颁布的《会计基础工作规范》中对会计人员应当具备的职业道德提出了具体要求。

1. 爱岗敬业

会计人员应当热爱本职工作，努力钻研业务，使自己的知识和技能适应所从事工作的要求。爱岗敬业，要求会计人员应有强烈的事业心、进取心和过硬的基本功。

2. 熟悉法规

会计人员应当熟悉财经法律、法规、规章和国家统一的会计制度，并结合会计工作进行广泛宣传。熟悉法规要求会计人员在处理各项经济业务时知法依法、知章循章，同时还应积极宣传会计法律、法规、国家统一的会计制度等。

3. 依法办事

会计人员应当按照会计法律、法规和国家统一的会计制度规定的程序和要求进行会计工作，保证所提供的会计信息合法、真实、准确、及时和完整。依法办事要求会计人员必须树立职业形象和人格尊严，敢于同一切违法违规行为作斗争。

4. 客观公正

会计人员办理会计事务时应当实事求是、客观公正。会计信息的正确与否，不仅关系到单位的微观决策，还会关系到国家的宏观决策。会计人员在办理会计事务时，应当实事求是、客观公正，按经济业务的本来面目去反映，不要掺杂个人的主观意愿，也不要为他人意见（如上级领导）所左右。

5. 搞好服务

会计人员应当熟悉本单位的生产经营和业务管理情况，运用掌握的会计信息和会计方法，为改善单位内部管理、提高经济效益的服务。会计人员要有服务意识，并要提高服务质量。

6. 保守秘密

会计人员应当保守本单位的商业秘密。除法律规定和单位领导人同意外，不能私自向外界提供或者泄露单位的会计信息。会计资料是一个单位财务状况和经营成果的综合反映。企事业单位的会计资料，往往会涉及企事业单位的商业秘密，若为上市公司，还会涉及上市公司的内幕信息；国家机关的会计资料还会涉及国家机密。这些商业秘密和国家机密，关系到企事业单位的发展和国家安全、社会稳定。会计人员由于会计工作性质的原因，有机会了解或者掌握商业秘密和国家机密，因此，必须严守秘密。

会计人员在晋升、晋级、聘任专业职务、表彰奖励的时候，重要的考核依据就是会计人员遵守职业道德的情况。会计人员违反职业道德的，由所在单位进行处罚；情节严重的，由会计证发证机关吊销其会计证。

本章小结

会计是以货币为主要计量单位，以凭证为依据，采用一系列专门的方法和程序，对单位发生的经济交易或事项进行连续、系统、全面、综合地确认、计量、记录和报告，并向利益相关者提供会计信息的一种管理活动。它是在社会生产实践中产生的，并随着社会生产的发展而逐步发展起来的。会计作为一种管理活动，具有会计核算和会计监督两种基本职能。

会计的对象是指会计核算和监督的内容，其内容是单位的资金运动。本节重点以工业企业、商业企业为例说明企业资金运动的规律，简单介绍了行政事业单位的资金运动。

会计目标是一个热点问题，目前尚无定论。主要有“受托责任观”和“决策有用观”。目前主流观点是：在满足可靠性前提下，尽可能相关。会计信息应当符合国家宏观经济管理的要求，满足有关各方了解企业财务状况和经营成果的需要，满足企业加强经营管理的需要，这是会计的目标。会计信息使用者来自企业内部和外部两方面，它们分别是会计信息的外部使用者和内部使用者。会计信息的外部使用者是指企业外部与企业有利害关系的集团和个人，具体包括：投资者、债权人、政府部门、职工、供应商和客户社会公众。会计信息的内部使用者是指企业内部的管理者，主要包括：总经理、各部门经理、分厂经理、分部经理和车间主任等。

会计方法包括会计核算方法、会计分析方法以及会计检查方法，其中会计核算方法是会计的基本方法，它由设置账户、复式记账、填制和审核凭证、登记账簿、成本计算、财产清查、编制财务会计报告等组成。

会计核算的基本前提也称会计假设，是组织会计核算工作应当具备的前提条件，是企业进行会计确认、计量和报告的基本前提，主要包括会计主体、持续经营、会计期间和货币计量。会计核算的基础工作是权责发生制。涉及会计信息利益的各方为了自身的经济利益对会计信息质量提出一系列的要求，主要包括真实可靠性、相关性、明晰性、可比性、实质重于形式、重要性、谨慎性和及时性。

我国会计法规体系由会计法律、会计行政法规、国家统一的会计制度组成。其中，《会计法》是我国会计工作的根本大法，《企业会计准则》是我国会计核算工作的基本规范。

作为初学会计者，要明确会计人员的任职条件、岗位设置及职业道德。会计职业道德是指在会计职业活动中应当遵循的、体现会计职业特征的、调整会计职业关系的职业行为准则和规范。会计人员应当具备的职业道德主要是：爱岗敬业、熟悉法规、依法办事、客观公正、搞好服务和保守秘密。

复习思考

1. 什么是会计？它有哪些特点？
2. 会计有哪些基本职能？简述其关系。
3. 试描述工业企业资金运动。
4. 会计的目标和任务是什么？
5. 会计核算有哪些专门方法？试说明其相互之间的关系。
6. 会计核算有哪些基本前提？其作用是什么？
7. 会计核算的基础工作是什么？上网查阅权责发生制和收付实现制的区别，试说明我国为什么选用权责发生制作为企业会计确认、计量和报告的基础。
8. 会计信息质量要求有哪些？如何理解会计信息可靠性和相关性的关系？
9. 试描述我国会计法规体系。
10. 上网查阅有关会计人员职业犯罪的案例，结合案例谈谈会计人员应具备哪些职业道德？

同步测试

一、单项选择题

1. 会计以（　　）为主要计量单位。

A. 劳动量度　　B. 实物量度　　C. 货币量度　　D. 时间量度

2. 会计的本质是（　　）。

A. 会计核算　　B. 会计监督　　C. 管理活动　　D. 资金运动

3. 会计的基本职能是（　　）。

A. 反映与决策　　B. 核算与监督　　C. 反映与参与决策　　D. 控制与监督

4. 会计的核算职能不具有（　　）。

A. 全面性　　B. 连续性　　C. 系统性　　D. 主观性

5.（　　）是会计核算方法体系中的最初环节。

A. 填制和审核会计凭证　　B. 复式记账

C. 登记账簿　　D. 成本计算

6. 在我国，会计期间分为年度、半年度、季度和月度，它们均按（　　）确定。

A. 公历起讫日期　　B. 农历起讫日期

C. 7月制起讫日期　　D. 4月制起讫日期

7. 会计核算的基本前提中，（　　）界定了会计核算的时间范围。

A. 会计主体　　B. 持续经营　　C. 会计分期　　D. 货币计量

8. 企业会计的确认、计量和报告应当以（　　）为基础。

A. 权责发生制　　B. 收付实现制　　C. 配比　　D. 谨慎性

9. 若某个会计信息的漏报会影响财务报告使用者的决策，则说明该信息具有（　　）。

A. 及时性　　B. 重要性　　C. 相关性　　D. 可靠性

10. 会计分期是建立在（　　）前提基础之上的。

A. 会计主体　　B. 持续经营　　C. 货币计量　　D. 权责发生制

11. 外部信息使用者了解单位会计信息最主要的途径是（　　）。

A. 财务报告　　B. 账簿　　C. 财产清查　　D. 会计凭证

12. 会计主体是会计核算的基本前提之一，它界定了会计核算的（　　）。

A. 时间范围　　B. 纵向范围　　C. 空间范围　　D. 业务范围

13.（　　）要求企业提供的会计信息清晰明了，便于财务报告使用者使用。

A. 可靠性　　B. 可理解性　　C. 权责发生制　　D. 相关性

14. 在会计法规体系中，《企业会计准则——基本准则》属于（　　）。

A. 会计法律　　B. 会计行政法规

C. 会计部门规章　　D. 会计规范性文件

15. 融资租入的固定资产虽然其所有权不属于承租方，但承租方在会计核算时应作为自有资产处理，这充分体现了（　　）会计信息质量要求。

A. 可靠性　　B. 可理解性　　C. 实质重于形式　　D. 可比性

16. 企业资产以历史成本计价而不以现行成本或清算价格计价，依据的基本假设是（　　）。

A. 会计主体　　B. 持续经营　　C. 会计分期　　D. 货币计量

17. 对应收款项提取坏账准备金这一做法体现了（　　）会计信息质量要求。

A. 可理解性　　B. 重要性　　C. 谨慎性　　D. 可比性

18.（　　）是我国会计工作的母法。

A.《会计法》　　B.《企业会计准则》

C.《会计基础工作规范》　　D.《会计人员职权条例》

19.（　　）作为会计核算的基本前提，就是将一个会计主体持续经营的生产经营活动划分为若干个相等的会计期间。

A. 会计主体　　B. 持续经营　　C. 货币计量　　D. 会计分期

20.（　　）是会计核算的中心环节。

A. 成本计算　　B. 编制财务会计报告

C. 登记账簿　　D. 复式记账

21. 下列（　　）经济业务活动属于会计的对象。

A. 签订经济合同　　B. 招聘工人

C. 用银行存款购买材料　　D. 进行质量管理

22. "四柱清册"中的"新收"相当于现代会计中的（　　）。

A. 期初结存　　B. 本期增加　　C. 本期减少　　D. 期末结存

二、多项选择题

1. 会计的基本职能包括（　　）。

A. 核算　　B. 监督　　C. 预测　　D. 参与决策

2. 会计中期包括（　　）。

A. 月度　　B. 年度　　C. 季度　　D. 半年度

3. 下列各项中，属于会计核算方法的有（　　）。

A. 设置账户　　B. 编制财务预算　　C. 成本计算　　D. 财产清查

4. 会计核算的基本前提包括（　　）。

A. 货币计量　　B. 会计主体　　C. 持续经营　　D. 会计分期

5. 下列（　　）可以是会计主体。

A. 母公司　　B. 子公司　　C. 企业集团　　D. 生产车间

6. 基于（　　）前提，才产生了对固定资产计提折旧、对无形资产进行摊销等方法。

A. 会计主体　　B. 持续经营　　C. 会计分期　　D. 货币计量

7. 企业信息的外部使用者包括（　　）。

A. 税务部门　　B. 债权人　　C. 社会公众　　D. 企业管理层

8. 会计在核算和监督时应有的基本特征是（　　）。

A. 连续性　　B. 全面性　　C. 系统性　　D. 综合性

9. 会计具有（　　）特征。

A. 会计以货币为主要计量单位

B. 会计以真实、合法的凭证为依据

C. 会计具有专门的方法和程序

D. 会计核算具有连续性、系统性、全面性、综合性

10. 依据权责发生制，应计入本期的收入和费用有（　　）。

A. 本期实现的收入，并已收款　　B. 本期实现的收入，尚未收款

C. 属于本期的费用，尚未支付　　D. 属于以后各期的费用，但已支付

11. 下列各项中，不属于会计岗位的有（　　）。

A. 医院门诊部收费员　　B. 单位内部审计员

C. 商场收银员　　D. 医院住院部收银员

12. 会计核算职能是以货币为主要计量单位，对会计主体的经济活动进行（　　）。

A. 会计确认　　B. 会计计量　　C. 会计记录　　D. 会计报告

13. 会计监督是一个过程，主要包括（　　）。

A. 事中审查　　B. 事前审查　　C. 社会监督　　D. 事后审查

14. 会计人员的职业道德包括（　　）。

A. 熟悉法规　　B. 爱岗敬业　　C. 客观公正　　D. 依法办事

15. 会计职能除会计核算和会计监督外，还包括（　　）职能。

A. 分析　　B. 经营决策　　C. 预测　　D. 参与决策

16. 我国会计法规体系由（　　）组成。

A. 会计法律　　B. 会计规范性文件

C. 会计行政法规　　D. 国家统一的会计制度

17. 国家统一的会计制度，是指国务院财政部门根据《会计法》制定的关于（　　）以及会计工作管理的制度，包括制度、准则和办法等。

A. 会计核算　　B. 会计监督　　C. 会计机构　　D. 会计人员

18. 根据有关规定，会计工作可以一人一岗、一人多岗或一岗多人。但出纳人员不得兼任的工作有（　　）。

A. 会计档案保管　　B. 债权债务账目的登记

C. 收入、费用账目的登记　　D. 审核

19. 根据谨慎性质量要求，对企业发生的费用和损失应做出合理预计，以下（　　）做法符合了此要求。

A. 计提的存货跌价准备　　B. 固定资产的加速折旧法

C. 对应收款项计提坏账准备　　　D. 融资租入固定资产

20. 下列说法正确的是（　）。

A. 我国企业的会计核算只能以人民币为记账本位币

B. 会计是以货币为主要计量单位

C. 业务收支以美元为主的企业可以选择美元为记账本位币

D. 会计只能以货币为计量单位

三、判断题

1. 会计是人类社会发展到一定阶段，人类为了记数的客观要求而产生的。（　）

2. 在会计学史上，将卢卡 · 帕乔利（Luca Pacioli）《算术、几何、比与比例概要》一书的出版和会计电算化的出现视为近代会计的两个重要里程碑。（　）

3. 会计可反映单位过去已经发生的经济活动，也可反映未来可能发生的经济活动。（　）

4. 现代会计的基本职能有会计核算、会计监督、会计分析、预测及参与决策等职能。（　）

5. 会计对象是会计核算和监督的内容。（　）

6. 只要是会计主体则必然是法律主体。（　）

7. 一个企业可以视具体情况确定一个或多个会计主体。（　）

8. 持续经营前提设定了会计核算的空间范围。（　）

9. 对破产企业来说，持续经营前提也是成立的。（　）

10. 会计中期就是指会计半年度。（　）

11. 我国《会计法》规定，会计核算以人民币为记账本位币。业务收支以人民币以外的货币为主的单位，也必须以人民币作为记账本位币。（　）

12. 可比性要求企业的会计核算方法应当前后各期保持一致，不得随意变更。（　）

13. 融资租入的固定资产视为承租方的资产，充分体现了实质重于形式的信息质量要求。（　）

14. 谨慎性要求企业既不能高估资产和收益，也不能低估负债和损失。（　）

15. 我国企业会计核算基础是权责发生制和收付实现制，企业根据具体情况选择。（　）

16. 在会计核算方法体系中，设置账户是会计核算的最初环节。（　）

17. 会计方法就是指会计核算方法。（　）

18. 我国现行会计法律，只有《会计法》。（　）

19. 我国的会计法规体系由会计法、会计准则、企业财务通则三个层次构成。（　）

20. 对于不具备设置会计机构条件的单位，应由代理记账业务的机构完成其会计工作。 ( )

21.《企业会计准则——基本准则》和《企业会计准则——具体准则》都属于会计行政法规。 ( )

22. 只有取得会计从业资格证书的人员，才能从事会计工作；未取得会计从业资格证书的人员，不得从事会计工作。 ( )

23. 出纳人员不得兼管审核、会计档案保管和收入、费用、债权债务账目的登记工作。 ( )

24. 会计人员应当保守本单位的商业秘密。 ( )

25. 担任单位会计机构负责人的，除取得会计从业资格外，还应具备会计师以上专业技术资格或从事会计工作两年以上经历。 ( )

第2章

会计要素、会计等式和会计账户

【知识目标】

1. 了解会计对象分类的必要性；
2. 理解设置会计科目的原则、分类；
3. 理解会计科目和账户的概念；
4. 掌握六大会计要素的概念及分类；
5. 掌握会计等式的原理。

【技能目标】

1. 能够初步识别会计科目属于哪一类会计要素；
2. 能够分析经济业务发生对会计等式的影响；
3. 能够解释会计科目和账户的关系；
4. 能够正确判断账户的性质、识别账户的基本结构。

【知识框架】

会计等式和账户
会计要素
资产
负债
所有者权益
收入
费用
利润
资产负债表要素
利润表要素
会计要素计量属性
会计等式
会计等式的含义
资产=负债+所有者权益
收入−费用=利润
资产=负债+所有者权益+收入−费用
经济业务对会计等式的影响
九种类型
会计科目
设置会计科目的意义
设置会计科目的原则
合法性原则
相关性原则
实用性原则
会计科目的分类
按反映的经济内容分类
资产类、负债类、共同类、所有者权益类、成本类、损益类
按提供信息的详细程度分类
总分类科目、明细分类科目
企业常用会计科目
会计账户
设置会计账户的必要性
账户的基本结构
账户的分类
按反映的经济内容分类
资产类、负债类、共同类、所有者权益类、成本类、损益类
按提供信息的详细程度分类
总分类账户、明细分类账户
账户和会计科目的关系

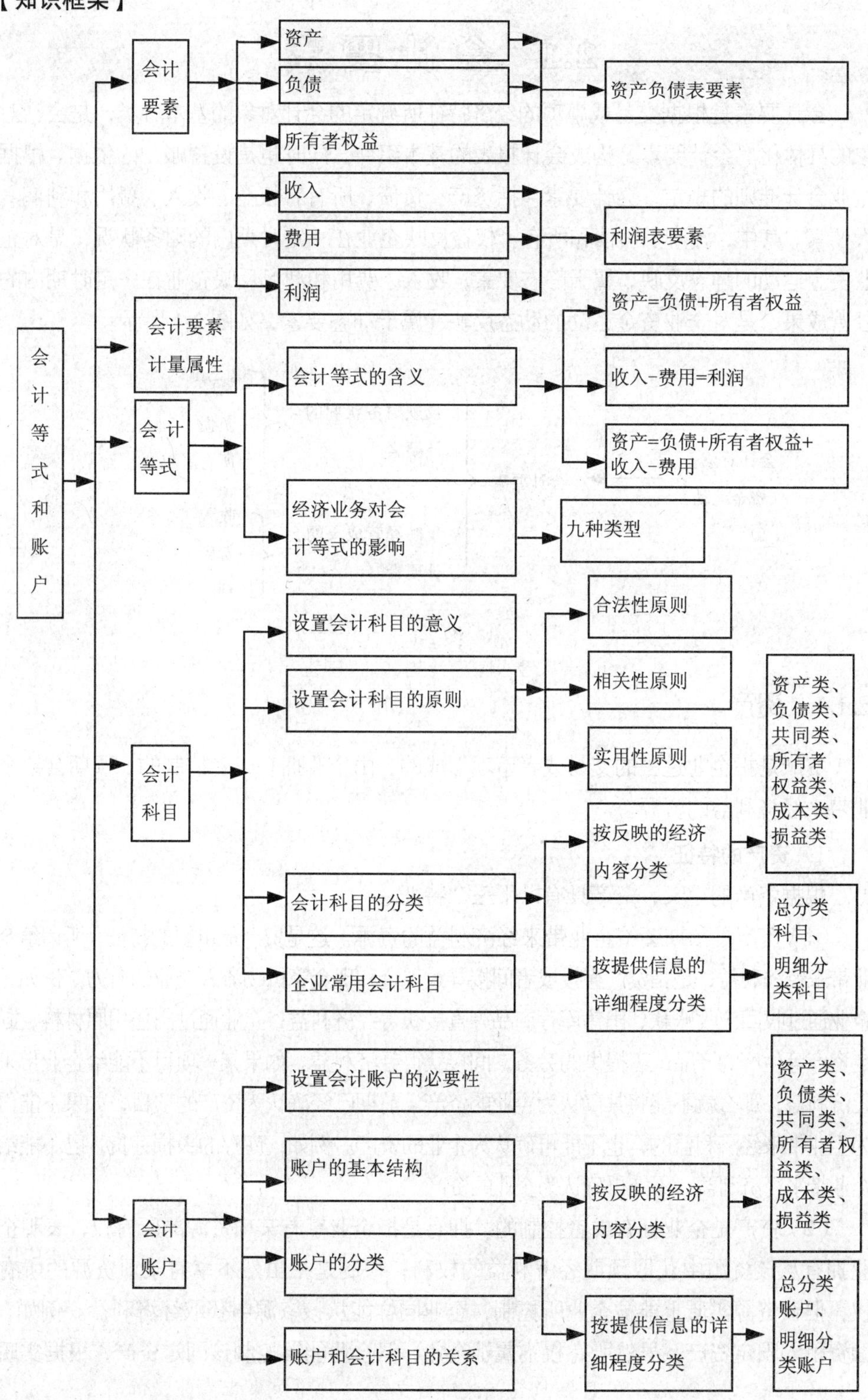

2.1 会计要素

会计要素是根据交易或事项的经济特征所确定的会计对象的基本分类，是会计对象的具体化。会计要素是构成会计报表的基本组件，同时也是设置账户的依据。根据企业会计准则的规定，会计要素包括资产、负债、所有者权益、收入、费用和利润六大要素。其中，资产、负债和所有者权益反映企业在一定时期内的财务状况，是对企业资金运动的静态反映，属于静态要素；收入、费用和利润反映企业在一定时期内的经营成果，是对企业资金运动的动态反映，属于动态要素，如图 2-1 所示。

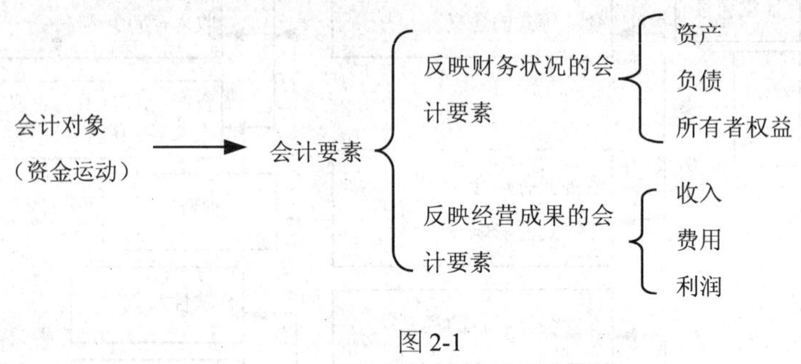

图 2-1

2.1.1 资产

资产是指企业过去的交易或者事项形成的、由企业拥有或者控制的、预期会给企业带来经济利益的资源。

1. 资产的特征

根据资产的定义，资产具有以下三个特征。

（1）资产是预期会给企业带来经济利益的资源。这是资产最重要的特征，所谓给企业带来经济利益，是指资产直接或者间接导致现金和现金等价物流入企业的潜力。例如，企业通过收回应收账款、出售库存商品等直接获得经济利益；企业通过出售用原材料、固定资产等生产的产品或者提供的劳务，间接获得经济利益。如果某一项目不能给企业带来经济利益，那么就不能将其确认为企业的资产。前期已经确认为资产的项目，如果不能再为企业带来经济利益的，也不能再确认为企业的资产。例如，库存的毁损存货，已不能给企业带来经济利益，不能再确认为企业的资产。

（2）资产是企业拥有或者控制的。拥有是指企业享有某项资源的所有权，表明企业拥有从该资源中获取预期经济利益的权利；控制是指虽然不享有某项资源的所有权，但该资源实质上能被企业所控制，企业同样能从该资源中获取经济利益。例如，融资租入固定资产，虽然所有权不属于企业，但企业能够控制该固定资产，根据实质重于形式的信息质量要求，在会计核算中将其作为企业的资产核算。

（3）资产是由企业过去交易或事项形成的。过去的交易或事项包括购买、生产、建造行为或其他交易或事项。只有过去的交易或事项才能形成资产，企业预期在未来发生的交易或事项不能形成资产。例如，企业计划在年底购买一批机器设备，8 月份与销售方签订了购买合同，但实际购买行为发生在 12 月份，则企业不能在 8 月份将该批设备确认为资产。

2. 资产的分类

企业的资产按其变现或耗用时间的长短，可划分为流动资产和非流动资产，如图 2-2 所示。

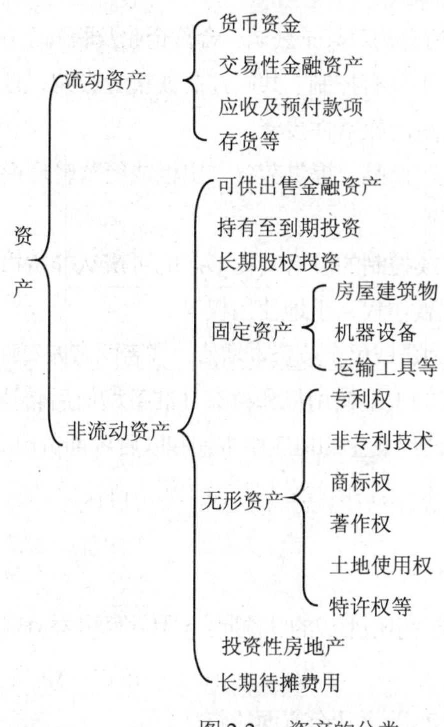

图 2-2　资产的分类

（1）流动资产是指预计在一个正常营业周期中能够变现、出售或耗用的资产，或者主要为交易目的而持有，或者预计在资产负债表日起一年内（含一年）变现的资产，以及自资产负债表日起一年内交换其他资产或清偿负债的能力不受限制的现金及现金等价物，主要包括货币资金、交易性金融资产、应收及预付款项和存货等。

货币资金包括库存现金、银行存款和其他货币资金等。

交易性金融资产，是指企业为了近期能够出售而持有的金融资产，包括企业以赚取差价为目的从二级市场购入的股票、债券或者基金等。

应收及预付款项，是指企业在日常生产经营过程中发生的各项债权，包括应收票据、应收账款、其他应收款和预付账款等。

存货，是指企业在日常活动中持有以备出售的产品或商品，处在生产过程中的产品，在生产或提供劳务过程中耗用的材料和物料等，包括原材料、周转材料、在产品、半产品、产成品、商品以及委托加工物资等。

（2）非流动资产是指流动资产以外的资产，主要包括可供出售金融资产、持有至到期投资、长期股权投资、投资性房地产、固定资产、无形资产和长期待摊费用等。

可供出售金融资产是指初始确认时即被指定为可供出售的非衍生金融资产，以及除贷款和应收款项，持有至到期投资，以公允价值计量且其变动计入当期损益的金融资产。

持有至到期投资，是指到期日固定、回收金额固定或可确定，且企业有明确意图和能力持有至到期的非衍生金融资产。

长期股权投资，包括企业持有的对其子公司、合营企业及联营企业的权益性投资，以及企业持有的对被投资单位不具有控制、共同控制或重大影响，且在活跃市场中没有报价、公允价值不能可靠计量的权益性投资。

固定资产，是指企业为生产商品、提供劳务、出租或经营管理而持有的，使用寿命超过一个会计年度的有形资产。

无形资产，是指企业拥有或控制的没有实物形态的可辨认非货币性资产，包括专利权、非专利技术、商标权、著作权、土地使用权等。

投资性房地产，是指企业为赚取租金或资本增值，或者两者兼有而持有的房地产，包括已出租的建筑物，已出租的土地使用权和持有并准备增值后转让的土地使用权。

长期待摊费用，是指企业已经发生的但应由本期和以后各期负担的，摊销期限在1年以上（不含1年）的各项费用，包括以经营租赁方式租入固定资产发生的改良支出等。

2.1.2 负债

负债是指企业过去的交易或者事项形成的、预期会导致经济利益流出企业的现时义务。

1. 负债的特征

根据负债的定义，负债具有以下几个方面的特征。

（1）负债是企业承担的现时义务。负债必须是企业承担的现时义务，这是负债的一个基本特征。其中，现时义务是指企业在现行条件下已承担的义务。例如，企业赊购的原材料，现在就有付清货款的义务；企业之前向银行借入的款项，现在就有归还本金和支付利息的义务。未来发生的交易或者事项形成的义务，不属于现时义务，不应当确认为负债。

（2）负债预期会导致经济利益流出企业。预期会导致经济利益流出企业是负债的一个本质特征。现时义务的履行会导致经济利益流出企业，如用银行存款偿还以前所欠货款。导致经济利益流出企业的形式有多种多样，例如，用现金清偿，用实物资产清偿，以提供劳务的方式进行清偿，以部分转移资产、部分提供劳务的形式清偿等。

（3）负债是由企业过去的交易或者事项形成的。

负债是过去的交易或事项所产生的结果，只有过去的交易或事项才能增加企业的负债。在未来发生的承诺、签订的合同不形成负债。例如，某企业已向银行借款，即属于过去的交易或者事项所形成的负债；同时还与银行达成了两个月后的借款意向书，该交易就不属于过去的交易或者事项，不应该形成企业的负债。

2. 负债的分类

企业的负债按其流动性不同，通常分为流动负债和非流动负债，如图2-3所示。

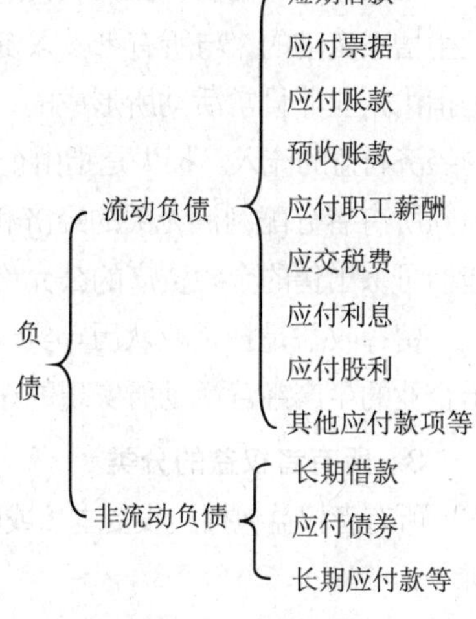

图2-3 负债的分类

流动负债是预计在一个正常的经营周期中清偿、或者主要为交易目的而持有、或者自资产负债表日起1年内（含1年）到期予以清偿、或者企业无权自主地将清偿推迟至资产负债表日后一年以上的负债。包括短期借款、应付票据、应付账款、预收账款、应付职工薪酬、应交税费、应付利息、应付股利和其他应付款等。

非流动负债是指流动负债以外的负债，主要包括长期借款、应付债券和长期应付款等。

2.1.3 所有者权益

所有者权益是指企业资产扣除负债后由所有者享有的剩余权益。公司的所有者权益又称为股东权益。所有者权益反映了所有者对企业剩余资产的索取权，是企业资产中扣除债权人权益后的应由所有者享有的部分。

1. 所有者权益的特征

（1）企业一般不需要偿还所有者权益。因为所有者权益是企业可以长期使用的资金，在企业的存续期内一般不存在偿还问题。除非发生减资、清算或分派现金股利。

（2）企业清算时，负债往往优先清偿，而所有者权益只有在清偿所有的负债之后才返还给所有者。所有者权益是所有者对剩余资产的要求权，这种要求权在顺序上置于债权人的要求权之后。

（3）所有者凭借所有者权益能够参与企业的经营决策及收益分配，而债权人只有获取企业用以清偿债务的要求权。

2. 所有者权益的来源

所有者权益的来源包括所有者投入的资本、直接计入所有者权益的利得和损失、留存收益等。

所有者投入的资本，是指所有者投入企业的资本部分，它既包括构成企业注册资本或者股本的金额，也包括投入资本超过注册资本或者股本的金额，即资本溢价或股本溢价。

直接计入所有者权益的利得和损失，是指不应计入当期损益、会导致所有者权益发生增减变动的、与所有者投入资本或者向所有者分配利润无关的利得和损失。利得是指由企业非日常活动所形成的、会导致所有者权益增加的、与所有者投入资本无关的经济利益的流入。损失是指由企业非日常活动所发生的、会导致所有者权益减少的、与向所有者分配利润无关的经济利益的流出。直接计入所有者权益的利得和损失主要包括可供出售的金融资产的公允价值变动额等。

留存收益是指企业从历年实现的净利润中提取或留存于企业的内部积累，它来源于企业的生产经营活动所实现的净利润，包括盈余公积和未分配利润两部分。

3. 所有者权益的分类

所有者权益包括实收资本（或股本），资本公积、盈余公积和未分配利润，如图 2-4 所示。

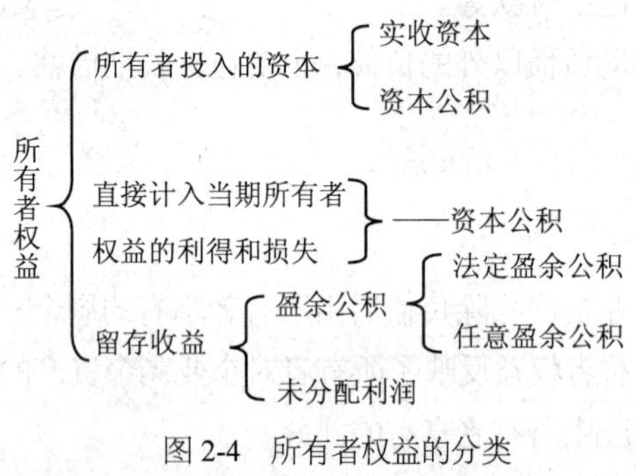

图 2-4　所有者权益的分类

（1）实收资本。实收资本是指投资者按照企业合同、协议的约定，实际投入企业的资本。

（2）资本公积。资本公积包括企业收到投资者出资额超过其在注册资本中所占份额的部分，以及直接计入所有者权益的利得和损失。

（3）盈余公积。盈余公积是指企业按照规定从税后利润中提取的各种公积金，包括法定盈余公积和任意盈余公积。

（4）未分配利润。未分配利润是指企业本期未分配完的或留待以后年度分配的利润。

资产、负债和所有者权益三个要素是反映企业财务状况的要素，是资产负债表的构成要素。资产负债表反映了企业在某一特定日期内资产的构成及其状况、负债总额及其结构以及现有投资者在企业资产总额中所占的份额，如表 2-1 所示。

表 2-1　　　　　　　　　　　　资产负债表

编制单位：　　　　　　　　　年　月　日　　　　　　　　　单位：元

资　　产	期末余额	年初余额	资产和所有者权益（或股东权益）	期末余额	年初余额
流动资产：		略	流动负债：		略
货币资金			短期借款		
交易性金融资产			交易性金融负债		
应收票据			应付票据		
应收账款			应付账款		
预付账款			预收账款		
应收利息			应付职工薪酬		
应收股利			应交税费		
其他应收款			应付利息		
存货			应付股利		
一年内到期的非流动资产			其他应付款		
其他流动资产			一年内到期的非流动负债		
流动资产合计			其他流动负债		
非流动资产：			流动负债合计		
可供出售金融资产			非流动负债：		
持有至到期投资			长期借款		
长期应收款			应付债券		
长期股权投资			长期应付款		
投资性房地产			专项应付款		
固定资产			预计负债		
在建工程			递延所得税负债		
工程物资			其他非流动负债		
固定资产清理			非流动负债合计		
生产性生物资产			负债合计		
油气资产			所有者权益（或股东权益）：		
无形资产			实收资本（或股本）		
开发支出			资本公积		
商誉			减：库存股		
长期待摊费用			盈余公积		
递延所得税资产			未分配利润		
其他非流动资产			所有者权益（或股东权益）合计		
非流动资产合计					
资产总计			负债和所有者权益（或股东权益）总计		

2.1.4 收入

收入是指企业在日常经营活动中形成的、会导致所有者权益增加的、与所有者投入资本无关的经济利益的总流入。

1. 收入的特征

（1）收入是企业在日常经营活动中形成的。收入产生于企业的日常经营活动，而不是从偶发的交易或事项中形成的。日常经营活动是指企业为完成其经营目标所从事的经常性活动以及与之相关的活动，例如，工业企业销售产品和提供工业性劳务等，流通企业销售商品，服务企业提供劳务以及企业出租固定资产、出售原材料等日常活动。有些交易或事项虽然也能为企业带来经济利益，如企业处置固定资产、收取违约金等，但属于偶然发生的经济活动，不属于企业的日常经营活动，所以由此产生的经济利益流入就不能确认为收入，而是属于企业的利得。

（2）收入会导致企业所有者权益的增加。收入可以为企业带来经济利益的流入，所以收入的发生必然会导致企业利润的增加，最终会导致所有者权益的增加。例如，企业销售产品取得的销售收入、出租固定资产取得的租金收入。不会导致所有者权益增加的经济利益的流入，不符合收入的定义，不应当确认为收入。例如，企业向银行借入的款项，虽然导致经济利益流入企业，但是该流入并不导致所有者权益的增加，反而使企业承担了一项负债。

（3）收入是与所有者投入资本无关的经济利益的总流入。收入是企业经营现有资产的所得，例如，企业生产出的产品通过销售后取得的收入、出租固定资产取得的租金收入，都属于收入的范畴。但是经济利益的流入有时是所有者投入资本的增加所致，与企业经营资产无关，所以不应当确认为收入，而应当直接将其确认为所有者权益。

需要注意的是，收入只包括本企业经济利益的流入，不包括为第三方或客户代收的款项。如企业代国家收取增值税、旅行社代客户购买火车票、门票等收取的款项等。代收的款项，增加资产的同时，也会增加负债，因此不会导致企业所有者权益的增加，不应确认为企业的收入。

2. 收入的分类

按收入性质，企业的收入可以分为销售商品收入、提供劳务收入和让渡资产使用权收入。按企业经营业务的主次，企业的收入可以分为主营业务收入和其他业务收入，如图 2-5 所示。

收入
- 主营业务收入：销售商品收入、提供劳务收入等
- 其他业务收入：销售材料收入、出租固定资产和无形资产收入等

图 2-5　收入的分类

主营业务收入是指企业为完成经营目标所从事的经常性活动实现的收入。例如，工业企业的主营业务收入主要包括销售商品、自制半成品，提供工业性劳务等取得的收入。

其他业务收入是指企业为完成经营目标所从事的与经常性活动相关的活动所实现的收入。工业企业的其他业务收入主要包括销售材料收入、出租固定资产、无形资产或包装物等的收入。

2.1.5　费用

费用是指企业在日常活动中发生的、会导致所有者权益减少的、与向所有者分配利润无关的经济利益的总流出。

1. 费用的特征

（1）费用是企业在日常活动中发生的。费用必须是企业在日常活动中发生的，其中日常活动的界定与收入定义中的日常活动的界定是一致的。日常活动中所产生的费用通常包括销售成本、职工薪酬、折旧费、办公费和广告费等。有些交易或事项虽然也会使经济利益流出企业，如罚款支出、捐赠支出等，但其属于偶然发生的经济活动，不属于企业的日常活动，所以由此导致的经济利益的流出就不能确认为费用，而是属于企业的损失。

（2）费用会导致企业所有者权益的减少。费用是企业经济利益的总流出，所以费用的发生必然会导致企业利润的减少，最终会导致所有者权益的减少。如企业用银行存款支付当期的水电费。不会导致所有者权益减少的经济利益的流出，不符合费用的定义，不应当确认为费用。例如，用银行存款偿还以前所欠货款，虽然导致经济利益流出企业，但是该流出并不会导致所有者权益的减少，反而使企业的负债减少，因此不能确认为费用。

（3）费用是与向所有者分配利润无关的经济利益的总流出。费用是企业经营现有资产的耗费，如企业销售商品的成本，出租固定资产的磨损等，都属于费用的范畴。但是经济利益的流出有时是向所有者分配利润导致的，该经济利益的流出属于投资者投资所得的分配，是所有者权益的直接抵减项目，不应确认为费用。

2. 费用的分类

费用按其性质分为营业成本和期间费用，如图 2-6 所示。

费用
- 营业成本
  - 主营业务成本
  - 其他业务成本
- 期间费用
  - 管理费用
  - 财务费用
  - 销售费用

图 2-6　费用的分类

（1）营业成本。营业成本是指销售商品或提供劳务的成本。营业成本按照所销售商品或提供劳务在企业日常活动中所处的地位可以分为主营业务成本和其他业务成本。主营业务成本是指企业销售商品、提供劳务等经常性活动所发生的成本。其他业务成本是指企业确认的除主营业务活动以外的其他经营活动所发生的支出。

（2）期间费用。期间费用是指企业在日常活动中发生的、应直接计入当期损益的各项费用，包括管理费用、财务费用和销售费用。管理费用是指企业为组织和管理企业生产经营发生的各种费用。财务费用是指企业为筹集生产经营所需资金等而发生的筹资费用。销售费用是指企业销售商品和材料、提供劳务的过程中发生的各种费用。

2.1.6 利润

利润是指企业在一定会计期间的经营成果。利润包括收入减去费用后的净额、直接计入当期利润的利得和损失等。

直接计入当期利润的利得和损失是指应当计入当期损益的、会导致所有者权益发生增减变动的、与所有者投入资本或者向所有者分配利润无关的利得和损失。

利润由营业利润、利润总额和净利润构成，如图 2-7 所示。

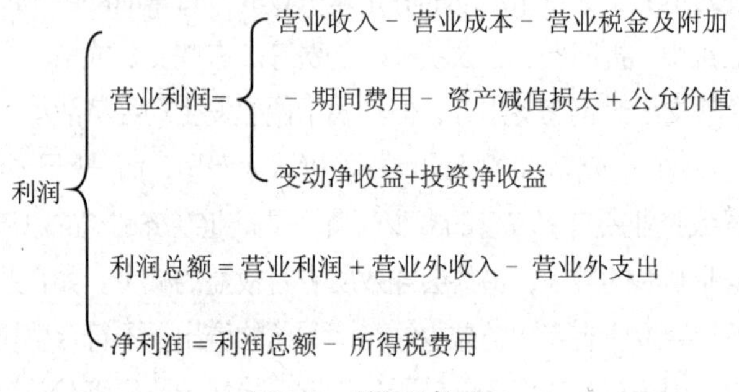

图 2-7　利润的构成

营业利润是指营业收入减去营业成本、营业税金及附加、销售费用、管理费用、财务费用、资产减值损失，加上公允价值变动收益（减损失）和投资收益（减损失）后的金额。

利润总额是指营业利润加上营业外收入，减去营业外支出后的金额。

净利润是指利润总额减去所得税费用后的金额。

收入、费用和利润三个要素是反映企业经营成果的会计要素，是利润表的构成要素。利润表反映了企业收入、费用以及净利润的实现及构成情况，表明企业在一定期间内的经营业绩和获利能力，如表 2-2 所示。

表 2-2　　利润表

编制单位：　　　　年　　月　　　　单位：元

项　目	本 期 金 额	上 期 金 额
一、营业收入		
减：营业成本		
营业税金及附加		
销售费用		
管理费用		
财务费用		

续表

项　　目	本 期 金 额	上 期 金 额
资产减值损失		
加：公允价值变动收益（损失“–”号填列）		
投资收益（损失以“–”号填列）		
其中：对联营企业和合营企业的投资收益		
二、营业利润（亏损以“–”号填列）		
加：营业外收入		
减：营业外支出		
其中：非流动资产处置净损失		
三、利润总额（亏损总额以“–”号填列）		
减：所得税费用		
四、净利润（净亏损以“–”号填列）		
五、每股收益		
（一）基本每股收益		
（二）稀释每股收益		

2.2　会计要素计量属性

企业在将符合确认条件的会计要素登记入账并列报于会计报表及其附注时，应当按照规定的会计计量属性进行计量，确定其金额。根据《企业会计准则——基本准则》第四十三条规定：企业在对会计要素进行计量时，一般应当采用历史成本，采用重置成本、可变现净值、现值、公允价值计量的，应当保证所确定的会计要素金额能够取得并可靠计量。

1. 历史成本

历史成本又称为实际成本，是指取得或制造某项财产物资时所实际支付的现金或其等价物。存货、固定资产和无形资产等的初始计量通常采用历史成本。

2. 重置成本

重置成本又称现行成本，是指按照当前市场条件，重新取得同样一项资产所须支付的现金或现金等价物。在会计实务中，重置成本多应用于盘盈固定资产的计量等。

3. 可变现净值

可变现净值是指在正常生产经营过程中，以预计售价减去进一步加工成本和预计销售费用以及相关税费后的净值。可变现净值通常用于存货的期末计量。

4. 现值

现值是指对未来现金流量以恰当的折现率进行折现后的价值。现值通常用于长期股权投资、固定资产和无形资产等的可收回金额的确定。

5. 公允价值

公允价值是指在公平交易中，熟悉情况的交易双方自愿进行资产交换或者债务清偿的金额。公允价值主要应用于交易性金融资产、可供出售的金融资产等的计量。

2.3 会计等式

2.3.1 会计等式的含义

会计等式又称为会计平衡公式，是指表明各会计要素之间基本关系的恒等式。

1. 静态会计等式

企业要想进行生产经营活动，必须拥有或控制与其经营规模相适应的一定的经济资源，即资产。如库存现金、银行存款、厂房、机器设备和原材料等。但无论资产的表现形式如何，其来源不外乎两个渠道：一是投资者投入；二是债权人提供。也就是说，将投资者和债权人提供的资金运用到生产经营活动中，就形成了企业所持有的各种形式的资产。但是向企业投入或提供资金不是无偿的，投资者是为了谋取投资利益，这就是投资者对企业资产的要求权（所有者权益）；债权人则要求企业在一定日期和条件下偿还本金和利息，这就是债权人对企业资产的要求权（债权人权益，即企业的负债）。这两种对企业资产的要求权，在会计上统称为“权益”。权益表明资产来源，企业各种资产都是投资者或债权人所提供的。因此，资产和权益同时存在，二者说明了同一事物的不同侧面，从数量上看，有多少资产就必定有多少权益；反之，有多少权益也必定有多少资产。因此，在任何一个时点上，一个企业的资产总额必然等于权益总额。资产与权益之间这种数量上的恒等关系可用公式表示如下：

资产＝权益

＝债权人权益＋所有者权益

＝负债＋ 所有者权益

这一会计等式是最基本的会计等式，也称为会计恒等式，它反映了资产、负债和所有者权益三个会计要素之间的内在联系和基本数量关系。这种数量关系表明了企业一定时点上的财务状况，因此也称为静态会计等式。它是设置账户、复式记账、试算平衡和编制资产负债表的理论基础。

需要注意的是：负债与所有者权益虽然都是对企业资产的要求权，但却是两种性质不同的权益，所有者权益只是所有者对剩余资产的要求权，这种要求权在顺序上置于债权人的要求权之后。所以，上述等式还可以表示为

资产–负债=所有者权益

但不能表示为“资产－所有者权益＝负债”

2. 动态会计等式

企业将资产投入到日常生产经营活动中，是为了给企业带来经济利益，即取得收入，

而为了取得收入必然会发生相应的费用。企业在一定会计期间内的收入和费用相配比，其差额为企业的经营成果，即利润。收入、费用和利润三者之间的关系，用公式表示如下：

收入 – 费用 = 利润

上述等式反映了企业在一定时期内的经营成果，因此上述等式称为动态会计等式，它是编制利润表的理论基础。

3. 扩展的会计等式

收入会导致企业利润的增加，最终导致所有者权益的增加，而费用可导致利润的减少，最终导致企业所有者权益的减少。所以将两个会计等式合起来就转化为下面的等式：

资产 = 负债 + 所有者权益 +（收入 – 费用）

会计期末，收入与费用相抵减，计算出利润或亏损，并进行利润分配，转入所有者权益中，上述等式又转化为会计恒等式：

资产 = 负债 + 所有者权益

综上所述，会计的六大要素之间存在着必然的内在联系，即会计要素之间存在着客观的平衡关系，这种平衡关系完整地表现了企业财务状况和经营成果的形成过程。

2.3.2　经济业务对会计等式的影响

企业在生产经营过程中会发生各种各样的经济业务，如购进原材料、生产产品、销售产品等。任何一项经济业务的发生都会引起相关会计要素的增减变动，但都不会破坏会计等式的平衡关系。

企业发生的经济业务对会计恒等式“资产=负债+所有者权益”的影响一般有以下 9 种情况，如表 2-3 所示。

表 2-3　经济业务对会计恒等式的影响

经 济 业 务	资产	= 负债	+ 所有者权益
1	增加	增加	
2	增加		增加
3	减少	减少	
4	减少		减少
5	一增一减		
6		一增一减	
7			一增一减
8		增加	减少
9		减少	增加

下面以华泰公司 2012 年 3 月发生的经济业务为例，具体说明经济业务的发生对会计恒等式的影响。

1. 资产与负债同时增加

【例 2-1】 3 月 1 日，购买 A 公司原材料 40 000 元，货款尚未支付。

该项经济业务的发生，一方面使企业的资产（原材料）增加了 40 000 元，另一方面使企业的负债（应付账款）增加了 40 000 元。由于资产与权益等额增加，因此不影响会计恒等式的平衡关系。

资产（+40 000）= 负债（+ 40 000）+ 所有者权益

2. 资产与所有者权益同时增加

【例 2-2】 3 月 2 日，收到华威公司追加投资 100 000 元，存入银行。

该项经济业务的发生，一方面使企业的资产（银行存款）增加了 100 000 元，另一方面使企业的所有者权益（实收资本）增加了 100 000 元。由于资产与权益等额增加，因此不影响会计恒等式的平衡关系。

资产（+ 100 000）= 负债 + 所有者权益（+ 100 000）

3. 资产与负债同时减少

【例 2-3】 3 月 4 日，用银行存款支付以前所欠 B 公司货款 50 000 元。

该项经济业务的发生，一方面使企业的资产（银行存款）减少了 50 000 元，另一方面使企业的负债（应付账款）减少了 50 000 元。由于资产与权益等额减少，因此不影响会计恒等式的平衡关系。

资产（− 50 000）= 负债（− 50 000）+ 所有者权益

4. 资产与所有者权益同时减少

【例 2-4】 3 月 5 日，根据合同约定，以银行存款退还投资者的投入资本 80 000 元。

该项经济业务的发生，一方面使企业的资产（银行存款）减少了 80 000 元，另一方面使企业的所有者权益（实收资本）减少了 80 000 元。由于资产与权益等额减少，因此不影响会计恒等式的平衡关系。

资产（− 80 000）= 负债 + 所有者权益（− 80 000）

5. 资产内部一增一减

【例 2-5】 3 月 8 日，从银行提取现金 10 000 元备用。

该项经济业务的发生，一方面使企业的资产（银行存款）减少了 10 000 元，另一方面使企业的资产（库存现金）增加了 10 000 元，且增减金额相等，资产总额没有发生变化，因此不影响会计恒等式的平衡关系。

资产（+ 10 000 − 10 000）= 负债 + 所有者权益

6. 负债内部一增一减

【例 2-6】 3 月 15 日，向银行申请将短期借款 60 000 元转为长期借款。

该项经济业务的发生，一方面使企业的负债（长期借款）增加了 60 000 元，另一方面使企业的负债（短期借款）减少了 60 000 元，且增减金额相等，权益总额没有发生变化，因此不影响会计恒等式的平衡关系。

资产 = 负债（+ 60 000 − 60 000）+ 所有者权益

7. 所有者权益内部一增一减

【例 2-7】 3 月 18 日，按法定程序将资本公积 80 000 元转增资本。

该项经济业务的发生，一方面使企业的所有者权益（资本公积）减少了 80 000 元，另一方面使企业的所有者权益（实收资本）增加了 80 000 元，且增减金额相等，权益总额没有发生变化，因此不影响会计恒等式的平衡关系。

资产 = 负债 + 所有者权益（+ 80 000 − 80 000）

8. 负债增加，所有者权益减少

【例 2-8】 3 月 20 日，以盈余公积 60 000 元向投资者分派利润。

该项经济业务的发生，一方面使企业的所有者权益（盈余公积）减少了 60 000 元，另一方面使企业的负债（应付股利）增加了 60 000 元，且增减金额相等，权益总额没有发生变化，因此不影响会计恒等式的平衡关系。

资产 = 负债（+ 60 000） + 所有者权益（− 60 000）

9. 负债减少，所有者权益增加

【例 2-9】 3 月 21 日，C 公司将公司所欠货款 100 000 元，转作对公司的投资。

该项经济业务的发生，一方面使企业的所有者权益（实收资本）增加了 100 000 元，另一方面使企业的负债（应付账款）减少了 100 000 元，且增减金额相等，权益总额没有发生变化，因此不影响会计恒等式的平衡关系。

资产 = 负债（− 100 000）+ 所有者权益（+ 100 000）

由以上 9 笔经济业务可以看出：在“资产 = 负债 + 所有者权益”的会计恒等式中，当等式两边发生相等金额的同增减变化时，结果是虽然资产总额和权益总额都发生了变化，但是等式两边的金额仍然相等，如【例 2-1】至【例 2-4】；当只涉及等式一边项目内以相等的金额一增一减时，结果是资产总额和权益总额不变，也不会影响到等式的平衡关系，如【例 2-5】至【例 2-9】。因此任何一项经济业务的发生，不管引起资产、负债和所有者权益发生怎样的增减变动，均不会破坏会计等式的恒等关系。

企业在日常生产经营活动中，还会经常发生涉及收入和费用的经济业务。下面同样举例说明经济业务的发生对扩展的会计等式“资产=负债+所有者权益+（收入 − 费用）”的影响。

仍以华泰公司 2012 年 3 月的经济业务为例。

【例 2-10】 3 月 22 日，企业销售产品一批，取得销售收入 60 000 元，款项尚未收到（假定不考虑增值税）。

该项经济业务的发生，一方面使企业的资产（应收账款）增加了 60 000 元，另一方面使企业的收入（主营业务收入）增加了 60 000 元，且增减金额相等，因此不影响扩展会计等式的平衡关系。

资产（+ 60 000）= 负债 + 所有者权益 + 收入（+ 60 000）− 费用

【例 2-11】 3 月 23 日，向甲公司销售产品一批，价款 20 000 元，用于偿付以前所欠货款（假定不考虑增值税）。

该项经济业务的发生，一方面使企业的负债（应付账款）减少了 20 000 元，另一方面使企业的收入（主营业务收入）增加了 20 000 元，且增减金额相等，因此不影响扩展会计等式的平衡关系。

资产 = 负债（− 20 000）+ 所有者权益 + 收入（+20 000）− 费用

【例 2-12】 3 月 25 日，以银行存款 5 000 元购买办公用品。

该项经济业务的发生，一方面使企业的资产（银行存款）减少了 5 000 元，另一方面使企业的费用（管理费用）增加了 5 000 元，且增减金额相等，因此不影响扩展会计等式的平衡关系。

资产（− 5 000）= 负债 + 所有者权益 + 收入 − 费用（+ 5 000）

【例 2-13】 3 月 31 日，本月应付利息费用 30 000 元，款项尚未支付。

该项经济业务的发生，一方面使企业的负债（应付利息）增加了 30 000 元，另一方面使企业的费用（财务费用）增加了 30 000 元，且增减金额相等，因此不影响扩展会计等式的平衡关系。

资产 = 负债（+ 30 000）+ 所有者权益 + 收入 − 费用（+30 000）

从上面的例子可以看出，在增加收入和费用两个要素之后，无论发生什么样的经济业务，扩展会计等式之间的平衡关系仍然成立。

2.4 会计科目

2.4.1 设置会计科目的意义

会计科目是对会计的具体对象即会计要素进一步分类形成的项目。

企业在其经济活动中，经常发生大量错综复杂的经济业务，经济业务的发生必然会引起各项会计要素发生增减变化。我们把会计对象划分为会计要素后，仍然不能满足会计分类核算的需要。例如，仅有“资产”这样一个概念，当我们用 2 万元的银行存款去购买原材料，那只能反映为一项资产增加，另一项资产减少，其结果等于没有反映。因此必须对会计要素按经济内容和会计核算的需要分类，从而形成各个会计科目。当我们把资产要素分为“库存现金”、“银行存款”、“原材料”、“固定资产”等时，上面用银行存款购买设备的例子便可以反映为：“原材料”增加了 2 万元，“银行存款”减少了 2 万元，这样就能很清楚地反映经济业务。

会计科目是进行各项会计记录和提供各项会计信息的基础，在会计核算中具有重要意义。

（1）会计科目是复式记账的基础，复式记账要求每一项经济业务在两个或两个以上相互联系的账户中进行登记，以反映资金运动的来龙去脉。

（2）会计科目是编制记账凭证的基础，在我国，会计凭证是确定所发生的经济业务应该计入哪一个会计科目以及分门别类进行登记账簿的凭据。

（3）会计科目为成本计算与财产清查提供了前提条件，通过会计科目的设置，有助于成本核算，使各种成本计算成为可能，而通过账面记录与实际结存核对，又为财产清查、保证账实相符提供了必要的条件。

（4）会计科目为编制会计报表提供了方便，会计报表是提供会计信息的主要手段，为了保证会计信息的质量及其提供的及时性，会计报表中的许多项目与会计科目是一致的，并根据会计科目的本期发生额或余额填列。

2.4.2　设置会计科目的原则

企业在设置会计科目时，应遵循《企业会计准则——应用指南》的有关规定，并兼顾企业所处行业、业务特点、规模大小和会计信息使用者的需求等。在设置会计科目时应努力做到科学、合理、适用，因此应遵循以下原则。

（1）合法性原则：指企业应当按照国家财政部门制定的会计制度法规中规定的会计科目来设置本企业适用的会计科目。企业可以根据自身的生产经营特点，在不影响会计核算要求和财务会计报告指标汇总，以及对外提供统一的财务会计报告的前提下，自行增设、减少或合并某些会计科目。

（2）相关性原则：指所设置的会计科目应当为提供有关各方所需要的会计信息服务，满足对外报告与对内管理的要求。

（3）实用性原则：指所设置的会计科目应符合单位自身特点，满足单位实际需要。对于本企业重要的业务，可以按照重要性信息质量要求对会计科目进行细分，设置更为具体的会计科目；对于不重要的经济业务或者不经常发生的业务，可以对某些会计科目进行适当的归并。例如，有些企业不经常发生预付账款和预收账款业务，可以不设“预付账款”和“预收账款”科目，而分别在“应付账款”和“应收账款”科目中核算。另外，对于会计科目的名称，在不违背会计科目使用原则的基础上，可以结合本企业的实际情况，确定适合本企业特有的会计科目。

【知识链接】

企业应当按照《企业会计准则——应用指南》规定，设置会计科目进行账务处理，在不违反统一规定的前提下，可以根据本企业的实际情况自行增设、分拆、合并会计科目。不存在的交易或者事项，可以不设置相关的会计科目。

2.4.3 会计科目的分类

1. 按反映的经济内容分类

（1）资产类科目：资产类科目是用以反映资产要素具体内容的会计科目。按资产的流动性分为反映流动资产的科目和反映非流动资产的科目。例如，反映流动资产的有“库存现金”、“银行存款”、“应收账款”、“应收票据”、“预付账款”、“其他应收款”、“原材料”和“库存商品”等科目；反映非流动资产的有“长期股权投资”、“固定资产”、“无形资产”、“投资性房地产”和“长期待摊费用”等科目。

资产类会计科目中，有些是用来反映资产价值损耗或损失的科目，如“累计折旧”、“累计摊销”、“坏账准备”、“存货跌价准备”、“长期股权投资减值准备”、“固定资产减值准备”和“无形资产减值准备”等。这些科目反映相应资产的价值损耗或损失，目的是确定资产的账面价值，满足企业资产管理的需要。

（2）负债类科目：负债类科目是用以反映负债要素具体内容的会计科目。按负债的偿还期限分为反映流动负债的科目和反映非流动负债的科目。例如，反映流动负债的有“短期借款”、“应付账款”、“应付票据”、“预收账款”和“应付职工薪酬”等科目，反映非流动负债的有“长期借款”、“应付债券”和“长期应付款”等科目。

（3）共同类科目：共同类科目是既用以反映资产要素内容又用以反映负债要素内容的会计科目，主要适用于金融企业，如“清算资金往来”、“货币兑换”和“衍生工具”等科目。该类科目本书暂不涉及。

（4）所有者权益类科目：所有者权益类科目是用以反映所有者权益要素具体内容的会计科目。按所有者权益的形成和性质可分为反映资本的科目和反映留存收益的科目。例如，反映资本的有“实收资本”等科目；反映留存收益的有“盈余公积”等科目。

（5）成本类科目：成本类科目是对产品成本、劳务成本的构成内容进行分类核算的会计科目。按成本内容和性质的不同可以分为反映制造成本的科目和反映劳务成本的科目。例如，反映制造成本的科目有“生产成本”、“制造费用”等；反映劳务成本的科目有“劳务成本”等。

（6）损益类科目：损益类科目是用以反映企业在生产经营过程中取得的各项收入和发生的各项费用的会计科目，按损益的不同内容可以分为反映收入的科目和反映费用的科目。例如，反映收入的有“主营业务收入”、“其他业务收入”等科目，反映费用的有“管理费用”、“财务费用”和“销售费用”等科目。

2. 按提供信息的详细程度分类

会计科目按提供信息的详细程度分为总分类科目和明细分类科目。总分类科目是在国家统一会计制度中规定的，明细分类科目除国家统一会计制度规定设置的以外，各企业可以根据实际需要自行设置。

（1）总分类科目，又称一级科目或总账科目，它是对会计要素具体内容进行总括分类、提供总括信息的会计科目，如“应收账款”、“应付账款”和“原材料”等。总分类科目反映各种经济业务的概括情况，是进行总分类核算的依据。

（2）明细分类科目，又称明细科目，是对总分类科目作进一步分类、提供更详细和更具体的会计信息的科目。例如，“应收账款”科目按债务人名称或姓名设置明细科目，反映应收账款的具体对象。

在会计实务中，为了适应管理需要，对于明细科目较多的总账科目，可在总分类科目设置二级明细科目、三级明细科目甚至更多的级次。二级明细科目又称子目，三级以及更细的明细科目称为细目。

例如，在“原材料”总分类科目下，先按材料类别设置“原料及主要材料”、“辅助材料”等二级科目，再在二级科目下按材料的品种、规格等设置三级明细科目，如表 2-4 所示。

表 2-4　　总分类科目与各级明细科目之间的关系

总分类科目（一级科目或总目）	明细分类科目	
	二级明细科目（子目）	三级明细科目（细目）
原材料	原料及主要材料	圆钢
		角钢
	辅助材料	油漆
		铁钉

总分类科目和明细分类科目反映的经济内容相同，只是提供的核算信息详细程度不同。总分类科目概括地反映会计对象的具体内容，明细分类科目详细地反映会计对象的具体内容。总分类科目对明细分类科目具有统驭和控制作用，而明细分类科目对总分类科目起补充和说明作用。

2.4.4　企业常用会计科目

在我国《企业会计准则——应用指南》中，规定了企业的会计科目，其中常用的会计科目见表 2-5。

【知识链接】

企业在进行会计核算时所运用的会计科目很多。为了适应会计电算化的需要，表明会计科目的性质及其属性的类别和关系，必须对会计科目进行编号。会计科目的编号由财政部统一规定，采用四位数制，每位数字都有特定的含义，第一位数字表示会计科目的主要大类，通常为会计要素的分类，1 表示资产类，2 表示负债类，3 表示共同类，4 表示所有者权益类，5 表示成本类，6 表示损益类；第二位数字表示每一大类内部的顺序编号，第三位和第四位表示会计科目的顺序号。

例如，“1001”是“库存现金”会计科目的编号，第一位数字“1”表示资产类，第二位数字“0”表示资产类中的货币资金小类，第三、四位数字“01”表示表示货币资金小类中第一个会计科目。

表 2-5　　　　　　　　企业常用会计科目表

序号	编号	会计科目名称	序号	编号	会计科目名称	序号	编号	会计科目名称
		一、资产类	34	1604	在建工程	65	3202	被套期项目
1	1001	库存现金	35	1605	工程物资			四、所有者权益类
2	1002	银行存款	36	1606	固定资产清理	66	4001	实收资本
3	1015	其他货币资金	37	1701	无形资产	67	4002	资本公积
4	1101	交易性金融资产	38	1702	累计摊销	68	4101	盈余公积
5	1121	应收票据	39	1703	无形资产减值准备	69	4103	本年利润
6	1122	应收账款	40	1711	商誉	70	4104	利润分配
7	1123	预付账款	41	1801	长期待摊费用	71	4201	库存股
8	1131	应收股利	42	1811	递延所得税资产			五、成本类
9	1132	应收利息	43	1901	待处理财产损溢	72	5001	生产成本
10	1231	其他应收款			二、负债类	73	5101	制造费用
11	1241	坏账准备	44	2001	短期借款	74	5103	待摊进货费用
12	1321	代理业务资产	45	2101	交易性金融负债	75	5201	劳务成本
13	1401	材料采购	46	2201	应付票据	76	5301	研发支出
15	1403	原材料	47	2202	应付账款			六、损益类
16	1404	材料成本差异	48	2205	预收账款	77	6001	主营业务收入
17	1406	库存商品	49	2211	应付职工薪酬	78	6051	其他业务收入
18	1407	发出商品	50	2221	应交税费	79	6101	公允价值变动损益
19	1410	商品进销差价	51	2231	应付利息	80	6111	投资损益
20	1411	委托加工物资	52	2232	应付股利	81	6301	营业外收入
21	1412	包装物及低值易耗品	53	2241	其他应付款	82	6401	主营业务成本
22	1461	存货跌价准备	54	2314	代理业务负债	83	6402	其他业务支出
23	1501	持有至到期投资	55	2401	递延收益	84	6403	营业税金及附加
24	1502	持有至到期投资减值准备	56	2501	长期借款	85	6601	销售费用
25	1503	可供出售金融资产	57	2502	应付债券	86	6602	管理费用
26	1511	长期股权投资	58	2701	长期应付款	87	6603	财务费用
27	1512	长期股权投资减值准备	59	2702	未确认融资费用	88	6701	资产减值损失
28	1521	投资性房地产	60	2711	专项应付款	90	6711	营业外支出
29	1531	长期应收款	61	2801	预计负债	91	6801	所得税费用
30	1541	未实现融资收益	62	2901	递延所得税负债	92	6901	以前年度损益调整
31	1601	固定资产			三、共同类			
32	1602	累计折旧	63	3101	衍生工具			
33	1603	固定资产减值准备	64	3201	套期工具			

2.5 会计账户

2.5.1 设置会计账户的必要性

会计账户，简称账户，是指根据会计科目开设的，具有一定的格式和结构，用来记录会计要素增减变化情况及其结果的一种载体。

会计科目是对会计要素进行的具体分类，它只有名称和内容，不具有一定的格式，不能把发生的经济业务全面地、连续地、系统地、完整地记录下来，取得经营管理所需要的会计信息。因此，要进行会计核算，还必须根据设置的会计科目开设相应的账户，在账户上记录各项经济业务，以及由此而引起的有关会计要素具体内容的增减变动情况及其结果。

2.5.2 账户的基本结构

由于经济业务所引起的各项会计要素的变动，从数量上看不外乎增加和减少两种情况，因此，账户的基本结构是由左、右两方组成，一方记增加、一方记减少。具体哪一方记增加，哪一方记减少由记账方法和账户性质决定。此外，为了随时考查经济业务的内容、记账时间与记账依据，账户中除了“增加”和“减少”两个基本部分，还应包括以下内容：

（1）账户的名称，即会计科目；

（2）日期，即经济业务的发生日期；

（3）凭证号数，即账户记录的来源和依据；

（4）摘要，即经济业务的简要说明；

（5）金额，即增加额、减少额和余额。

在实际工作中，账户的一般格式如表 2-6 所示。

表 2-6　　　　**账户名称（会计科目）**

年		凭证号数	摘要	增加金额	减少金额	余额
月	日					

上述格式中有专设的两栏，分别记录增加额和减少额，增减数额相抵后的差额，称为账户的余额。余额按其表示时间的不同，分为期初余额和期末余额。因此，每个账户一般有四个金额要素，即期初余额、本期增加发生额、本期减少发生额和期末余额。经济业务发生后，应将增加额和减少额记在相应的栏目内，一定期间记录到账户

增加方的合计数，称为本期增加发生额；一定期间记录到账户减少方的合计数，称为本期减少发生额。账户这四个金额要素之间的关系如下：

本期期末余额 = 本期期初余额 + 本期增加发生额 − 本期减少发生额

本期期末余额即为下期期初余额，一般情况下，会计账户余额的方向同账户增加额的方向是一致的。

为了便于说明和教学的需要，账户的格式常常可以简化为"T"形账户（亦称为丁字形账户），如图 2-8 所示。

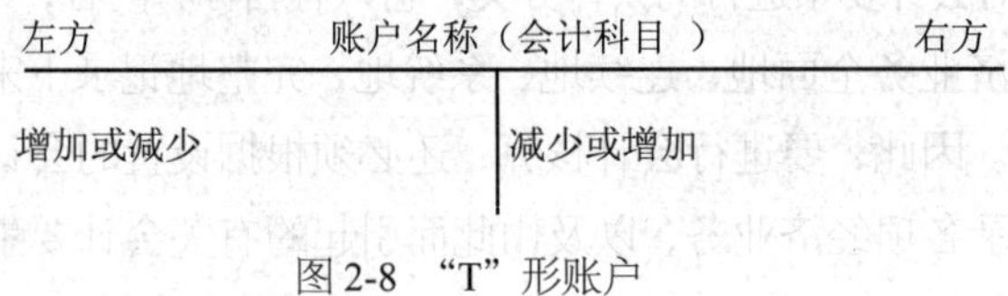

图 2-8 "T"形账户

2.5.3 账户的分类

账户是根据会计科目设置的，因此账户的分类应与会计科目的分类一致。

（1）按经济内容分，账户可分为六大类：资产类账户、负债类账户、共同类账户、所有者权益类账户、成本类账户和损益类账户。资产类账户是根据资产类科目开设的账户；负债类账户是根据负债类科目开设的账户；共同类账户是根据共同类科目开设的账户；所有者权益类账户是根据所有者权益类科目开设的账户；成本类账户是根据成本类科目开设的账户；损益类账户是根据损益类科目开设的账户。

（2）按账户提供的核算资料的详细程度分，账户可分为总分类账户和明细分类账户。根据总分类科目开设的账户称为总分类账户，根据明细分类科目开设的账户称为明细分类账户。

2.5.4 账户与会计科目的关系

账户与会计科目是会计学中两个密切相关的概念，两者既有联系又有区别。两者的联系在于：会计科目和账户所反映的经济内容是一致的；会计科目是账户的名称，也是设置账户的依据，账户是会计科目的具体运用；没有会计科目，账户便失去了设置的依据；没有账户，会计科目就无法发挥作用。两者的区别是：会计科目仅仅是账户的名称，不存在结构，无法反映会计要素具体内容的增减变动及其结果；而账户则具有一定的格式和结构，能够用于反映会计要素具体内容的增减变动情况和结果。在实际工作中，对会计科目和账户一般并不严格区分，而是相互通用。

本章小结

会计要素是对会计对象的基本分类，是构成会计报表的基本组件，同时也是设置账户的依据。会计要素包括资产、负债、所有者权益、收入、费用和利润六大要素。其中，资产、负债和所有者权益反映企业在一定时期内的财务状况；收入、费用和利润反映企业在一定时期内的经营成果。

六大会计要素之间的数量的关系为会计等式：

资产＝负债＋所有者权益

收入－费用＝利润

资产＝负债＋所有者权益＋（收入－费用）

任何一项经济业务的发生，不论其引起会计要素发生什么样的增减变动，都不会破坏会计等式的平衡关系。

会计科目是对会计的具体对象即会计要素进一步分类形成的项目。设置会计科目是会计核算的专门方法之一，应遵循一定的原则。会计科目按反映的经济内容分为资产类、负债类、所有者权益类、共同类、成本类和损益类；按提供信息的详细程度及其统驭关系分为总分类科目和明细分类科目。

会计账户是指根据会计科目开设的，具有一定的格式和结构，用来记录会计要素增减变化情况及其结果的一种载体。

账户的基本结构包含的内容有账户的名称、日期、凭证号数、摘要和金额等。

账户一般有四个金额要素，即期初余额、本期增加发生额、本期减少发生额和期末余额。它们之间的关系为

本期期末余额＝本期期初余额＋本期增加发生额－本期减少发生额

账户按经济内容分为资产类账户、负债类账户、共同类账户、所有者权益类账户、成本类账户和损益类账户。账户按提供的核算资料的详细程度不同分为总分类账户和明细分类账户。

会计账户和会计科目既有联系又有区别。

复习思考

1. 什么是会计要素？会计要素有哪几类？
2. 简述资产和负债的概念、特征、分类。
3. 简述所有者权益的概念、特征、来源、分类。

4. 简述收入和费用的概念、特征、分类。

5. 简述利润的概念、构成。

6. 会计等式的内容有哪些？试举例说明为什么经济业务的发生不会影响会计等式的平衡关系？

7. 什么是会计科目？会计科目如何进行分类？

8. 简述总分类科目与明细分类科目之间的关系。

9. 什么是会计账户？简述账户结构。

10. 简述会计账户与会计科目的关系。

同步测试

一、单项选择题

1. (　　) 是对会计对象进行的基本分类，是会计对象的具体化。

A. 会计要素　　B. 会计科目　　C. 会计账户　　D. 会计主体

2. 根据资产定义，下列各项中不属于资产特征的是 (　　)。

A. 资产是企业拥有或控制的资源

B. 资产预期会给企业带来经济利益

C. 资产是由企业过去交易或事项形成的

D. 资产能够可靠地计量

3. 下列项目中属于非流动资产的是 (　　)。

A. 应付账款　　B. 预收账款　　C. 应收账款　　D. 固定资产

4. 负债是指企业由于过去的交易或事项形成的 (　　)。

A. 过去义务　　B. 现时义务　　C. 将来义务　　D. 潜在义务

5. 某企业资产总额为 100 万元，负债总额为 20 万元，所有者权益总额为 (　　) 万元。

A. 100　　B. 20　　C. 120　　D. 80

6. 下列各项，不符合收入定义要求的是 (　　)。

A. 出售商品取得的销售收入　　B. 出售原材料取得的销售收入

C. 出售机器设备取得的收入　　D. 出租无形资产取得的租金收入

7. 下列有关费用的叙述中，错误的是 (　　)。

A. 费用是日常活动中发生的经济利益的总流出

B. 企业发生的各项支出均属于费用范畴

C. 费用的发生影响企业的利润

D. 费用的发生最终将导致企业所有者权益减少

8. 企业在对会计要素进行计量时，一般应当采用（　　）。

A. 历史成本　B. 重置成本　C. 可变净现值

D. 现值　E. 公允价值

9. 一个企业的资产总额和权益总额（　　）。

A. 必然相等　B. 期初时相等　C. 期末时相等　D. 必然不相等

10. 下列属于静态会计等式的是（　　）。

A. 收入 − 费用 = 利润

B. 资产=负债+所有者权益

C. 资产=负债+所有者权益+利润

D. 资产=负债+所有者权益+（收入−费用）

11. 一项经济业务发生后，引起银行存款增加 5 000 元，同时有可能引起（　　）。

A. 固定资产增加 5 000 元　B. 原材料增加 5 000 元

C. 短期借款增加 5 000　D. 应付账款减少 5 000 元

12. 企业以银行存款偿还以前所欠货款，表现为（　　）。

A. 一项资产增加，另一项资产减少　B. 一项负债增加，另一项负债减少

C. 一项资产增加，一项负债增加　D. 一项资产减少，一项负债减少

13. 经济业务发生只涉及负债要素时，表现为该要素中某些项目（　　）。

A. 同增　B. 同减　C. 不增不减　D. 一增一减

14. 某企业月初权益总额为 100 万元，假定本月仅发生一笔以银行存款 10 万元偿还短期借款的业务，则该企业月末资产总额为（　　）。

A. 100　B. 90　C. 80　D. 110

15. 一项资产的减少，不可能引起（　　）。

A. 另一项资产的增加　B. 一项负债的减少

C. 一项负债的增加　D. 一项所有者权益的减少

16. 某企业本期期初资产总额为 100 万元，本期期末负债总额比期初减少了 10 万元，所有者权益比期初增加了 30 万元，则该企业本期期末资产总额为（　　）万元。

A. 90　B. 100　C. 120　D. 130

17. 某企业资产总额为 100 万元，当发生下列三笔业务后，①投资者投入 20 万元存入银行；②用银行存款偿还应付账款 5 万元；③收回应收账款 4 万元存入银行。其资产总额为（　　）。

A. 115 万元　B. 119 万元　C. 111 万元　D. 71 万元

18. 一项资产减少，一项负债减少的经济业务发生后，会使资产和权益原来的总额（　　）。

A. 发生同增的变动　　B. 发生同减的变动
C. 发生不等额的变动　　D. 都不变动

19. 下列经济业务中，能引起会计等式左右两边同时变动的有（　　）。
A. 收到购货单位以前所欠货款　　B. 以银行存款偿还短期借款
C. 从银行提取现金　　D. 以银行存款购买原材料

20. 在下列经济业务中，只能引起同一个会计要素内部增减变动的业务是（　　）。
A. 取得短期借款存入银行　　B. 以银行存款偿还短期借款
C. 赊购原材料　　D. 以银行存款购买原材料

21. 经济业务的发生（　　）会计等式的平衡关系。
A. 不影响　　B. 有时影响　　C. 影响　　D. 视具体情况

22. 会计科目是（　　）的名称。
A. 会计账簿　　B. 会计账户　　C. 会计要素　　D. 会计对象

23. 总分类科目一般按（　　）进行设置。
A. 企业管理的需要　　B. 统一会计制度的规定
C. 会计核算的需要　　D. 经济业务的种类不同

24. 下列会计科目中，不属于负债类的有（　　）。
A. 短期借款　　B. 应付账款　　C. 预收账款　　D. 预付账款

25. 企业所设置的会计科目应符合单位自身特点，满足单位实际需要，这一点符合（　　）原则。
A. 实用性　　B. 合法性　　C. 谨慎性　　D. 相关性

26. 下列属于所有者权益类科目的是（　　）。
A. 银行存款　　B. 应收账款　　C. 预收账款　　D. 利润分配

27. 下列会计科目中，不属于损益类科目的有（　　）。
A. 本年利润　　B. 主营业务成本　　C. 营业外收入　　D. 营业外支出

28. 会计账户的各项金额要素的关系不可以表示为（　　）。
A. 本期期末余额 = 本期期初余额 + 本期增加发生额 − 本期减少发生额
B. 本期期末余额 − 本期期初余额 = 本期增加发生额 − 本期减少发生额
C. 本期期末余额 − 本期期初余额 − 本期增加发生额 = 本期减少发生额
D. 本期期末余额 + 本期减少发生额 = 本期期初余额 + 本期增加发生额

29. 账户的左边记录的发生额为（　　）。
A. 增加额　　B. 减少额　　C. 增加额或减少额　　D. 以上都不是

30. 关于会计科目与账户的关系，下列说法中不正确的是（　　）。
A. 没有账户，就无法发挥会计科目的作用
B. 两者反映的经济内容一致

C. 账户是设置会计科目的依据

D. 会计科目不存在结构，而账户则具有一定的格式和结构

二、多项选择题

1. 下列属于反映企业财务状况的会计要素有（　　）。

A. 利润　B. 资产　C. 负债　D. 所有者权益

2. 下列各项中，应确认为企业资产的有（　　）。

A. 融资租入的固定资产　B. 计划下个月购入的材料

C. 购入的无形资产　D. 已霉烂变质无使用价值的存货

3. 下列属于资产要素的是（　　）。

A. 预收账款　B. 应收账款　C. 应收票据　D. 无形资产

4. 下列属于流动资产的有（　　）。

A. 交易性金融资产　B. 银行存款

C. 存货　D. 长期股权投资

5. 下列各项属于流动负债的是（　）。

A. 预收账款　B. 应付账款　C. 应付票据　D. 应付债券

6. 下列各项属于非流动资产的是（　　）。

A. 存货　B. 无形资产　C. 长期待摊费用　D. 固定资产

7.《企业会计准则——收入》规定，企业的日常活动形成的收入包括（　　）。

A. 销售商品的收入　B. 提供劳务的收入

C. 他人使用本企业资产取得的收入　D. 出售固定资产的收入

8. 下列属于费用要素的是（　　）。

A. 管理费用　B. 制造费用　C. 长期待摊费用　D. 主营业务成本

9. 下列各项中，（　　）属于所有者权益项目。

A. 实收资本　B. 盈余公积　C. 应付股利　D. 本年利润

10. 下列属于成本类科目的是（　　）。

A. 生产成本　B. 主营业务成本　C. 制造费用　D. 销售费用

11. 下列等式正确的有（　　）。

A. 资产=负债+所有者权益　B. 资产−负债=所有者权益

C. 资产−所有者权益=负债　D. 资产=负债+所有者权益+收入−费用

12. 下列经济业务中，不会使企业月末资产总额发生变化的是（　）。

A. 从银行提取现金　B. 购买原材料，货款未付

C. 购买原材料，货款已付　D. 现金存入银行

13. 下列经济业务中引起资产和负债同时增加的有（　　）。

A. 赊购原材料　B. 从银行提取现金

C. 以银行存款购入材料　　D. 向银行借款并存入银行

14. 下列各项目中，正确的经济业务类型有（　　）。

A. 一项资产增加，一项负债增加

B. 一项资产增加，一项所有者权益增加

C. 一项负债增加，一项所有者权益增加

D. 一项负债增加，一项所有者权益减少

15. 关于总分类科目与明细分类科目表述正确的是（　　）。

A. 明细分类科目概括地反映会计对象的具体内容

B. 总分类科目详细地反映会计对象的具体内容

C. 总分类科目对明细分类科目具有控制作用

D. 明细分类科目是对总分类科目的补充和说明

16. 下列不可以作为总分类科目的是（　　）。

A. 现金　　B. 银行存款　　C. 材料　　D. 钢材

17. 下列关于会计科目的表述中，正确的是（　　）。

A. 账户是根据会计科目开设的

B. 会计科目具有一定的格式和结构

C. 所有总分类科目都要设置明细科目

D. 二级科目属于明细分类科目

18. 下列项目中，属于账户基本结构内容的有（　　）。

A. 账户的名称　　B. 日期和摘要

C. 凭证号数　　D. 增加金额、减少金额及余额

19. 下列关于账户的说法（　　）是正确的。

A. 账户的本期期末余额等于下期期初余额

B. 账户的余额一般与增加额在同一方向

C. 账户的借方发生额等于贷方发生额

D. 如果一个账户的左方记增加额，右方就记减少额

20. 账户的金额要素包括（　　）。

A. 期初余额　　B. 本期增加额　　C. 本期减少额　　D. 期末余额

三、判断题

1. 会计上所称的“资产”仅指过去的交易或事项形成的、由企业拥有、预期会给企业带来经济利益的资源。（　　）

2. 收入要素包括主营业务收入、其他业务收入及营业外收入等。（　　）

3. 企业所有的利得和损失均应计入当期损益。（　　）

4. 从数量上看，资产与权益始终保持平衡关系，因此任何经济业务的发生均不

会改变资产和权益的总额。（　　）

5．明细分类科目就是二级科目。（　　）

6．成本类科目包括制造费用、生产成本及主营业务成本等科目。（　　）

7．企业采用重置成本、可变现净值、现值和公允价值计量的，应当保证所确定的会计要素金额能够取得并可靠计量。（　　）

8．为了保证核算资料完整和便于利用，各总分类账户都必须设置明细分类账户。（　　）

9．会计科目与账户所反映的经济内容一致，因而两者之间并无区别。（　　）

10．账户的余额一般与增加额在同一方。（　　）

11．所有经济业务的发生都会引起会计恒等式两边发生变化。（　　）

12．预收账款和预付账款都属于资产。（　　）

13．从数量上看，所有者权益等于企业全部资产减去全部负债后的余额。（　　）

14．企业与供应单位签订了 50 000 元的购货合同，因此可确认企业资产和负债同时增加 50 000 元。（　　）

15．企业的资产来源于所有者和债权人，所以所有者和债权人都有权利要求参与企业利润的分配。（　　）

四、业务题

（一）

【目的】掌握企业会计要素的确认和会计科目的使用。

【资料】某企业经济内容如下表 2-7 所示。

表 2-7

序号	经 济 内 容	所属科目性质	会 计 科 目
1	投资者投入的资本		
2	向银行借入的长期借款		
3	库存原材料		
4	厂部办公大楼		
5	车间厂房		
6	库存现金		
7	应付的购货款		
8	购入的专利权		
9	向供应单位预付的购货款		
10	车间机器设备		
11	短期借款利息费用		
12	处在生产过程中的产品发生的费用		
13	行政管理部门发生的费用		

续表

序号	经 济 内 容	所属科目性质	会 计 科 目
14	应付给职工的工资		
15	预收购货单位货款		
16	库存完工产品		
17	销售产品实现的收入		
18	应收购货单位货款		
19	销售原材料取得的收入		
20	销售产品发生的广告费		
21	本年实现的净利润		
22	已售产品的成本		
23	应缴纳的各种税金		
24	应付给投资者的利润		
25	提取的法定盈余公积金		
26	以前年度留存企业的未分配利润		

【要求】判断资料中的经济内容应归属的会计科目及其性质，填入表中。

（二）

【目的】掌握经济业务的类型及其对会计等式的影响。

【资料】华泰公司2012年3月份发生如下经济业务，分析说明经济业务对会计要素的影响。

1. 用银行存款购入全新机器一台，价值30 000元。
2. 投资者投入专利权，合同约定价值100 000元。
3. 以银行存款偿还以前所欠供应单位货款10 000元。
4. 收到购货单位所欠账款20 000元，存入银行。
5. 从银行提取50 000元现金，以备发工资。
6. 按规定将80 000元资本公积转增资本金。
7. 购买原材料60 000元，货款尚未支付。
8. 从银行借入短期借款60 000元。
9. 收到投资者投入资金200 000元，存入银行。

第3章

复式记账

【知识目标】

1. 理解复试记账的概念及特点；
2. 掌握借贷记账法的记账符号、账户结构、记账规则与会计分录；
3. 熟悉借贷记账法的试算平衡；
4. 掌握总分类账户和明细分类账户的平行登记。

【技能目标】

1. 能编制会计分录，并通过会计分录解释账户的对应关系；
2. 能熟练编制试算平衡表并据此检查账户记录。

【知识框架】

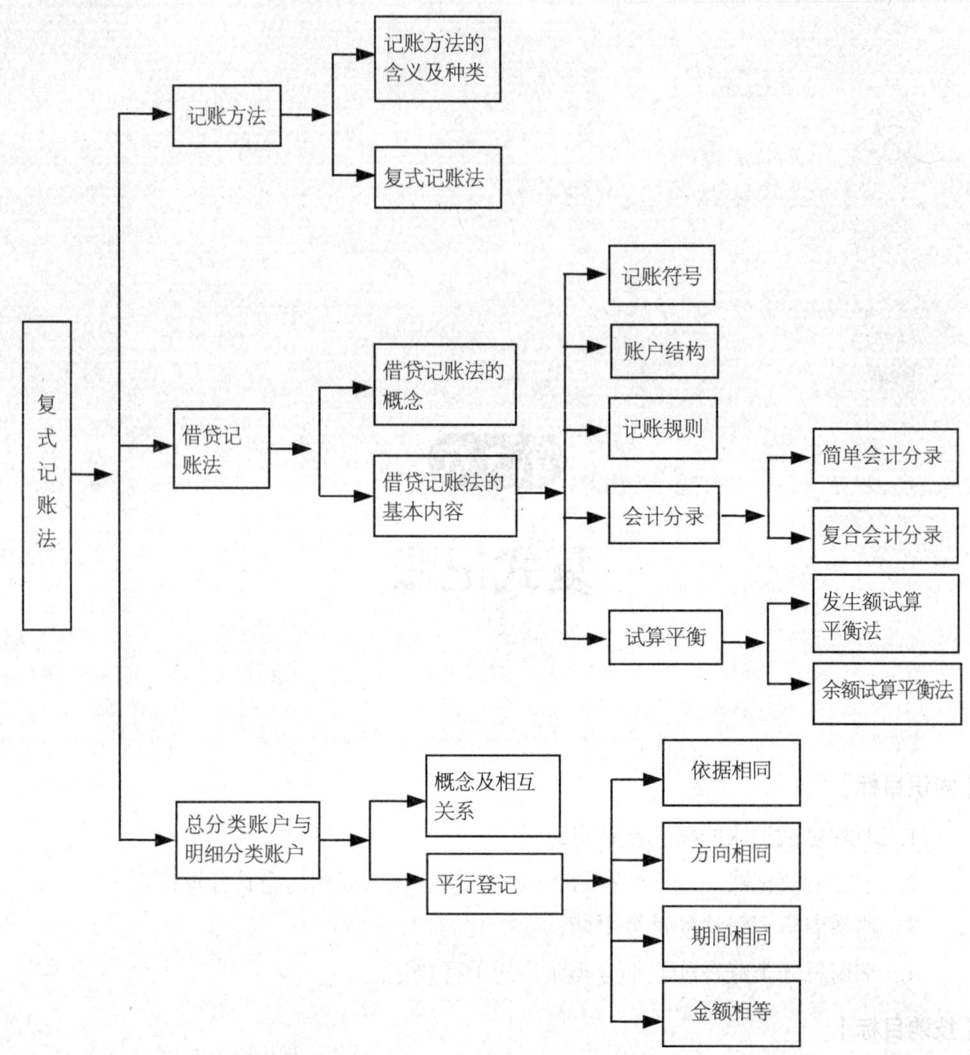

3.1 复式记账法

企业发生各项经济业务时，必然会引起会计要素发生增减变动，账户能够全面地、系统地反映各会计要素有关项目的增减变动及结果。如何将企业发生的经济业务记录到相关账户中，就必须采用一定的记账方法。

3.1.1 记账方法的含义及种类

记账方法是指在账户中登记经济业务的方法。按照记录经济业务方式的不同，记账方法分为单式记账法和复式记账法。

单式记账法是指对发生的每一项经济业务，都只在一个账户中进行记录的记账方法。在单式记账法下，通常只登记现金、银行存款的收付金额以及债权、债务的结算金额，一般不登记实物的增减金额。例如，以银行存款 10 000 元购买原材料，只在“银行存款”账户中记录减少 10 000 元，而对于原材料的增加，则不通过有关账户进行记录。

采用单式记账法，记账比较简单，但账户设置不完整，只对货币的收付或债权、债务的增减进行记录，账户之间的记录没有直接联系和相互平衡的关系。这种记账方法不能全面地反映经济业务的来龙去脉，也不便于检查账户记录的准确性，现已很少使用。目前，使用最广泛的是复式记账法。

3.1.2　复式记账法

复式记账法是指对发生的每一项经济业务，都要以相等的金额在两个或两个以上相互联系的账户中进行记录的一种记账方法。例如，以银行存款 10 000 元购买原材料。经济业务发生后，一方面在“银行存款”账户中记录减少 10 000 元，另一方面在“原材料”账户中记录增加 10 000 元，这样记录的结果能够清楚地反映银行存款减少的原因是购买了原材料。

与单式记账法相比，复式记账法具有以下特点。

（1）对于发生的每一项经济业务都要在两个及两个以上相互联系的账户中进行记录。因此，通过账户记录不仅可以全面地、清晰地反映经济业务的来龙去脉，而且还能全面地、系统地反映经济活动的过程和结果。

（2）对于每一项经济业务都是以相等的金额在有关账户中登记，因而可以对记录的结果进行试算平衡，以检查账户记录是否正确。

目前，世界各国广泛采用的复式记账法是借贷记账法。我国《企业会计准则》第十一条规定：企业应当采用借贷记账法记账。

【知识链接】

我国由于历史原因，新中国成立后相当长的时期出现三种复式记账法并存的局面，即借贷记账法、增减记账法和收付记账法。

增减记账法是指以“增”和“减”作为记账符号，以“同类项目有增有减，异类项目同增同减”为原则，以“资金占用＝资金来源”为理论基础，直接反映经济业务所引起的会计要素增减变化的一种复式记账方法。它是 20 世纪 60 年代我国会计工作者在特定的社会经济环境下设计出来的一种记账方法。1964 年该方法在我国商业企业开始推行，工业企业和其他行业也有采用这种记账方法的。

收付记账法是指以“收”和“付”作为记账符号，反映经济业务所引起的会计要素增减变化的一种复式记账方法。这种方法曾被我国行政、事业单位长期使用。

3.2 借贷记账法

3.2.1 借贷记账法的概念

借贷记账法是指以“借”和“贷”作为记账符号，对每一项经济业务，都要以相等的金额在两个或两个以上相互联系的账户中进行记录的一种复式记账法。借贷记账法是建立在“资产 = 负债 + 所有者权益”的会计恒等式的基础上，以“有借必有贷、借贷必相等”作为记账规则，相互联系地在两个或两个以上的账户中反映会计要素的增减变动情况。

3.2.2 借贷记账法的基本内容

1. 记账符号

记账符号是指在账户中表示记账方向的记号。借贷记账法是以“借”、“贷”为记账符号，“借”在左方，“贷”在右方。一方用以反映账户的增加额，另一方用以反映账户的减少额。对于一个账户而言，“借”、“贷”两方究竟哪一方登记增加，哪一方登记减少，则取决于账户所反映的经济内容。在这里，“借”、“贷”两字既不代表增加也不代表减少，只是纯粹的记账符号。

借贷记账法大约起源于 13 世纪的意大利。当时，意大利沿海城市的商品经济特别是海上贸易已有很大的发展，商品交换日益频繁，以经营货币资金为主要业务的借贷资本家大量出现。为了适应其管理的需要，借贷资本家就将收进来的存款，记在贷主的名下，表示“欠人”的增加；而对于付出去的放款，则记在借主的名下，表示“人欠”的增加。后来随着商品经济的发展，经济活动的内容日趋复杂化，会计所记录的经济业务也不再仅限于货币资金的借贷，而逐渐扩展到财产物资、经营损益和经营资本等的增减变化。这样，“借”、“贷”两字就失去了原有的含义，逐渐演变为纯粹的记账符号，成为会计上的专门术语，借贷记账法也在人们的管理实践活动中逐渐形成。

【知识链接】

借贷记账法在清朝末年传入我国，但由于各种原因一直未得到广泛传播。我国最早介绍借贷记账法的书籍是 1905 年由蔡锡勇所著的《连环账谱》。1908 年，大清银行第一次使用借贷记账法。

2. 账户结构

在借贷记账法下，账户的左方为借方，右方为贷方。“借”、“贷”两方究竟哪一方登记增加，哪一方登记减少，则取决于账户所反映的经济内容的性质。

通过第 2 章会计等式的内容，我们知道：

资产 = 负债 + 所有者权益 +（收入 − 费用）

经变形可得

资产 + 费用 = 负债 + 所有者权益 + 收入

借贷记账法是以会计恒等式作为理论依据的，体现在账户的结构上，等式等号两边的账户在记账方向上必然相反。在上述等式中，处于等式左边的资产和费用账户反映资金的使用形式；处于等式右边的负债、所有者权益和收入账户反映资金的来源渠道。按照会计惯例，处于等式左边的资产和费用类账户，借方登记增加，贷方登记减少；处于等式右边的负债、所有者权益和收入类账户，贷方登记增加，借方登记减少。

（1）资产类账户结构。资产类账户借方登记资产的增加额，贷方登记资产的减少额，期初、期末余额一般在借方，如图 3-1 所示。

借方	资产类账户　　　　　　　　　　贷方
期初余额 本期增加发生额	本期减少发生额
本期发生额合计	本期发生额合计
期末余额	

图 3-1　资产类账户

资产类账户期末余额计算公式如下：

资产类账户期末余额 = 期初余额 + 本期借方发生额 − 本期贷方发生额

【例 3-1】 华泰公司以银行存款 50 000 元购入一批原材料，并验收入库。

该项经济业务的发生，一方面引起资产类账户“银行存款”减少了 50 000 元，记入其贷方；另一方面引起资产类账户“原材料”增加了 50 000 元，记入其借方，如图 3-2 所示。

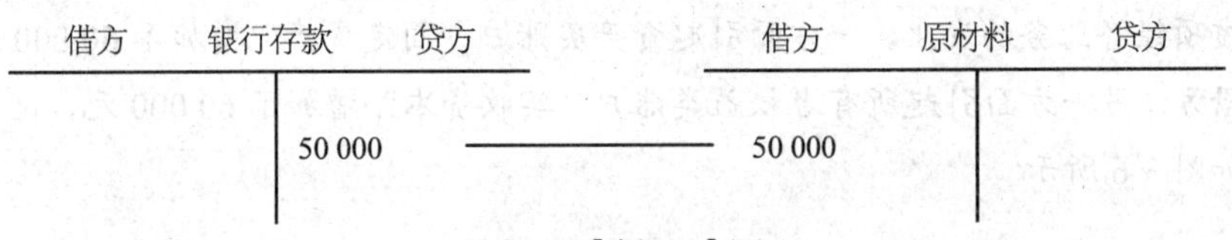

图 3-2 【例 3-1】图

（2）负债类账户结构。负债类账户贷方登记负债的增加额，借方登记负债的减少额，期初、期末余额一般在贷方，如图 3-3 所示。

借方　　　　　　　　　　负债类账户	贷方
本期减少发生额	期初余额 本期增加发生额
本期发生额合计	本期发生额合计
	期末余额

图 3-3　负债类账户

“负债类”账户期末余额计算公式如下：

“负债类”账户期末余额 = 期初余额 + 本期贷方发生额 − 本期借方发生额

【例 3-2】 华泰公司向银行借入短期借款 80 000 元，存入银行。

该项经济业务的发生，一方面引起资产类账户“银行存款”增加了 80 000 元，记入其借方；另一方面引起负债类账户“短期借款”增加了 80 000 元，记入其贷方，如图 3-4 所示。

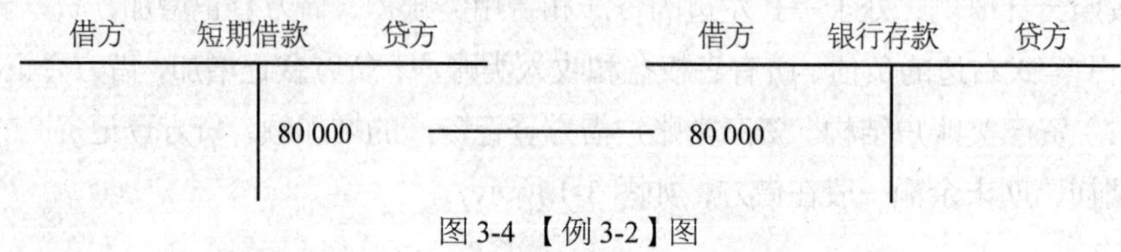

图 3-4 【例 3-2】图

（3）所有者权益类账户结构。所有者权益类账户贷方登记所有者权益的增加额，借方登记所有者权益的减少额，期初、期末余额一般在贷方，如图 3-5 所示。

借方　　　所有者权益类账户	贷方
本期减少发生额	期初余额 本期增加发生额
本期发生额合计	本期发生额合计
	期末余额

图 3-5　所有者权益类账户

所有者权益类账户期末余额计算公式如下：

所有者权益类账户期末余额 = 期初余额 + 本期贷方发生额 − 本期借方发生额

【例 3-3】 接受华远公司投入设备一台，合同约定价值 60 000 元。

该项经济业务的发生，一方面引起资产类账户“固定资产”增加了 60 000 元，记入其借方；另一方面引起所有者权益类账户“实收资本”增加了 60 000 元，记入其贷方，如图 3-6 所示。

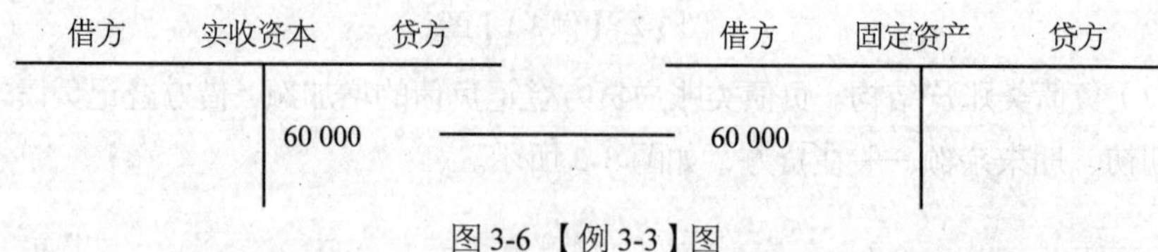

图 3-6 【例 3-3】图

（4）成本类账户结构。成本类账户核算企业在生产过程中发生的应计入产品成本的各项费用。其成本的发生最终将转化为企业资产的增加，因而在期末时，对已形成企业资产的成本费用要从成本账户中转到有关资产账户，所以其账户的结构应当与资产类账户的结构基本相同，即借方登记成本的增加额，贷方登记成本的减少额。期末若有余额一般在借方，如图 3-7 所示。

借方	成本类账户　　　贷方
期初余额 本期增加发生额	本期减少发生额
本期发生额合计	本期发生额合计
期末余额	

图 3-7　成本类账户

成本类账户期末余额计算公式如下：

成本类账户期末余额 = 期初余额 + 本期借方发生额 − 本期贷方发生额

【例 3-4】 领用原材料 20 000 元，用于生产 A 产品。

该项经济业务的发生，一方面引起资产类账户“原材料”减少了 20 000 元，记入其贷方；另一方面引起成本类账户“生产成本”增加了 20 000 元，记入其借方，如图 3-8 所示。

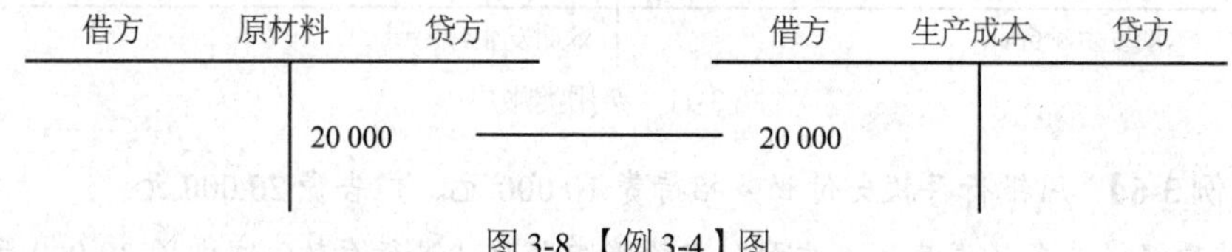

图 3-8 【例 3-4】图

（5）损益类账户的结构。设置损益类账户的目的主要是为了核算企业在生产经营过程中所发生的各项收入与费用，以便通过同一时期收入和费用的比较，确定在此期间所实现的利润。损益类账户根据其与利润的关系，又可具体划分为收入类账户和费用类账户两小类，其具体结构并不相同。

① 收入类账户的结构。收入类账户贷方登记收入的增加额，借方登记收入的减少额或转出额。会计期末，本期贷方发生额和本期借方发生额的差额，应转入“本年利润”账户，所以收入类账户期末没有余额，如图 3-9 所示。

借方	收入类账户　　　贷方
本期减少或转出额	本期增加发生额
本期发生额合计	本期发生额合计

图 3-9　收入类账户

【例 3-5】 销售 A 产品取得收入 50 000 元，销售材料取得收入 10 000 元，并将取得的收入存入银行（不考虑相关税费）。

该项经济业务的发生，一方面引起资产类账户“银行存款”增加了 60 000 元，记入其借方；另一方面引起损益类账户“主营业务收入”增加了 50 000 元，“其他业务收入”增加 10 000 元，均记入其贷方，如图 3-10 所示。

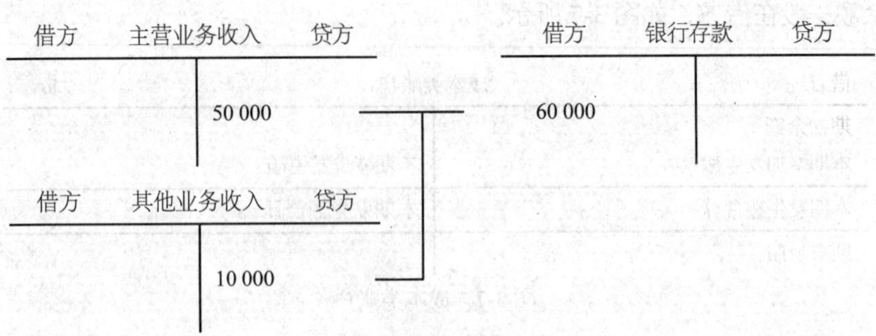

图 3-10 【例 3-5】图

② 费用类账户结构。费用类账户借方登记费用的增加额，贷方登记费用的减少额或转出额。会计期末，本期借方发生额和贷方发生额的差额，应转入“本年利润”账户，所以费用类账户期末没有余额，如图 3-11 所示。

借方 费用类账户	贷方
本期增加发生额	本期减少或转出额
本期发生额合计	本期发生额合计

图 3-11 费用类账户

【例 3-6】 用银行存款支付业务招待费 10 000 元、广告费 20 000 元。

该项经济业务的发生，一方面引起资产类账户“银行存款”减少了 30 000 元，记入其贷方；另一方面引起损益类账户“管理费用”增加了 10 000 元，“销售费用”增加了 20 000 元，均记入其借方，如图 3-12 所示。

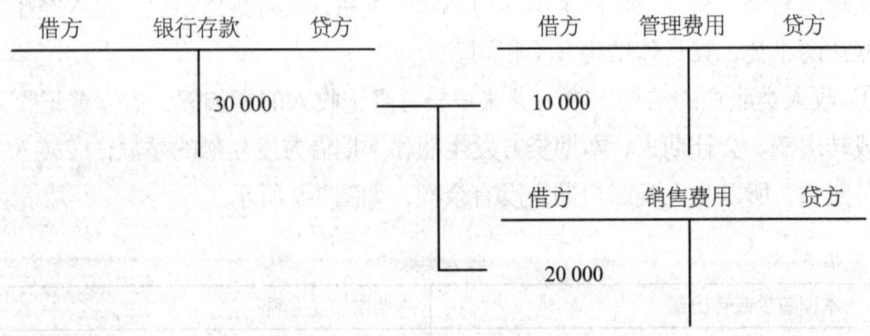

图 3-12 【例 3-6】图

根据以上对各类账户结构的说明，借贷记账法的账户结构可用图 3-13 表示。

3. 记账规则

通过对【例 3-1】至【例 3-6】的学习，我们发现对于企业发生的每一项经济业务，若在一个账户中的借方登记，必然同时在另一个或几个账户的贷方登记；反之，若在一个账户中的贷方登记，必然在另一个或几个账户的借方登记。而且登记在借方的合计数与贷方的合计数相等。由此我们得出借贷记账法的记账规则为“有借必有贷，借贷必相等”。

借方　　　　账户名称	贷方
资产的增加 负债的减少 所有者权益的减少 成本、费用的增加 收入的减少	资产的减少 负债的增加 所有者权益的增加 成本、费用的减少 收入的增加
资产的期末余额 （含在产品成本）	负债的期末余额 所有者权益的期末余额

图 3-13　借贷记账法下各类账户结构

4. 会计分录

（1）账户对应关系。运用借贷记账法，对每项经济业务都要在两个或两个以上账户中相互联系地进行登记，这样就会使两个或两个以上的账户之间形成了相互依存的关系，账户之间的这种相互依存关系，称为账户的对应关系。存在对应关系的账户，称为对应账户。

需要注意的是，账户对应关系是相对于具体经济业务而言的，并非指某个账户与某个账户一直是固定的对应账户。

例如，【例 3-1】中，一方面在“原材料”账户借方登记了 50 000 元，另一方面在“银行存款”账户贷方登记了 50 000 元。在这项经济业务中，“原材料”和“银行存款”两个账户发生了应借、应贷的相互关系，这两个账户就称为对应账户。【例 3-2】中，一方面在“银行存款”账户借方登记了 100 000 元，另一方面在“短期借款”贷方登记了 100 000 元，在这项经济业务中，“银行存款”和“短期借款”两个账户发生了应借、应贷的相互关系，这两个账户就称为对应账户。

（2）会计分录。企业会发生大量的经济业务，若对每项经济业务都直接记入相关账户，不仅工作量大，而且容易出错。为保证会计核算的正确性并便于检查，需要通过编制会计分录来进行登记，即对每项经济业务记入账户之前，先分析经济业务的内容，确定应记入的账户名称、应借、应贷的方向及其金额。

会计分录是指表明某项经济业务应借、应贷账户的名称、方向及其金额的记录，简称分录。会计分录主要包括三个要素：账户名称、记账方向和记账金额。在会计实务中，记账凭证是会计分录的载体。

会计分录有简单会计分录和复合会计分录两种。

简单会计分录，是指一笔会计分录中，只有一个借方账户和一个贷方账户，即一借一贷的会计分录。

复合会计分录，是指一笔会计分录中，有两个以上的账户。即一借多贷、多借一贷或多借多贷的会计分录。在会计实务中，除非反映经济业务的需要，一般不编制多借多贷的会计分录，因为这种会计分录大多情况下不能体现账户之间的对应关系。

会计分录的编制步骤：

第一，确定交易或事项涉及的账户及其性质（即属于哪一类账户）；

第二，确定账户中应记金额是增加还是减少；

第三，确定所涉及账户的借、贷方向；

第四，检查应借、应贷账户是否正确，借、贷方金额是否相等。

会计分录的格式为

借：账户名称　×××

　贷：账户名称　×××

具体要求是：先借后贷，上借下贷。即先写借方记录，再写贷方记录。而且贷方记录写在借方记录的下面一行。每一行先写借、贷，再写账户名称，最后写金额，金额单位默认为“人民币元”。一般“贷”字应对齐借方账户名称的第一个字，金额也要错开写。

对于有多个借方（或贷方）科目的情况下，不必重复写“借”或“贷”，只需在借方（或贷方）第一个账户名称前写“借”或“贷”，然后将相同方向的账户名称、金额对齐即可。若有二、三级明细分类账户，应在总分类账户后依次写清楚。

【例 3-7】 以第 2 章【例 2-1】至【例 2-9】经济业务为例，编制会计分录如下：

① 借：原材料　40 000

　贷：应付账款—A 公司　40 000

② 借：银行存款　100 000

　贷：实收资本　100 000

③ 借：应付账款—B 公司　50 000

　贷：银行存款　50 000

④ 借：实收资本　80 000

　贷：银行存款　80 000

⑤ 借：库存现金　10 000

　贷：银行存款　10 000

⑥ 借：短期借款　60 000

　贷：长期借款　60 000

⑦ 借：资本公积　80 000

　贷：实收资本　80 000

⑧ 借：盈余公积　60 000

贷：应付股利 60 000

⑨ 借：应付账款—C公司 100 000

贷：实收资本 100 000

上述会计分录都是一借一贷的会计分录，是简单会计分录。

【例3-8】 以前面【例3-5】至【例3-6】经济业务为例，编制会计分录如下：

⑩ 借：银行存款 60 000

贷：主营业务收入 50 000

其他业务收入 10 000

⑪ 借：管理费用 10 000

销售费用 20 000

贷：银行存款 30 000

【例3-8】中的两个会计分录分别为一借多贷和多借一贷，这两种复合会计分录，不仅可以全面地反映经济业务的来龙去脉，而且可以简化记账工作，提高记账效率。

5. 试算平衡

企业的经济业务纷繁复杂，对于发生的每一项经济业务都要记入有关账户中，记账稍有疏忽，便有可能发生差错。因此，对账户的记录必须定期进行试算，借以验证账户记录是否正确。

试算平衡是指根据“资产 = 负债 + 所有者权益”的恒等关系以及借贷记账法的记账规则，通过汇总、检查和验算确定所有账户记录是否正确的过程。它包括发生额试算平衡法和余额试算平衡法。

（1）发生额试算平衡法。发生额试算平衡法是根据本期所有账户借方发生额合计与贷方发生额合计的关系，检验本期发生额记录是否正确的方法。其公式为

全部账户本期借方发生额合计 = 全部账户本期贷方发生额合计

在借贷记账法下，对每一项经济业务都是按照“有借必有贷，借贷必相等”的记账规则记录的。因此，每一项经济业务的借方发生额和贷方发生额一定相等。所以，当一定会计期间内的全部经济业务都记入有关账户后，所有账户的借方发生额合计数与贷方发生额合计数就一定相等。

（2）余额试算平衡法。余额试算平衡法是根据本期所有账户的借方余额合计等于贷方余额合计的关系，检验本期账户记录是否正确的方法。根据余额时间的不同，又分为期初余额平衡和期末余额平衡两类，其公式为

全部账户的借方期初余额合计 = 全部账户的贷方期初余额合计

全部账户的借方期末余额合计 = 全部账户的贷方期末余额合计

由图3-7得出，期末，资产类和成本类账户一般为借方余额，负债类和所有者权

益类账户一般为贷方余额，损益类账户期末没有余额。因此，根据会计等式“资产＝负债＋所有者权益”可以得出：所有账户的借方余额合计数与所有账户的贷方余额合计数相等。

在会计实务中，一般是在月末结出各个账户的发生额和余额以后，据以编制试算平衡表。具体做法是既可以分别编制发生额试算平衡表和余额试算平衡表，也可以合并编制一张试算平衡表。下面以【例 3-7】说明试算平衡表的编制。

【例 3-9】 假定华泰公司 2012 年 3 月有关账户的期初余额如表 3-1 所示。

表 3-1　　**华泰公司有关账户 3 月份期初余额**

会计科目	期初余额	
	借方	贷方
库存现金	30 000	
银行存款	200 000	
应收账款	100 000	
原材料	120 000	
固定资产	450 000	
应付账款		240 000
短期借款		80 000
实收资本		400 000
盈余公积		80 000
资本公积		100 000
合计	900 000	900 000

借方　库存现金　贷方

借方	贷方
期初余额 30 000 ⑤ 10 000	
本期发生额 10 000	本期发生额
期末余额 40 000	

借方　银行存款　贷方

借方	贷方
期初余额 200 000 ② 100 000	③ 50 000 ④ 80 000 ⑤ 10 000
本期发生额 100 000	本期发生额 140 000
期末余额 160 000	

借方　原材料　贷方

借方	贷方
期初余额 120 000 ① 40 000	
本期发生额 40 000	本期发生额
期末余额 160 000	

借方　应付账款　贷方

借方	贷方
③ 50 000 ⑨ 100 000	期初余额 240 000 ① 40 000
本期发生额 150 000	本期发生额 40 000
	期末余额 130 000

短期借款

借方	贷方
	期初余额 80 000
⑥ 60 000	
本期发生额 60 000	本期发生额
	期末余额 20 000

应付股利

借方	贷方
	期初余额
	⑧ 60 000
本期发生额	本期发生额 60 000
	期末余额 60 000

长期借款

借方	贷方
	期初余额
	⑥ 60 000
本期发生额	本期发生额 60 000
	期末余额 60 000

实收资本

借方	贷方
	期初余额 400 000
④ 80 000	② 100 000
	⑦ 80 000
	⑨ 100 000
本期发生额 80 000	本期发生额 280 000
	期末余额 60 0000

盈余公积

借方	贷方
	期初余额 80 000
⑧ 60 000	
本期发生额 60 000	本期发生额
	期末余额 20 000

资本公积

借方	贷方
	期初余额 100 000
⑦ 80 000	
本期发生额 80 000	本期发生额
	期末余额 20 000

应收账款

借方	贷方
期初余额 100 000	
本期发生额	本期发生额
期末余额 10 0000	

固定资产

借方	贷方
期初余额 450 000	
本期发生额	本期发生额
期末余额 450 000	

编制试算平衡表如表3-2所示。

表3-2　　试算平衡表　　2012年3月31日

会计科目	期初余额		本期发生额		期末余额	
	借方	贷方	借方	贷方	借方	贷方
库存现金	30 000		10 000		40 000	
银行存款	200 000		100 000	140 000	160 000	
应收账款	100 000				100 000	
原材料	120 000		40 000		160 000	
固定资产	450 000				450 000	
应付账款		240 000	150 000	40 000		130 000
短期借款		80 000	60 000			20 000

续表

会 计 科 目	期初余额		本期发生额		期末余额	
	借方	贷方	借方	贷方	借方	贷方
应付股利				60 000		60 000
长期借款				60 000		60 000
实收资本		400 000	80 000	280 000		600 000
盈余公积		80 000	60 000			20 000
资本公积		100 000	80 000			20 000
合计	900 000	900 000	580 000	580 000	910 000	910 000

编制试算平衡表后，若试算不平衡，可以肯定账户记录或计算有错误，应查明原因，予以纠正；若试算平衡，也不能说明账户记录完全正确，因为有些错误并不影响借贷双方的平衡关系，如重记、漏记、借贷方向相反、科目用错、借贷方金额同时多记或少记等。

3.3 总分类账户与明细分类账户

3.3.1 总分类账户与明细分类账户的概念及相互关系

总分类账户简称为总账账户，又称为一级账户，是根据总分类科目设置的、用来提供总括核算资料的账户。在总分类账户中只使用货币计量单位反映经济业务。前面所涉及的“库存现金”、“银行存款”、“原材料”、“固定资产”和“实收资本”等账户都是总分类账户。

明细分类账户简称明细账户，是根据明细分类科目设置的，用来提供明细核算资料的账户。在明细分类账户中，除用货币计量单位反映经济业务外，必要时还须用实物计量单位进行反映，以满足经营管理的需要。

总分类账户和其所属明细分类账户的核算内容相同，只不过反映内容的详细程度上有所不同。总分类账户对明细分类账户具有统驭控制作用；明细分类账户对总分类账户具有补充说明作用。总分类账户与其所属明细分类账户在总金额上应当相等，两者相互补充、相互制约，从而相互核对。因此，为了便于账户之间的核对，满足会计信息使用者对总括核算资料和详细核算资料的要求，保证会计资料的正确性和完整性，总分类账户和所属的明细分类账户在进行会计核算时必须要进行平行登记。

3.3.2 总分类账与明细分类账的平行登记

平行登记是指对所发生的每一项经济业务，都要以会计凭证为依据，一方面记入有关总分类账户，另一方面记入其所属的明细分类账户。平行登记的要点如下。

1. 依据相同

依据相同是指将发生的每一项经济业务记入总分类账户及其所属明细分类账户时，所依据的会计凭证（特别是指原始凭证）相同。虽然登记总分类账户及其所属明细分类账户的直接依据不一定相同，但原始依据是相同的。

2. 方向相同

方向相同是指即将发生的每一项经济业务记入总分类账户及其所属明细分类账户时，记账方向必须相同。如果总分类账户记入借方，则所属明细分类账户也应记入借方；如果总分类账户记入贷方，则所属明细分类账户也应记入贷方。

3. 期间相同

期间相同是指对每一项经济业务在记入总分类账户和明细分类账户过程中，可以有先有后，但必须在同一会计期间（一般在同一月份）全部登记入账。

4. 金额相等

金额相等是指记入总分类账户的金额，应与记入其所属“明细分类”账户的金额合计数相等。

用公式表示为

总分类账户本期借方发生额 = 其所属明细分类账户本期借方发生额合计

总分类账户本期贷方发生额 = 其所属明细分类账户本期贷方发生额合计

总分类账户期初余额 = 其所属明细分类账户期初余额合计

总分类账户期末余额 = 其所属明细分类账户期末余额合计

【例 3-10】 华泰公司 3 月份“应付账款”总分类账户与所属明细分类账户期初余额如表 3-3 所示。

表 3-3　应付账款总分类账户与所属明细分类账户期初余额

账户名称		金额	
总　账	明　细　账	总　账	明　细　账
应付账款		240 000	
	A 公司		80 000
	B 公司		60 000
	C 公司		100 000

借方　应付账款　贷方

借方	贷方
	期初余额 240 000
③ 50 000 ⑨ 100 000	① 40 000
本期发生额 150 000	本期发生额 40 000
	期末余额 130 000

借方　应付账款—A 公司　贷方

借方	贷方
	期初余额 80 000
	① 40 000
本期发生额	本期发生额 40 000
	期末余额 120 000

借方　应付账款—B 公司　贷方

借方	贷方
③ 50 000	期初余额 60 000
本期发生额 50 000	本期发生额
	期末余额 10 000

借方　应付账款—C 公司　贷方

借方	贷方
⑨ 100 000	期初余额 100 000
本期发生额 100 000	本期发生额
	期末余额

本章小结

记账方法是指在账户中登记经济业务的方法。按照记录经济业务方式的不同，记账方法分为单式记账法和复式记账法。

单式记账法是指对发生的每一项经济业务，都只在一个账户中进行记录的记账方法。

复式记账法是指对发生的每笔经济业务，都以相等的金额在两个或两个以上相互联系的账户中进行记录的一种记账方法。

借贷记账法是指以“借”和“贷”作为记账符号，对每一项经济业务，都要以相等的金额在两个或两个以上相互联系的账户中进行记录的一种复式记账法。

记账符号是指在账户中表示记账方向的记号。借贷记账法是以“借”、“贷”为记账符号，“借”在左方，“贷”在右方。

借贷记账法把账户分为“借方”和“贷方”，分别登记账户的增加额和减少额。其中，资产类、成本类和费用类账户是借方登记增加，贷方登记减少；负债类、所有者权益类和收入类账户是贷方登记增加，借方登记减少。

借贷记账法的记账规则是“有借必有贷，借贷必相等”。

会计分录是指表明某项经济业务应借、应贷账户的名称、方向及其金额的记录，简称分录。会计分录主要包括三个要素：账户名称、记账方向和记账金额。

试算平衡是指根据“资产 = 负债 + 所有者权益”的恒等关系以及借贷记账法的记账规则，通过汇总、检查和验算确定所有账户记录是否正确的过程。它包括发生额试算平衡法和余额试算平衡法。

总分类账户是根据总分类科目设置的、用来提供总括核算资料的账户。明细分类账户是根据明细分类科目设置的，用来提供明细核算资料的账户。总分类账户对明细分类账户具有统驭控制作用；明细分类账户对总分类账户具有补充说明作用。

总分类账户和明细分类账户的平行登记是指对所发生的每一项经济业务，都要以会计凭证为依据，一方面记入有关总分类账户，另一方面记入其所属的明细分类账户。平行登记的要点是：依据相同、方向相同、期间相同和金额相等。

复习思考

1. 什么是复试记账法，复式记账法的特点是什么？
2. 什么是借贷记账法？它的基本内容是什么？
3. 简述借贷记账法下各类账户的基本结构。
4. 举例说明借贷记账法的记账规则。
5. 试举例说明什么是账户的对应关系及对应账户？
6. 什么是会计分录？会计分录的要素是什么？
7. 试算平衡有哪些平衡方法？如何进行试算平衡？
8. 什么是总分类账户和明细分类账户的平行登记？平行登记的要点是什么？

同步测试

一、单项选择题

1. 复试记账法是指对每一项经济业务都以相等的金额，在（　　）相互联系的账户中进行记录的一种记账方法。

A. 一个　　B. 两个　　C. 两个或两个以上　　D. 三个

2. 在借贷记账法下，以“借”、“贷”为（　　）。

A. 记账方法　　B. 记账符号　　C. 记账规则　　D. 记账方向

3. 下列账户中，月末一般无余额的是（　　）。

A. 银行存款　　B. 预收账款　　C. 主营业务收入　　D. 实收资本

4. “应付账款”账户期初贷方余额为1 000元，本期贷方发生额为5 000元，本期借方发生额为3 000元，该账户期末余额为（　　）元。

A. 借方1 000　　B. 借方3 000　　C. 贷方1 000　　D. 贷方3 000

5. 根据借贷记账法的账户结构，在账户借方登记的是（　　）。

A. 费用的增加　　B. 收入的增加

C. 费用的减少　　D. 所有者权益的增加

6. 在借贷记账法下，负债类账户的期末余额等于（　　）。

A. 期初借方余额 + 本期借方发生额 − 本期贷方发生额

B. 期初借方余额 + 本期贷方发生额 − 本期借方发生额

C. 期初贷方余额 + 本期借方发生额 − 本期贷方发生额

D. 期初贷方余额 + 本期贷方发生额 − 本期借方发生额

7. 在借贷记账法中，账户的哪一方记增加数，哪一方记减少数，是由（　　）决定的。

A. 记账规则　B. 账户的性质　C. 账户的结构　D. 业务的性质

8. 下列账户中，应通过贷方登记增加的是（　　）。

A. 管理费用　B. 固定资产　C. 实收资本　D. 银行存款

9. “原材料”账户期初余额 60 万元，本期借方发生额 20 万元，本期贷方发生额 8 万元，期末余额为（　　）万元。

A. 80　B. 90　C. 72　D. 68

10. 一般来说，一个账户的增加方发生额与该账户的期末余额都应该记在账户的（　　）。

A. 借方　B. 贷方　C. 相同方向　D. 相反方向

11. 损益类账户一般具有以下特点（　　）。

A. 费用类账户的增加额记贷方

B. 期末一般没有余额

C. 年末一定要结转到“利润分配”账户

D. 收入类账户的增加额记借方

12. 账户的对应关系是指（　　）。

A. 总分类账户与明细分类账户之间的关系

B. 有关账户之间的应借、应贷关系

C. 资产类账户与负债类账户之间的关系

D. 资产类账户与所有者权益类账户之间的关系

13. 在借贷记账法下，为保持账户之间清晰的对应关系，不应编制不同经济业务的（　　）会计分录。

A. 一借一贷　B. 多借一贷　C. 一借多贷　D. 多借多贷

14. 下列经济业务中，借记资产类账户，贷记负债类账户的是（　　）。

A. 从银行提取现金　B. 投资者投入资金

C. 赊购原材料　D. 用银行存款偿还债务

15. 某企业期初资产总额为 800 000 元，下列（　　）业务发生后，企业的资产总额为 840 000 元。

A. 从银行提取现金 40 000 元　B. 用银行存款偿还短期借款 40 000 元

C. 预收购货单位货款 40 000 元　D. 用银行存款 40 000 元购买原材料

16. 借：银行存款　60 000

　　贷：短期借款　60 000

该会计分录反映的经济业务内容是（　　）。

A. 以银行存款60 000元偿还短期借款

B. 从银行取得短期借款60 000元

C. 收到购货单位以前所欠货款60 000元

D. 收到投资者投入资本金60 000元

17. 下列关于借贷记账法的表述中，正确的是（　　）。

A. 在借贷记账法下，“借”代表增加，“贷”代表减少

B. 在借贷记账法下，借方登记资产的减少，贷方登记资产的增加

C. 在借贷记账法下，可以利用试算平衡检查出所有记账错误

D. 借贷记账法是一种复式记账法

18. 下列错误中能通过试算平衡查找的有（　　）。

A. 某项经济业务重复记账　　B. 某项经济业务未入账

C. 应借、应贷账户中借贷方向颠倒　　D. 应借、应贷账户中借贷金额不相等

19. 借贷记账法下的发生额平衡是由（　　）决定的。

A. 记账规则　　B. 账户结构　　C. 会计恒等式　　D. 平行登记要点

20. 企业月末编制的试算平衡表中，全部账户的本月借方发生额合计为136万元，除“应付账款”账户以外的本月贷方发生额合计120万元，则“应付账款”账户（　　）。

A. 本月贷方发生额为16万元　　B. 本月借方发生额为16万元

C. 本月借方余额为16万元　　D. 本月贷方余额为16万元

21. 某企业月末编制试算平衡表时，因漏算一个账户，计算出的月末借方余额合计为120 000元，月末贷方余额合计为150 000元，则漏算的账户为（　　）。

A. 借方余额270 000元　　B. 借方余额30 000元

C. 贷方余额270 000元　　D. 贷方余额30 000元

22. 余额试算平衡法的理论依据是（　　）。

A. 借贷记账法的记账规则　　B. 资产 = 负债 + 所有者权益

C. 收入 − 费用 = 利润　　D. 平行登记

23. 某企业的“应收账款”账户有两个明细账户“A公司”和“B公司”，2012年3月1日，“应收账款”总账有借方余额120 000元，“应收账款——A公司”明细账有借方余额80 000元，则“应收账款——B公司”明细账有（　　）。

A. 借方余额200 000元　　B. 借方余额40 000元

C. 贷方余额200 000元　　D. 贷方余额40 000元

24. 总分类账户与明细分类账户平行登记要点中的“依据相同”是指（　　）。

A. 总分类账户要根据明细分类账户进行登记

B. 明细分类账户要根据总分类账户进行登记

C. 根据同一会计凭证登记

D. 由同一会计人员进行登记

25. 总分类账户与明细分类账户最主要的区别是（　　）。

A. 记账的期间不同　　B. 记账的依据不同

C. 记账的方向不同　　D. 记录经济业务的详细程度不同

二、多项选择题

1. 复试记账法的优点是（　　）。

A. 反映经济业务的来龙去脉　　B. 检查记账的正确性

C. 简化登记账簿的工作量　　D. 进行试算平衡

2. 下列有关负债类账户的叙述中，正确的有（　　）。

A. 借方登记负债的减少　　B. 贷方登记负债的增加

C. 期末余额一般在借方　　D. 期末余额一般在贷方

3. 在借贷记账法下，账户的借方应登记（　　）。

A. 费用的增加　　B. 所有者权益的减少

C. 资产的增加　　D. 负债的减少

4. 借贷记账法下，下列账户内部关系中，正确的是（　　）。

A. 资产类账户期末余额 = 期初余额 + 本期借方发生额 − 本期贷方发生额

B. 资产类账户期末余额 = 期初余额 + 本期贷方发生额 − 本期借方发生额

C. 权益类账户期末余额 = 期初余额 + 本期借方发生额 − 本期贷方发生额

D. 权益类账户期末余额 = 期初余额 + 本期贷方发生额 − 本期借方发生额

5. 下列账户中，借方登记减少额，贷方登记增加额的是（　　）。

A. 固定资产　　B. 预收账款　　C. 盈余公积　　D. 主营业务收入

6. 下列账户中，期末余额一般在贷方的有（　　）。

A. 短期借款　　B. 实收资本　　C. 应付账款　　D. 应收账款

7. 下列账户中，期末余额一般在借方的是（　　）。

A. 预收账款　　B. 预付账款　　C. 应收账款　　D. 应付账款

8. 借贷记账法下，可以在账户贷方登记的是（　　）。

A. 资产的减少　　B. 负债的增加　　C. 收入的减少　　D. 费用的减少

9. 某项经济业务发生后，可能按照相等的金额登记在（　　）。

A. 一个账户的借方和另一个账户的贷方

B. 一个账户的借方和另几个账户的贷方

C. 一个账户的贷方和另几个账户的借方

D. 几个账户的借方和另几个账户的贷方

10. 下列会计分录形式中，属于复合会计分录的有（　　）。

A. 一借一贷　　B. 一借多贷　　C. 一贷多借　　D. 多借多贷

11. 在借贷记账法下，会计分录必须具备的要素有（　　）。

A. 记账方法　　B. 账户名称　　C. 记账方向　　D. 记账金额

12. 关于会计分录的表述中，正确的是（　　）。

A. 账户名称、借贷方向和记账金额构成会计分录的三要素

B. 会计分录可以分为简单会计分录和复合会计分录

C. 多借多贷的会计分录，除经济业务需要外，一般不编制

D. 在实际工作中，编制会计分录是通过填制原始凭证来完成的。

13. 借贷记账法的基本内容包括（　　）。

A. 记账符号　　B. 账户结构　　C. 记账规则

D. 会计分录　　E. 试算平衡

14. 下列关于借贷记账法的说法正确的是（　　）。

A. 以“借”、“贷”作为记账符号

B. 根据账户所反映的经济内容决定记账方向

C. 记账规则是“有借必有贷，借贷必相等”

D. 可以进行发生额试算平衡和余额试算平衡

15. 总分类账户与明细分类账户平行登记的要点是（　　）。

A. 依据相同　　B. 方向相同　　C. 期间相同　　D. 金额相等

16. 总分类账户与所属明细分类账户平行登记的结果，一般是（　　）。

A. 总分类账户本期借方发生额 = 所属明细分类账户本期借方发生额之和

B. 总分类账户本期贷方发生额 = 所属明细分类账户本期贷方发生额之和

C. 总分类账户期初余额 = 所属明细分类账户期初余额之和

D. 总分类账户期末余额 = 所属明细分类账户期末余额之和

三、判断题

1. 发生经济业务时，单式记账法只在一个账户中登记，复式记账法则在两个账户中登记。（　　）

2. 单式记账法的缺点是不能反映经济业务的来龙去脉，不能进行试算平衡。（　　）

3. 在借贷记账法下，账户的借方登记增加，贷方登记减少。（　　）

4. 在借贷记账法下，成本类账户的结构与资产类账户结构基本相同。（　　）

5. 有余额的账户，其期初余额或期末余额只能在账户的某一方，不是借方就是贷方。（　　）

6. 收入类账户的增加额记在账户的贷方，减少额记入账户的借方，期末一般无余额。（　　）

7. 账户的对应关系是指总分类账户与明细分类账户之间的关系。（　　）

8. 所有账户期末借方余额合计数，一定等于贷方余额合计数。（　　）

9. “库存现金”账户与“银行存款”账户是一对固定的对应账户。（ ）

10. 总分类账户和明细分类账户是平行登记关系，而不是控制和补充关系。（ ）

四、业务题

（一）

【目的】通过练习掌握各种账户的结构。

【资料】月末，某企业部分账户资料如表 3-4 所示。

表 3-4

账户	期初余额		本期发生额		期末余额	
	借方	贷方	借方	贷方	借方	贷方
库存现金	6 500		5 000	7 500		
银行存款	200 000		165 000		180 000	
固定资产	400 000			60 000	430 000	
短期借款			80 000	50 000		100 000
应付账款		120 000		60 000		150 000
管理费用	0	0	40 000	40 000		
主营业务收入			250 000			
盈余公积			80 000	100 000		120 000
生产成本	95 000		70 000	120 000		
应交税费		60 000	60 000	50 000		

【要求】根据资料在表中的空格中填入正确的数字。

（二）

【目的】通过练习，掌握借贷记账法。

【资料】1. 某企业 2012 年 2 月份有关总分类账户的期初余额如表 3-5 所示。

表 3-5

会 计 科 目	期 初 余 额	
	借 方	贷 方
库存现金	10 000	
银行存款	160 000	
应收账款	100 000	
原材料	160 000	
固定资产	400 000	
生产成本	120 000	
应付账款		160 000
短期借款		90 000

续表

会计科目	期初余额	
	借　方	贷　方
实收资本		600 000
盈余公积		100 000
合计	950 000	950 000

2. 企业 2 月份发生的经济业务如下。

（1）接受投资者投入资金 300 000 元，存入银行。

（2）从银行中提取现金 8 000 元。

（3）购买原材料 3 000 元，原材料已入库，货款尚未支付。

（4）购入电脑 2 台，每台 5 000 元，用银行存款支付。

（5）收到购货单位以前所欠货款 50 000 元，存入银行。

（6）车间领用原材料 20 000 元，用于生产产品。

（7）用银行存款 30 000 元归还以前所欠供应单位货款。

（8）向银行借入短期借款 60 000 元，存入银行。

（9）以盈余公积 80 000 元向投资者分配利润。

【要求】1. 根据资料 1 开设总分类账户并登记期初余额。

2. 根据资料 2 编制会计分录。

3. 根据会计分录登记有关账户。

4. 编制本月试算平衡表。

第4章 主要经济业务核算

【知识目标】

1. 了解工业企业主要经济业务流程；
2. 理解并掌握工业企业主要经济活动的会计核算方法；
3. 掌握主要会计账户的核算内容、性质和账户结构，并强化借贷记账法的运用。

【技能目标】

1. 能够进行工业企业的筹资业务的核算；
2. 能够进行工业企业的材料采购业务的核算；
3. 能够进行工业企业的产品生产业务的核算；
4. 能够进行工业企业的产品销售业务的核算；
5. 能够进行工业企业的财务成果实现及分配的核算。

【知识框架】

工业企业主要经济业务的核算
筹资过程的核算
投入资本
实收资本、资本公积、银行存款、固定资产、无形资产
借入资金
短期借款、长期借款、财务费用
供应过程的核算
固定资产购建过程
固定资产、在建工程
材料采购过程
在途物资、应交税费——应交增值税、原材料
生产过程的核算
归集成本费用
生产成本、制造费用、应付职工薪酬、管理费用
分配结转制造费用
生产成本、制造费用
结转完工产品成本
库存商品、生产成本
销售过程的核算
主营业务
主营业务收入、主营业务成本、应交税费、营业税金及附加、库存商品
其他业务
其他业务收入、其他业务成本
财务成果形成及分配的核算
利润形成
营业外收入、营业外支出、本年利润、利润分配、所得税费用
利润分配
利润分配、盈余公积、应付股利

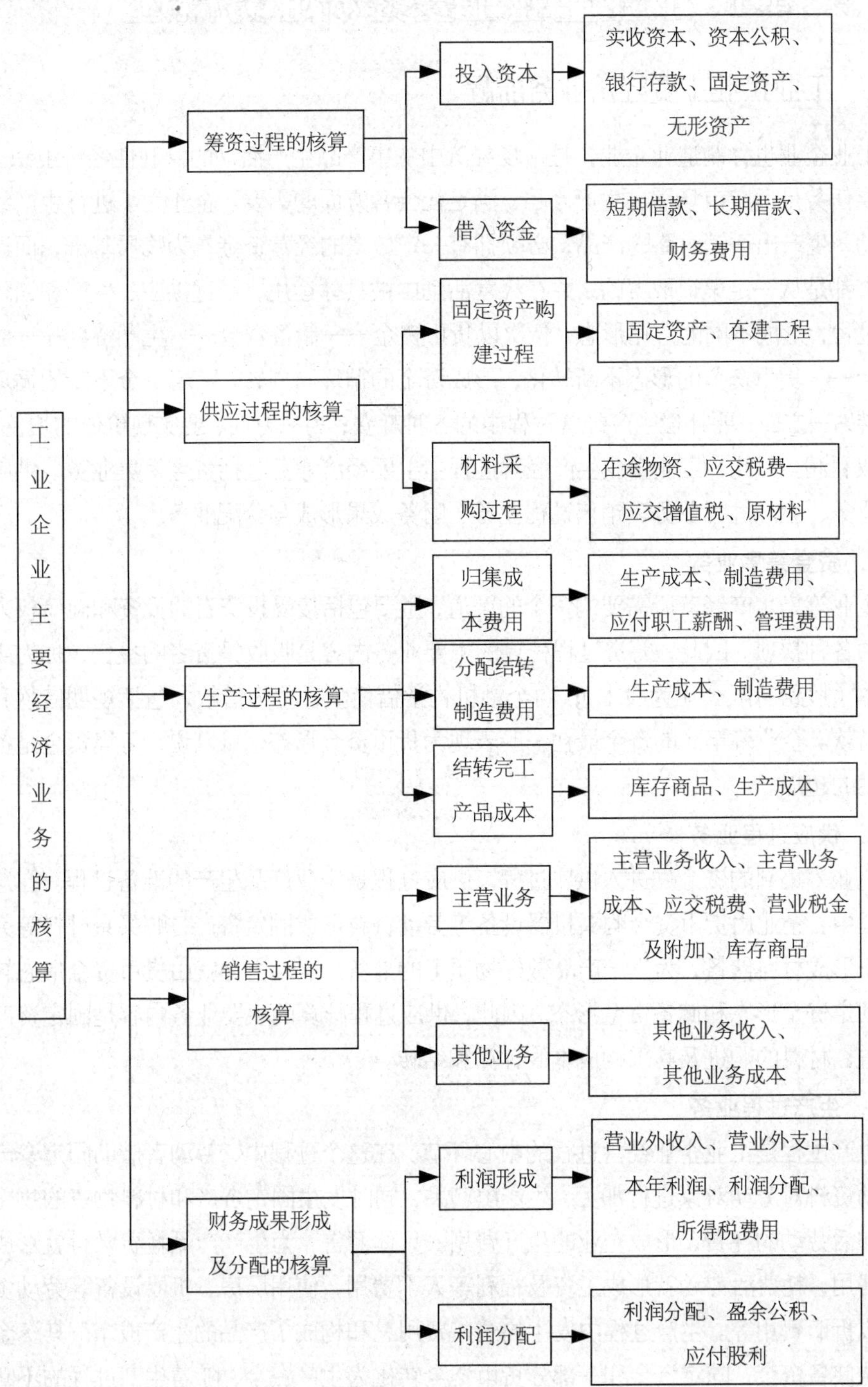

4.1 工业企业主要经济业务概述

4.1.1 工业企业主要经济业务流程

工业企业也称制造业企业，是市场经济中从事产品生产活动的营利性经济组织。其主要任务是适应市场需求生产产品，满足社会各方面的需要。企业为了进行生产经营活动，生产出适销对路的产品，必须拥有一定数量的经营资金作为物质基础，而这些资金都是从一定渠道取得的，并在经营活动中被具体运用，经过供应、生产和销售三个过程，形成不同的占用形态，依次以货币资金——储备资金——生产资金——成品资金——货币资金的形态不断转化，形成资金的循环与周转。随着资金不断的循环与周转，一方面，要补偿生产经营过程中的各种耗费；另一方面，要实现价值的增值，即赚取利润。因此，工业企业生产经营过程中主要经济业务包括资金筹集业务、供应过程业务、生产过程业务、销售过程业务、财务成果形成与分配业务。

1. 资金筹集业务

企业筹集生产经营所需要的资金的渠道，主要包括接受投资者的投资和向债权人借入的各种款项。因此，筹资过程核算的主要业务内容是吸收投资者的投资，称为实收资本（股份有限公司为股本）；向金融机构举借债款，称为借款，包括短期借款和长期借款。企业筹集到的资金最初一般表现为货币资金形态，可以说，筹集资金是资金运动的起点。

2. 供应过程业务

企业筹集到的资金先进入供应过程。供应过程是企业产品生产的准备过程。在这个过程中，企业用货币资金购买机器设备等劳动资料形成固定资产，购买原材料等劳动对象形成材料储备，为生产产品做好物质上的准备。这时资金就由货币资金形态转化为固定资金形态和储备资金形态。因此，供应过程核算的主要业务内容是固定资产的购置、材料的购进及其采购成本的计算和结转。

3. 生产过程业务

生产过程是工业企业经营过程的中心环节。在这个过程中，劳动者借助固定资产等劳动资料对劳动对象进行加工，生产出产品，同时发生固定资产和材料物资的物化劳动和活劳动的耗费，形成企业的生产费用。具体而言，为生产产品耗费材料就形成材料费用，耗费活劳动就形成工资及福利等人工费用，使用厂房、机器设备等劳动资料形成折旧费用等。生产过程中发生的这些费用总和构成了产品的生产成本。其资金形态从储备资金、固定资金和一部分货币资金转化为生产资金，随着生产过程的不断进行，产品生产完工验收入库后，其资金形态又转化为成品资金。因此，生产过程核算的主要业务内容是生产费用的发生、归集和分配，以及完工产品生产成本的计算与结转。

4. 销售过程业务

销售过程是产品价值的实现过程。在这个过程中，企业通过产品销售活动，取得销售收入。这时成品资金转化为货币资金，完成了一次资金循环。其间，企业会发生广告、包装等销售费用，以及计算及缴纳销售税金等业务。因此，销售过程核算的主要业务内容是销售收入的确认、销售成本的结转、销售费用的支付及销售税金的计算、缴纳等。

5. 财务成果形成与分配业务

会计核算不仅要如实反映企业经营过程中所发生的经济业务，还必须及时计算出一定时期内的财务成果，确定企业在该时期所实现的利润或亏损，并按国家规定进行分配。因此，正确计算财务成果并对财务成果进行分配，也是企业主要经营过程的业务内容。

对于工业企业而言，生产并销售产品是其主要经营业务，即主营业务。在主营业务之外，工业企业还会发生一些诸如销售材料、出租固定资产等兼营业务，以及进行对外投资以获得收益的投资业务。这样，主营业务、其他业务以及投资业务构成了企业的全部经营业务。另外，在经营活动之外，企业偶尔还会发生利得或损失，可能会获得营业外收入和发生营业外支出。上述这些业务内容综合在一起，形成了工业企业的全部会计核算内容。

4.1.2 成本计算概述

成本计算是会计核算的一种专门方法。工业企业在供、产、销过程中，一般要计算三种成本，即供应过程要计算材料的采购成本、生产过程要计算产品的生产成本、销售过程要计算已销售产品的销售成本。正确计算材料的采购成本、产品的生产成本、已销售产品的销售成本，对正确计算财务成果，考核经营过程中各环节的工作成绩有着极为重要的作用。但由于成本计算的方法很多，内容也很复杂，在本章中只对材料的采购成本、已销售产品的销售成本的计算进行介绍，而产品的生产成本计算则在《成本会计》中具体介绍。

4.2 筹资业务的核算

筹集资金是企业资金运动的起点。企业通过吸收投资者投资、向债权人借入资金等方式筹集企业生产经营所需资金。其中，吸收投资者投入的资金形成了所有者权益，向债权人借入的资金则形成了企业的负债。

4.2.1 增值税的简述

1. 增值税的概念

增值税是以商品生产流通和劳务服务在各个流转环节的增值额为征税对象的一种税。按税法规定，凡在我国境内从事销售货物或提供加工、修理和修配劳务以及从事进口货物的单位和个人为增值税的纳税义务人，就其取得的增值额必须缴纳增值税。

2. 增值税征收管理办法

增值税在征收管理上，按照经营规模的大小，将纳税人分为一般纳税人和小规模纳税人两种，其对增值税的计算与会计核算完全不同。我国现行的增值税，对一般纳税人采用抵扣法计征，对小规模纳税人采取简易的征收办法。

（1）一般纳税人。一般纳税人是指年应税销售额超过规定标准或符合税法规定情形的企业和企业性单位。一般纳税人使用增值税专用发票，价税分开登记，实行税款抵扣制度。

增值税一般纳税人销售或进口货物，提供加工、修理和修配劳务，除税法规定的低税率和免税范围外，基本税率为17%。

增值税一般纳税人销售货物或提供劳务的应纳税额，等于当期的销项税额抵减当期进项税额后的余额。其计算公式如下：

当期应纳增值税额＝当期销项税额－当期进项税额

销项税额是指纳税人销售货物或者提供应税劳务，按照不含增值税的销售额或应税劳务收入乘以规定税率计算出的应向购买方收取的增值税税额。销项税额的计算公式如下：

销项税额＝不含增值税销售额×适用税率

进项税额是指纳税人购进货物或者接受应税劳务所支付或负担的增值税税额。进项税额的计算公式如下：

进项税额＝不含增值税买价×适用税率

增值税的核心就是纳税人收取的销项税额抵扣其支付的进项税额，其差额即为纳税人实际缴纳的增值税税额。

除税法规定不得抵扣的项目外，增值税一般纳税人在抵扣进项税额时应提供相应的证明凭证，例如，购进货物时，从销售方取得的增值税专用发票等。

【例 4-1】 某公司从事钢材批发业务，本月购进钢材 1 000 吨，增值税专用发票标明不含税单价 5 000 元，适用税率 17%。这批钢材于本月以 5 500 元的不含税价格全部卖出。假定该公司本月只有这两笔相关购销业务，则该公司本月应交增值税为

$$
\begin{aligned}
\text{应交增值税税额} &= \text{当期销项税额} - \text{当期进项税额} \\
&= 5\,500 \times 1\,000 \times 17\% - 5\,000 \times 1\,000 \times 17\% \\
&= 85\,000\text{（元）}
\end{aligned}
$$

（2）小规模纳税人。小规模纳税人一般只使用普通发票，价税合计，实行按征收率计算的简易征管办法，购进货物或应税劳务不得抵扣进项税额。小规模纳税人的征收率为 3%。其计算公式如下：

$$\text{应交增值税税额} = \text{销售额} \times \text{适用税率}$$

注：本书的案例和习题中涉及的企业均为一般纳税人。

4.2.2 投入资本主要经济业务的核算

投资者向企业投入资本，即形成企业的资本金。它是企业得以创立的一个基本条件，是企业赖以生存和发展的基础，也是所有者权益的主要组成部分。企业的投入资本按照投资主体的不同，可划分为国家资本金、法人资本金、个人资本金和外商资本金。具体投资形式包括银行存款等货币资金、原材料和商品等存货、房屋和机器设备等固定资产、土地使用权和商标权等无形资产。

【知识链接】

我国《公司法》第 27 条规定：股东可以用货币出资，也可以用实物、知识产权、土地使用权等可以用货币估价，并可以依法转让的非货币财产作价出资；但法律、行政法规规定不得作价出资的财产除外。

另规定，全体股东货币出资额不得低于有限责任公司注册资本的 30%。

1. 设置的主要账户

为了核算和监督投资者的投资，企业应设置“实收资本（股本）”和“资本公积”两个主要账户。同时，在投资过程中根据实际投资形式的不同还应设置“银行存款”、“固定资产”、“无形资产”等账户。

（1）“实收资本（股本）”账户。

① 核算内容：用来核算企业投资者投入资本的增减变动及其结余情况。

② 性质：所有者权益类账户。

③ 账户结构：如图 4-1 所示。

④ 明细设置：本账户应按投资者进行明细分类核算。

借方　　　　实收资本（股本）	贷方
按照规定减少的注册资金 按照协议期满退还的资本金	企业实际收到投资者投入的注册资金 资本公积、盈余公积转增资本金
	余额：企业实有的注册资本数额

图 4-1 “实收资本（股本）”账户结构图

（2）“资本公积”账户。

① 核算内容：用来核算企业收到的投资者出资额超过其在注册资本或股本中所占份额的部分，以及直接计入所有者权益的利得和损失。

② 性质：所有者权益类账户。

③ 账户结构：如图 4-2 所示。

借方　　　　　　资本公积	贷方
资本公积转增资本金	投资者投资产生的资本溢价（股本溢价）
	余额：企业资本公积的累积数

图 4-2 “资本公积”账户结构图

④ 明细设置：本账户应分别设置“资本溢价（股本溢价）”、“其他资本公积”等进行明细分类核算。

（3）“银行存款”账户。

① 核算内容：用来核算企业存入银行或其他金融机构的各种款项。

② 性质：资产类账户。

③ 账户结构：如图 4-3 所示。

借方　　　　　　银行存款	贷方
企业增加的银行存款	企业减少的银行存款
余额：银行存款实有数额	

图 4-3 “银行存款”账户结构图

④ 明细设置：本账户可按开户银行或银行存款的种类分别进行明细核算。

（4）“固定资产”账户。

① 核算内容：用来核算企业固定资产原始价值（原值）的增减变动和结存情况。

② 性质：资产类账户。

③ 账户结构：如图 4-4 所示。

借方　　　　　　固定资产	贷方
固定资产原始价值的增加数	固定资产原始价值的减少数
余额：现有固定资产的原值	

图 4-4 “固定资产”账户结构图

④ 明细设置：本账户可按固定资产的类别和项目进行明细分类核算。

（5）“无形资产”账户。

① 核算内容：用来核算企业无形资产成本的增减变动和结存情况。

② 性质：资产类账户。

③ 账户结构：如图 4-5 所示。

借方	无形资产 贷方
无形资产的增加数	无形资产的减少数
余额：无形资产的实有数额	

图 4-5 “无形资产”账户结构图

④ 明细设置：本账户可按无形资产的类别和项目进行明细分类核算。

（6）“应交税费”账户。

① 核算内容：用来核算企业按照税法等规定计算应缴纳的各种税费，包括增值税、消费税、营业税、所得税、资源税、土地增值税、城市维护建设税、房产税、土地使用税、车船使用税、教育费附加、矿产资源补偿费等。

② 性质：负债类账户。

③ 账户结构：如图 4-6 所示。

借方	应交税费 贷方
实际交纳的各种税费	应交未交的各种税费
余额：企业期末多交或尚未抵扣的税费	余额：企业期末尚未缴纳的税费

图 4-6 “应交税费”账户结构图

④ 明细设置：本账户可按应交的税费项目进行明细核算。应交增值税还应分别设置“进项税额”、“销项税额”、“出口退税”、“进项税额转出”、“已交税金”等专栏。其结构如图 4-7 所示。

借方	应交税费——应交增值税 贷方
增值税进项税额	增值税销项税额
余额：企业期末尚未抵扣的增值税	余额：企业期末尚未交纳的增值税

图 4-7 “应交税费——应交增值税”账户结构图

【知识链接】

掌握一个账户需要从以下四个方面入手：一是核算内容；二是账户性质；三是账户结构；四是明细设置。

2. 账务处理

基本账务处理如下所示：

借：银行存款等相关账户（不同投资形式） ×××

　　贷：实收资本/股本——×××投资者 ×××

　　　　资本公积——资本溢价/股本溢价 ×××

（1）投资者以货币资金形式投入资本金的核算。

【例 4-2】 华泰公司收到国家投入资金 100 000 元，款项已存入银行。

分析：华泰公司接受国家投入资金，获得一笔银行存款，故“银行存款”增加，记借方；同时，本公司接受投资者投入的资本增加，即“实收资本”增加，记贷方。其账务处理如下：

借：银行存款　　100 000

　　贷：实收资本——国家投入　　100 000

【例 4-3】华泰公司收到方华公司投入资金 50 000 元，占本公司注册资本的 20%，本公司注册资本为 200 000 元，款项已存入银行。

分析：接受方华公司投入货币资金，获得一笔银行存款，故“银行存款”增加，记借方；同时，本公司接受投资者投入的资本增加，按其在注册资本中所占份额记“实收资本”贷方；其差额为资本溢价部分，应贷记“资本公积”账户。其账务处理如下：

借：银行存款　　50 000

　　贷：实收资本——方华公司　　40 000

　　　　资本公积——资本溢价　　10 000

（2）投资者以实物形式投入资本金的核算。

【例 4-4】 华泰公司收到鸿发公司投入的设备一套，投资方提供的增值税专用发票列示其价值为 20 000 元，增值税进项税额为 3 400 元。

分析：华泰公司接受投资者投入设备，“固定资产”增加，记借方；增值税进项税额增加，也记借方；同时，华泰公司接受投资者投入的资本增加，即“实收资本”增加，记贷方。其账务处理如下：

借：固定资产　　20 000

　　应交税费——应交增值税（进项税额）　　3 400

　　贷：实收资本——鸿发公司　　23 400

（3）投资者以无形资产形式投入资本金的核算。

【例 4-5】华泰公司收到青鸟公司投入的一项专利权，经评估确认其价值为 30 000 元。

分析：华泰公司接受投资者投入的专利权，即“无形资产”增加，记借方；同时，华泰公司接受投资者投入的资本增加，即“实收资本”增加，记贷方。其账务处理如下：

借：无形资产　　30 000

　　贷：实收资本——青鸟公司　　30 000

（4）资本公积、盈余公积转增资本金的核算。

【例 4-6】 经批准，将资本公积 15 000 元转增资本金。

分析：华泰公司将资本公积 15 000 元转增资本金，一方面“资本公积”减少，记借方；另一方面，华泰公司的资本金增加，即“实收资本”增加，记贷方。其账务处理如下：

借：资本公积　　15 000

　　贷：实收资本　　15 000

4.2.3 借入资金主要经济业务的核算

企业在生产经营过程中，为补充经营资金的不足，可以通过从银行或其他金融机构借款的方式筹集资金，并按借款协议约定的利率承担支付利息及到期归还借款本金的义务。借入资金按偿还期限的长短可分为短期借款和长期借款。偿还期限在 1 年以内（含 1 年）的借款为短期借款；偿还期限在 1 年以上的借款为长期借款。为核算企业因借款而形成的负债，企业应设置"短期借款"和"长期借款"两个账户。

借入的款项必须按规定支付利息。短期借款的利息须通过"财务费用"账户核算；长期借款的利息核算较为复杂，将在《财务会计》中进行介绍。

1. 设置的主要账户

（1）"短期借款"账户。

① 核算内容：用来核算企业向银行或其他金融机构等借入的期限在 1 年以内（含 1 年）的各种借款的借入和偿还情况。

② 性质：负债类账户。

③ 账户结构：如图 4-8 所示。

借方　　　　短期借款	贷方
企业归还的短期借款数额	企业借入的短期借款数额
	余额：企业尚未归还的短期借款

图 4-8 "短期借款"账户结构图

④ 明细设置：本账户应当按借款种类、贷款人和币种等进行明细分类核算。

（2）"长期借款"账户。

① 核算内容：用来核算企业向银行或其他金融机构等借入的期限在 1 年以上的各种借款。

② 性质：负债类账户。

③ 账户结构：如图 4-9 所示。

借方　　　　长期借款	贷方
企业归还的长期借款数额	企业借入的长期借款数额
	余额：企业尚未归还的长期借款

图 4-9 "长期借款"账户结构图

④ 明细设置：本账户应当按照借款单位、借款种类等进行明细分类核算。

（3）"财务费用"账户。

① 核算内容：用来核算企业为筹集生产经营所需资金等而发生的筹资费用，包

括利息支出（减利息收入）、汇兑损益以及相关的手续费等。

② 性质：损益类（费用）账户。

③ 账户结构：如图 4-10 所示。

借方	财务费用 贷方
发生的利息支出、汇兑损失及相关手续费	利息收入、汇兑收益 期末转入“本年利润”数额

图 4-10 “账务费用”账户结构图

④ 明细设置：本账户可按费用项目进行明细分类核算。

2. **账务处理**

基本账务处理如下所示：

借：银行存款 ×××

  贷：短期借款/长期借款 ×××

（1）短期借款业务的核算。

【例 4-7】 华泰公司从某银行借入临时借款 150 000 元，期限 3 个月，存入银行。

分析：华泰公司从银行借入资金后，银行存款增加，应借记“银行存款”账户；同时，华泰公司增加了一项负债，且期限为 3 个月，即“短期借款”增加，应贷记“短期借款”账户。其账务处理如下：

借：银行存款 150 000

  贷：短期借款——中国某银行 150 000

【例 4-8】 华泰公司以银行存款偿还到期的短期借款 100 000 元，并支付利息 4 500 元。

分析：华泰公司以银行存款偿还到期的短期借款，故银行存款减少，应贷记“银行存款”账户；同时企业负债减少，应借记“短期借款”账户，并确认发生的利息费用，费用增加，应记“财务费用”账户的借方。其账务处理如下：

借：财务费用 4 500

  短期借款 100 000

  贷：银行存款 104 500

（2）长期借款业务的核算。

【例 4-9】 因建造厂房，华泰公司从某银行借入三年期借款 500 000 元，款项存入银行。

分析：企业借入资金，则银行存款增加，应借记“银行存款”账户；同时，企业也增加了一笔负债，且期限为三年，故应贷记“长期借款”账户。其账务处理如下：

借：银行存款 500 000

  贷：长期借款——中国某银行 500 000

4.3　供应过程的核算

供应过程是工业企业生产经营过程的准备阶段。在这一阶段，企业需要购建厂房、购置机器设备、采购各种材料物资，形成生产储备，用来满足生产需要。因此，供应过程核算的主要内容包括固定资产购建业务和材料采购业务。

4.3.1　固定资产购建业务的核算

企业购建的固定资产一般可分为两种情况：一种是购进后即可投入生产使用的固定资产；另一种是在购进后需要经过安装、调试以后才能投入生产使用的固定资产。因此，须分别设置相应的账户进行核算。

1. 设置的主要账户

（1）“固定资产”账户：前面已介绍，此处不再赘述。

（2）“在建工程”账户

① 核算内容：用来核算企业基建、更新改造、设备安装等在建工程发生的实际支出。

② 性质：资产类账户。

③ 账户结构：如图 4-11 所示。

借方　　　　在建工程	贷方
建造和安装工程所发生的材料费、人工费及其他支出	工程完工结转的实际成本
余额：尚未完工工程的实际支出	

图 4-11　“在建工程”账户结构图

④ 明细设置：本账户可按“建筑工程”、“安装工程”、“在安装设备”等进行明细分类核算。

2. 账务处理

基本账务处理如下所示：

借：固定资产/在建工程　　×××

　　应交税费——应交增值税（进项税额）　　×××

　　贷：银行存款等相关账户　　×××

（1）购入不需要安装的固定资产。

【例 4-10】华泰公司购入办公用设备，价款 20 000 元，增值税进项税额 3 400 元，运杂费 500 元，开出支票一张。设备直接投入使用。

分析：公司购入设备，借记“固定资产”账户；支付的增值税额应借记“应交税金——应交增值税”的进项税额项目；另外，开出支票表明银行存款减少，应贷记“银行存款”账户。其账务处理如下：

借：固定资产　　20 500
　　应交税费——应交增值税（进项税额）　　3 400
　　贷：银行存款　　23 900

（2）购入需要安装的固定资产。

若购入的设备需要安装后才能使用，则应先通过“在建工程”账户核算设备及安装成本，待安装完毕，设备可投入使用后，再将全部成本转入“固定资产”账户。

【例 4-11】 假设【例 4-10】中购入的设备需要安装，以银行存款支付安装费 500 元。

分析：购入的设备因需要安装，故先记入“在建工程”账户的借方；发生安装费用时，“在建工程”成本增加，同时，“银行存款”减少；待安装完工时，将“在建工程”借方发生额合计数转入“固定资产”账户。其账务处理如下。

① 购入设备：

借：在建工程——安装工程　　20 500
　　应交税费——应交增值税（进项税额）　　3 400
　　贷：银行存款　　23 900

② 发生安装费用：

借：在建工程——安装工程　　500
　　贷：银行存款　　500

③ 安装完工投入使用：

借：固定资产　　21 000
　　贷：在建工程——安装工程　　21 000

需要注意的是，工程完工并结转后，“在建工程”账户余额应为零。

【知识链接】

《企业会计准则第 4 号——固定资产》中规定：固定资产应当按照成本计量。固定资产取得时的实际成本是指企业购建固定资产达到可使用状态前所发生的一切合理的、必要的支出。它反映的是固定资产处于可使用状态时的实际成本。

4.3.2 材料采购业务的核算

1. 材料采购业务核算的主要内容

材料采购过程的核算主要包括材料采购业务的核算以及材料采购成本的计算。材料采购业务的核算有两个环节：一是材料物资的采购过程；二是材料物资的入库过程。

2. 材料采购成本的计算

（1）材料采购成本的构成。外购材料物资的采购成本是指为采购原材料而发生的各项费用。我国企业会计准则规定，材料采购成本应以实际成本计价。具体构成有如下几点。

① 材料的买价，指购货发票上注明的货款金额，不包含增值税专用发票中的增值税额。

② 运杂费，包括材料的运输费、装卸费、保险费、包装费和仓储费等。

③ 运输途中的合理损耗。

④ 入库前的挑选整理费，包括挑选整理中发生的人员工资、费用支出和必要的损耗等。

⑤ 购入材料应负担的税金、外汇价差及其他费用，如关税等。

其中②至⑤项为材料的采购费用，则：

材料采购成本 = 材料买价 + 采购费用

（2）材料采购成本的计算。在计算材料采购成本时，凡是能直接归属的采购费用，应直接计入相关材料的采购成本；几种材料共同发生的采购费用，则应采用适当的分配标准分配计入各种材料的采购成本。一般采用材料的重量或买价作为分配标准。分配采购费用时，应先计算采购费用分配率，再计算各种材料应负担的采购费用。分配计算公式如下：

采购费用分配率 = 采购费用总额 ÷ 各种材料的重量（或买价）之和

某种材料应负担的采购费用 = 该种材料的重量（或买价）× 采购费用分配率

【例 4-12】 某企业购入甲、乙两种材料。甲材料 800kg，单价 50 元，计 40 000 元；乙材料 1 600kg，单价 100 元，计 160 000 元。共支付运杂费 9 600 元。计算甲、乙两种材料应分别负担的采购费用。

假设本例采用重量作为分配标准进行分配，则：

采购费用分配率 = 9 600 ÷（800 + 1 600）= 4

甲材料应负担的采购费用 = 800 × 4 = 3 200（元）

乙材料应负担的采购费用 = 1 600 × 4 = 6 400（元）

3. 材料采购业务的核算

（1）设置的主要账户。

①“在途物资”账户。

- 核算内容：用来核算企业在途材料的采购成本。其中，在途材料是指企业购入的材料尚在途中，或虽已运达但尚未验收入库的材料。
- 性质：资产类账户。
- 账户结构：如图 4-12 所示。

借方	在途物资 贷方
购入材料的采购成本	已验收入库材料的采购成本
余额：尚未运达企业或已运达但尚未入库的在途材料的采购成本	

图 4-12 “在途物资”账户结构图

- 明细设置：本账户应当按照供应单位或材料的品种、规格进行明细分类核算。

②“原材料”账户。

- 核算内容：用来核算企业库存的各种材料（包括原料及主要材料、辅助材料、外购半成品、修理用备件、包装材料和燃料等）的实际成本。
- 性质：资产类账户。
- 账户结构：如图 4-13 所示。

借方	原材料 贷方
已验收入库原材料的实际成本	发出材料的实际成本
余额：库存原材料的实际成本	

图 4-13 “原材料”账户结构图

- 明细设置：应当按照材料的保管地点（仓库）、材料的类别、品种规格等进行明细分类核算。

③“应付账款”账户。

- 核算内容：用来核算企业购买材料、商品和接受劳务供应等应支付的款项，以及款项清偿情况。
- 性质：负债类账户。
- 账户结构：如图 4-14 所示。

借方	应付账款 贷方
应付账款的偿还额	应付未付款项的发生额
余额：企业预付的款项	余额：企业尚未偿还的款项

图 4-14 “应付账款”账户结构图

- 明细设置：本账户应按供应单位名称（债权人）进行明细分类核算。

【知识链接】

按照会计制度核算要求，对于预付账款业务不多的单位，可以不设置“预付账款”账户，而通过“应付账款”账户进行核算。这时，“应付账款”账户就可能出现借方余额，表示为企业预付的款项。但在编制资产负债表时，应对“应付账款”和“预付账款”的明细账户进行分析，区分预付账款和应付账款的不同性质，分别加以填列。

④“预付账款”账户。

- 核算内容：用来核算企业因购买材料、商品或接受劳务而按购货合同规定预付给供应单位的款项。
- 性质：资产类账户。
- 账户结构：如图 4-15 所示。

借方	预付账款　　　　　　　　贷方
预付及补付的款项	购进货物所须支出的款项收到退回的多余款项
余额：企业期末尚未结算的预付款项	余额：企业期末尚未补付的款项

图 4-15 “预付账款”账户结构图

- 明细设置：本账户应按供应单位进行明细分类核算。

⑤“应付票据”账户。

- 核算内容：用来核算企业因购买材料、商品和接受劳务供应等开出、承兑的商业汇票，包括银行承兑汇票和商业承兑汇票。
- 性质：负债类账户。
- 账户结构：如图 4-16 所示。
- 明细设置：企业应设置“应付票据备查簿”，详细登记每一应付票据的种类、号数、签发日期、到期日、票面金额和票面利率等相关资料。应付票据到期结清时，应当在备查簿内逐笔注销。

借方	应付票据　　　　　　　　贷方
应付票据的已偿付额	企业开出、承兑的应付票据的金额
	余额：企业尚未偿付的应付票据款

图 4-16 “应付票据”账户结构图

【知识链接】

商业汇票是指由付款人或存款人（或承兑申请人）签发，由承兑人承兑，并于到期日向收款人或被背书人支付款项的一种票据。所谓承兑，是指汇票的付款人愿意负担起票面金额的支付义务的行为，通俗地讲，就是企业承诺到期无条件地支付汇票金额的行为。商业汇票按其承兑人的不同，可分为商业承兑汇票和银行承兑汇票两种。商业承兑汇票是指由存款人签发，经付款人承兑，或者由付款人签发并承兑的汇票；银行承兑汇票是指由付款人或承兑申请人签发，并由承兑申请人向开户银行申请，经银行审查同意承兑的汇票。

（2）账务处理。

① 付款和材料验收入库同一天完成。

基本账务处理如下所示：

借：原材料——材料的品名规格　　×××

　　应交税费——应交增值税（进项税额）　　×××

　　贷：银行存款等相关账户　　×××

【例 4-13】 华泰公司从美青公司购入甲材料 1 000kg，单价 20 元，计 20 000 元，增值税进项税额 3 400 元，对方代垫运杂费 600 元，均以银行存款支付，材料已验收入库。

分析：公司购入材料，并已验收入库，即库存材料增加，借记“原材料”账户；支付的进项税额借记“应交税费——应交增值税”；同时，以银行存款支付，贷记“银行存款”账户。其账务处理如下：

借：原材料——甲材料　　20 600

　　应交税费——应交增值税（进项税额）　　3 400

　　贷：银行存款　　24 000

【例 4-14】 华泰公司从光明工厂购入甲材料 2 000kg，买价 40 000 元，增值税进项税额 6 800 元；购入乙材料 1 000kg，单价 15 元，计 15 000 元，增值税进项税额 2 550 元。对方代垫运杂费 600 元，企业开出一张承兑的商业汇票，材料已验收入库。

分析：公司购入材料，并已验收入库，即库存材料增加，记入“原材料”账户，其成本由买价和运杂费构成。运杂费由甲、乙两种材料共同负担，应先在两种材料之间进行运杂费的分配，进而确定甲、乙两种材料的采购成本；支付的进项税额借记“应交税费——应交增值税”；开出的商业汇票形成一项负债，贷记“应付票据”。其处理如下：

本例中的运杂费分配步骤计算如下：

- 计算分配率

分配率 = 600 ÷（2 000 + 1 000）= 0.2（元/kg）

- 计算应分配的运杂费

甲材料应负担的运杂费 = 2 000 × 0.2 = 400（元）

乙材料应负担的运杂费 = 1 000 × 0.2 = 200（元）

- 计算材料采购成本

甲材料采购成本 = 40 000 + 400 = 40 400（元）

乙材料采购成本 = 15 000 + 200 = 15 200（元）

借：原材料——甲材料　　40 400

　　　　　——乙材料　　15 200

　　应交税费——应交增值税（进项税额）　　9 350

　　贷：应付票据　　64 950

② 先付款，后验收材料入库。

基本账务处理如下所示：

- 材料物资的采购业务处理：

借：在途物资——供应单位或材料的品种规格　　×××
　　应交税费——应交增值税（进项税额）　　×××
　　贷：银行存款等相关账户　　×××

- 材料物资的入库业务处理：

借：原材料——×材料　　×××
　　贷：在途物资——供应单位或材料的品种规格　　×××

【例 4-15】 以【例 4-13】的资料为例来说明。

- 假设上述购入材料的货款暂欠。

分析：华泰公司因购入材料而增加了一笔负债，即“应付账款”增加；同时，“在途物资”增加，记借方。其账务处理如下：

借：在途物资——美青公司　　20 600
　　应交税费——应交增值税（进项税额）　　3 400
　　贷：应付账款——美青公司　　24 000

- 材料验收入库。

分析：收到材料 ，则企业库存材料（资产）增加，借记“原材料”账户；而在途材料（资产）减少，贷记“在途物资”账户。其账务处理如下：

借：原材料——甲材料　　20 600
　　贷：在途物资——美青公司　　20 600

- 以银行存款偿付货款。

分析：企业以银行存款支付上述货款时，企业银行存款减少，贷记“银行存款”账户；负债减少，借记“应付账款”账户。其账务处理如下：

借：应付账款——美青公司　　24 000
　　贷：银行存款　　24 000

③ 以预付账款方式购进

基本账务处理如下所示：

- 预付款时：

借：预付账款——×××公司　　×××
　　贷：银行存款　　×××

- 收到材料时：

借：原材料——品种规格　　×××
　　应交税费——应交增值税（进项税额）　　×××
　　贷：预付账款——×××公司　　×××

- 补付货款或收到退回的多余款项时：

补付货款

借：预付账款——×××公司　　×××

　　贷：银行存款　　×××

收到退回的余款

借：银行存款　　×××

　　贷：预付账款——×××公司　　×××

【例 4-16】 开出支票一张 50 000 元，预付从美青公司购入甲材料货款。

分析：开出支票则银行存款减少，贷记“银行存款”账户；预付给美青公司形成债权，借记“预付账款”账户。其账务处理如下：

借：预付账款——美青公司　　50 000

　　贷：银行存款　　50 000

收到从美青公司购进的甲材料 2 000kg，单价 20 元，计 40 000 元，增值税进项税额 6 800 元。材料已验收入库。则企业库存材料增加，借记“原材料”账户、支付的进项税额增加，借记“应交税费——应交增值税”账户；预付账款减少，贷记“预付账款——×××”账户。其账务处理如下：

借：原材料——甲材料　　40 000

　　应交税费——应交增值税（进项税额）　　6 800

　　贷：预付账款——美青公司　　46 800

收到退回的多余款项 3 200 元。则企业银行存款增加，借记“银行存款”；预付账款减少，贷记“预付账款”账户。其账务处理如下：

借：银行存款　　3 200

　　贷：预付账款——美青公司　　3 200

【知识链接】

企业外购材料物资的业务，由于距离采购地点远近不同、货款结算方式不同等原因，可能会导致材料的入库时间和货款的支付时间不一致。因此，在会计核算此类业务时，可分为材料入库与支付货款同时完成、材料入库但货款未付、货款已付但材料未到、以预付账款购货等四种处理方式。具体内容将在《财务会计》中介绍。

4.4 生产过程的核算

4.4.1 生产过程核算的主要内容

产品生产过程是企业资金运动的中心环节。在这个过程中，要消耗材料物资，支付职工工资和其他费用，会发生固定资产的磨损，还会发生办公费用等，从而形成了企业的生产费用。这些生产费用，有的是直接为生产产品而发生的，有的是间接为生产产品而发生的。它们最终应归集分配到各种产品成本中去，构成产品成本。为了保证企业生产经营活动正常进行，还会发生与产品生产没有直接关系的支出，如管理费用、财务费用等，应直接计入当期损益，不能计入产品成本。因此，产品生产过程核算的主要内容包括材料的领用、薪酬的确认与支付、生产费用的摊销与分配、生产设备等固定资产的折旧、完工产品成本的计算与入库等内容。

4.4.2　生产过程主要经济业务的核算

1. 设置的主要账户

（1）“生产成本”账户。

① 核算内容：用来归集和分配企业进行产品生产发生的各项费用，具体有生产各种产品（包括产成品、自制半成品等）、自制材料、自制工具和自制设备等。

② 性质：成本类账户。

③ 账户结构：如图 4-17 所示。

借方　　　　生产成本	贷方
直接材料、直接人工、制造费用	生产完工验收入库的实际成本
余额：未完工产品的成本	

图 4-17 “生产成本”账户结构图

④ 明细设置：本账户应按照基本生产成本和辅助生产成本进行明细分类核算。基本生产成本应当分别按照基本生产车间和成本核算对象（如产品品种等）设置明细账，并按照规定的成本项目设置专栏。

（2）“制造费用”账户。

① 核算内容：用来核算企业生产车间（部门）为生产产品和提供劳务而发生的各项间接费用，如固定资产折旧、职工薪酬、机物料消耗、水电费和停工损失等。

② 性质：成本类账户。

③ 账户结构：如图 4-18 所示。

借方　　　　制造费用	贷方
生产过程中车间（分厂）发生的各种间接费用	期末分配转入生产成本的金额

图 4-18 “制造费用”账户结构图

④ 明细设置：本账户可按不同的生产车间、部门和费用项目进行明细分类核算。

（3）“应付职工薪酬”账户。

① 核算内容：用来核算企业根据有关规定应付给职工的各种薪酬。包括应在工

资总额内的各种工资、奖金、津贴、职工福利、社会保险费、住房公积金、工会经费、职工教育经费和非货币性福利等。

② 性质：负债类账户。

③ 账户结构：如图 4-19 所示。

借方 应付职工薪酬	贷方
实际支付给职工的工资	应付给职工的工资
	余额：应付未付的工资

图 4-19 “应付职工薪酬”账户结构图

④ 明细设置：本账户可按“工资”、“职工福利”、“社会保险费”、“住房公积金”、“工会经费”、“职工教育经费”、“非货币性福利”等进行明细分类核算。

（4）“累计折旧”账户。

① 核算内容：用来核算企业固定资产累计提取的折旧额的增减变动。固定资产的折旧是指固定资产由于损耗而逐渐转移到产品成本费用中去的那部分价值。

② 性质：资产类账户。

③ 账户结构：如图 4-20 所示。

借方 累计折旧	贷方
固定资产折旧的减少数	固定资产折旧的增加数（计提数）
	余额：现有固定资产已提折旧累积数

图 4-20 “累计折旧”账户结构图

④ 明细设置：本账户只进行总分类核算，不进行明细分类核算。

【知识链接】

“固定资产”和“累计折旧”账户的设置

“固定资产”和“累计折旧”账户均属于资产类账户，但二者结构相反。因为在固定资产的核算中，要求“固定资产”账户应当始终保持其原始价值记录。这样，就需要设置和运用“累计折旧”账户，单独反映固定资产的累计损耗（减少）的价值。它实质上是固定资产原始价值的减少，所以，“累计折旧”账户就是固定资产的备抵账户。从反映的经济内容角度看，它与“固定资产”账户一样，都属于反映资产要素的内容。因此，该账户仍属于资产类。但从该账户所反映的具体内容看，为体现“累计折旧”账户所反映的这种特殊内容，在结构上就设计成了与正常的资产类账户方向相反的另一种结构。在会计上，利用这两个账户的余额，可以计算出企业固定资产的折余价值，即净值。反映企业固定资产的现有生产能力。

（5）“库存商品”账户。

① 核算内容：用来核算企业库存的各种商品的实际成本（或进价），包括库存产成品、外购商品、存放在门市部准备出售的商品、发出展览的商品以及寄存在外的商

品等。接受来料加工制造的代制品和为外单位加工修理的代修品，在制造和修理完成验收入库后，视同企业的产成品，也通过本账户核算。

② 性质：资产类账户。

③ 账户结构：如图 4-21 所示。

借方　　　　　　库存商品	贷方
完工入库产品的生产成本	已销产品转出的生产成本
余额：库存产品的生产成本	

图 4-21 “库存商品”账户结构图

④ 明细设置：本账户可按库存商品的种类、品种规格等进行明细分类核算。

（6）“管理费用”账户。

① 核算内容：用来核算企业行政管理部门为组织和管理生产经营活动所发生的各项费用。包括企业的董事会和行政管理部门在企业经营管理中发生的，或者应由企业统一负担的公司经费、董事会费、聘请中介机构费、咨询费（含顾问费）、诉讼费、业务招待费、房产税、车船使用税、印花税、技术转让费、矿产资源补偿费、职工教育经费和排污费等。

② 性质：损益类（费用）账户。

③ 账户结构：如图 4-22 所示。

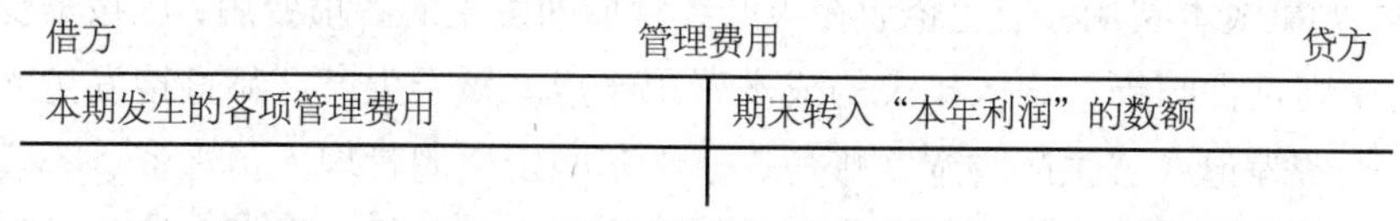

图 4-22 “管理费用”账户结构图

④ 明细设置：本账户应按管理费用的项目进行明细分类核算。

（7）“其他应收款”账户。

① 核算内容：用来核算企业除应收账款、应收票据、预付账款等以外的其他各种应收及暂付款项，包括应收的各种赔款、罚款、应向职工收取的各种垫付款项等。

② 性质：资产类账户。

③ 账户结构：如图 4-23 所示。

借方　　　　　　其他应收款	贷方
发生的各种应收款项	收回的款项
余额：企业尚未收回的其他应收款	

图 4-23 “其他应收款”账户结构图

④ 明细设置：本账户应按债务人进行明细分类核算。

（8）“库存现金”账户。

① 核算内容：用来核算企业的库存现金的增减变动情况。

② 性质：资产类账户。

③ 账户结构：如图 4-24 所示。

借方	库存现金 贷方
库存现金的增加	库存现金的减少
余额：企业持有的库存现金	

图 4-24 “库存现金”账户结构图

④ 明细设置：本账户不设明细核算。

需要注意的是，车间生产部门和行政管理部门使用的固定资产的修理费均应记入“管理费用”账户。

【知识链接】

企业发生的费用包括生产费用和期间费用两部分。其中，生产费用又分为直接费用（直接材料费、直接人工费）和间接费用（制造费用）。直接费用直接计入生产成本，间接费用分配计入生产成本；期间费用包括管理费用、财务费用和销售费用，不计入成本，直接计入当期损益。

2. 账务处理

（1）归集成本费用。工业企业在生产经营期间发生的各项费用，应按谁受益谁负担的原则进行归集，记入相关的成本费用账户。属于生产产品直接发生的材料费、人工费等记入“生产成本”账户；属于车间发生的管理人员工资、一般耗用材料等，记入“制造费用”账户；属于企业管理部门发生的费用，记入“管理费用”账户。

基本账务处理如下所示：

借：生产成本/制造费用/管理费用　　×××

　　贷：银行存款等相关账户　　×××

【例 4-17】 仓库发出甲材料 100 000 元，其中 80 000 元用于生产 A 产品，20 000 元用于生产 B 产品；发出乙材料 80 000 元，其中 75 000 元用于生产 B 产品，3 000 元用于生产车间一般耗用，2 000 元用于行政管理部门耗用。

分析：该业务使企业库存材料减少 100 000 元，应贷记 “原材料”账户。相应地，直接用于生产产品的借记 “生产成本”账户；车间一般耗用的借记 “制造费用”账户；行政管理部门耗用的则记入“管理费用”的借方。其账务处理如下：

借：生产成本——A 产品　　80 000

　　　　　　——B 产品　　95 000

　　制造费用　　3 000

管理费用　　2 000

贷：原材料——甲材料　　100 000

——乙材料　　80 000

【例4-18】 以现金支付车间机器的修理费300元。

分析：该业务使企业库存现金减少，应贷记 “库存现金” 账户；同时企业的费用增加，应借记 “管理费用” 账户。其账务处理如下：

借：管理费用　　300

贷：库存现金　　300

【例4-19】以现金600元购买办公用品，其中车间100元，行政管理部门500元。

分析：该业务使企业现金减少，应贷记“库存现金”账户；同时，企业的费用增加，车间领用的应借记“制造费用”账户、行政管理部门领用的应借记“管理费用”账户。其账务处理如下：

借：制造费用　　100

管理费用　　500

贷：库存现金　　600

【例4-20】 业务员王凯出差预借差旅费3 000元，以现金支付。

分析：支付现金，库存现金减少，应贷记“库存现金”账户；同时，王凯预借差旅费，其他应收款项增加，应借记“其他应收款”账户。其账务处理如下：

借：其他应收款——王凯　　3 000

贷：库存现金　　3 000

王凯出差归来，报销差旅费2 800元，余款交回。则费用增加，应借记 “管理费用”账户、余款交回表示库存现金增加，借记“库存现金”账户；同时，其他应收款减少，贷记“其他应收款”账户。其账务处理如下：

借：管理费用　　2 800

库存现金　　200

贷：其他应收款——王凯　　3 000

【例4-21】 开出支票一张，用于支付本月水电费5 000元，其中车间耗用4 000元，行政管理部门耗用1 000元。

分析：开出支票表示银行存款减少，应贷记“银行存款”账户；车间耗用水电费增加“制造费用”、行政管理部门耗用水电费增加“管理费用”，均应记入借方。其账务处理如下：

借：制造费用　　4 000

管理费用　　1 000

贷：银行存款　　5 000

【例 4-22】 月末分配结转本月应付职工薪酬 36 000 元，其中生产 A 产品的工人薪酬为 10 000 元；生产 B 产品的工人薪酬为 15 000 元；车间管理人员薪酬为 3 000 元；行政管理人员薪酬 8 000 元。

分析：该业务使企业的负债增加，应贷记 “应付职工薪酬” 账户；同时企业费用增加，其中车间生产工人的薪酬应借记“生产成本”账户、车间管理人员的薪酬应借记“制造费用”账户、行政管理人员的薪酬应借记“管理费用”账户。其账务处理如下：

借：生产成本——A 产品　　10 000
　　　　　　——B 产品　　15 000
　　制造费用　　3 000
　　管理费用　　8 000
　　贷：应付职工薪酬——工资　　36 000

【例 4-23】 按本月工人工资总额的 14%计提职工福利费。

应提取的职工福利费计算如下：

按生产 A 产品的工人工资计提的福利费 = 10 000 × 14% = 1 400（元）

按生产 B 产品的工人工资计提的福利费 = 15 000 × 14% = 2 100（元）

按生产车间管理人员工资计提的福利费 = 3 000 × 14% = 420（元）

按行政部门管理人员工资计提的福利费 = 8 000 × 14% = 1 120（元）

分析：该业务使企业的负债增加，应贷记“应付职工薪酬”账户；同时企业费用增加，其中车间生产工人的福利费应借记“生产成本”账户、车间管理人员的福利费应借记“制造费用”账户、行政管理人员的福利费应借记“管理费用”账户。其账务处理如下：

借：生产成本——A 产品　　1 400
　　　　　　——B 产品　　2 100
　　制造费用　　420
　　管理费用　　1 120
　　贷：应付职工薪酬——福利费　　5 040

【例 4-24】 开出现金支票 36 000 元，从银行提取现金备发工资。

分析：开出现金支票提取现金，库存现金增加，借记“库存现金”账户；同时，银行存款减少，贷记“银行存款”账户。其账务处理如下：

借：库存现金　　36 000
　　贷：银行存款　　36 000

【例 4-25】 发放本月职工薪酬。

分析：该业务使企业库存现金减少，应贷记“库存现金”账户；同时企业的负债减少，应借记“应付职工薪酬”账户。其账务处理如下：

借：应付职工薪酬　　36 000
　贷：库存现金　　36 000

【例 4-26】 以银行存款支付本月电话费 3 900 元，其中车间 1 300 元、管理部门 2 600 元。

分析：银行存款减少，应贷记“银行存款”账户；车间电话费增加“制造费用”账户，行政管理部门电话费增加“管理费用”账户，均应记入借方。其账务处理如下：

借：制造费用　　1 300
　管理费用　　2 600
　贷：银行存款　　3 900

【例 4-27】 企业按规定提取本月固定资产折旧 15 000 元，其中：车间使用固定资产应提折旧 10 000 元，行政管理部门使用固定资产应提折旧 5 000 元。

分析：计提折旧是企业将固定资产在生产过程中的磨损价值计入费用的过程。该业务使企业的费用增加，其中：制造费用增加 10 000 元，管理费用增加 5 000 元，均应记入相应账户的借方；同时，企业累计折旧增加，应贷记“累计折旧”账户。其账务处理如下：

借：制造费用　　10 000
　管理费用　　5 000
　贷：累计折旧　　15 000

（2）分配结转制造费用。制造费用作为生产费用的一部分，最终应由产品负担。所以当期发生的制造费用在“制造费用”账户归集后，月末应在各受益对象之间采用适当的分配标准进行分配，从而构成产品成本的一个组成部分。分配标准一般可选择生产工人薪酬或生产工时等。

制造费用分配步骤如下所示。

① 计算分配率。

分配率 = 制造费用总额/生产工时总额（或生产工人薪酬总额）

② 计算某产品应分配的制造费用。

某产品应分配的制造费用= 该产品生产工时（或该产品生产工人薪酬）×分配率

基本账务处理如下所示：

借：生产成本——产品名称　　×××
　贷：制造费用　　×××

【例 4-28】 企业本月发生制造费用 21 820 元，按生产工时比例进行计算分配 A、B 两种产品应负担的制造费用。A 产品生产工时 3 000 个，B 产品生产工时 2 000 个。

本例中制造费用的分配步骤如下所示。

① 计算分配率。

分配率 = 制造费用总额/生产工人薪酬总额= 21 820 / (3 000 + 2 000) = 4.364

② 计算A、B产品应分配的制造费用。

A产品应分配的制造费用 = 3 000 × 4.364 = 13 092(元)

B产品应分配的制造费用 = 2 000 × 4.364 = 8 728(元)

分析:该业务使企业的生产成本共增加21 820元,其中,A产品成本增加13 092元、B产品成本增加8 728元,应借记"生产成本"账户;同时制造费用减少21 840元,应贷记"制造费用"账户。其账务处理如下:

借:生产成本——A产品　　13 092

　　　　　　——B产品　　8 728

　贷:制造费用　　21 820

(3)结转完工产品成本。产品生产费用通过前述的费用归集和分配后,都已经分产品归集到了"生产成本"账户。如果月末某种产品全部完工,该种产品生产成本明细账中所归集的生产费用总额,就是该完工产品的总成本,除以完工产品数量,即为该产品的单位成本;如果月末某种产品全部未完工,该种产品生产成本明细账中所归集的生产费用总额,就是该种产品的在产品总成本;如果月末某种产品尚未全部完工,该种产品生产成本明细账中所归集的生产费用总额,就要采用适当的分配方法在完工产品和在产品之间进行分配,才能得出该完工产品的总成本。生产费用如何在完工产品和在产品之间进行分配,是成本计算中的一个既重要又复杂的问题,将在《成本会计》中具体介绍。

基本账务处理如下所示:

借:库存商品——×产品　　×××

　贷:生产成本——×产品　　×××

【例4-29】 若企业生产的A、B产品月初无在产品,月末全部完工。计算并结转本月完工产品成本,其中A产品的完工产品成本为104 492元,B产品的完工产品成本为120 828元。

分析:产品完工入库,使企业库存商品增加225 320元,其中A产品104 492元,B产品120 828元,应借记"库存商品"账户;同时生产成本减少225 320元,应贷记"生产成本"账户。其账务处理如下:

借:库存商品——A产品　　104 492

　　　　　　——B产品　　120 828

　贷:生产成本——A产品　　104 492

　　　　　　　——B产品　　120 828

4.5　销售过程的核算

4.5.1　销售过程核算的主要内容

销售过程是工业企业产品价值的实现阶段，也是生产经营活动的最后一个环节。在这一阶段，主要是将企业生产出的产品销售出去，实现收入并获得相应的货款或债权，最终使企业的生产成本以及为促销产品而发生的销售费用等耗费得到补偿，形成企业的利润。在产品销售过程中，一方面要将产品的所有权转让给购买者；另一方面要按照产品销售价格向购买者收取货款。这时企业的经营资金才能从成品资金形态转化为货币资金形态，完成一次资金循环。另外，企业还会发生一些其他业务，如材料销售、让渡资产使用权等。所以，在销售过程的会计核算中，确认库存商品和原材料的销售收入、计算和交纳增值税及消费税等税金、计算并结转销售成本和核算归集销售费用便构成了工业企业销售过程核算的主要内容。

4.5.2　设置的主要账户

1. “主营业务收入”账户

（1）核算内容：用来核算企业确认的销售商品、提供劳务等主营业务所形成的收入。

（2）性质：损益类（收入）账户。

（3）账户结构：如图4-25所示。

借方　　　　　　　　主营业务收入	贷方
期末转入“本年利润”的数额	本期实现的销售收入

图4-25　“主营业务收入”账户结构图

（4）明细设置：本账户可按主营业务的种类进行明细分类核算。

2. “应收账款”账户

（1）核算内容：用来核算企业在正常经营活动中，由于赊销商品或提供劳务而应向购货单位或接受劳务单位收取的款项，包括代垫的运杂费等。

（2）性质：资产类账户。

（3）账户结构：如图4-26所示。

借方　　　　　　　　应收账款	贷方
发生的应收款项	实际收回的应收款项
余额：尚未收回的应收款项	

图4-26　“应收账款”账户结构图

（4）明细设置：本账户应按债务人进行明细分类核算。

3. “预收账款”账户

（1）核算内容：用来核算企业按合同规定向购货单位预收的款项。

（2）性质：负债类账户。

（3）账户结构：如图 4-27 所示。

借方　　　　　　　　预收账款	贷方
销售实现时与购货单位结算的款项	企业收到的预收款项
余额：购货单位应补付的款项	余额：预收款项的结余

图 4-27 “预收账款”账户结构图

（4）明细设置：本账户应按购货单位进行明细分类核算。

【知识链接】

按照会计制度核算要求，对于预收账款业务不多的企业，可以不设置“预收账款”账户，而通过“应收账款”账户进行核算。这时，“应收账款”账户就可能出现贷方余额，表示为企业预收的款项。但在编制资产负债表时，应对“应收账款”和“预收账款”的明细账户进行分析，区分预收账款和应收账款的不同性质，分别加以填列。

4. “主营业务成本”账户

（1）核算内容：用来核算企业确认销售商品、提供劳务等主营业务收入时应结转的成本。

（2）性质：损益类（费用）账户。

（3）账户结构：如图 4-28 所示。

借方　　　　　　　　主营业务成本	贷方
本期已销售商品的生产成本	期末转入“本年利润”的数额

图 4-28 “主营业务成本”账户结构图

（4）明细设置：本账户可按主营业务的种类进行明细分类核算。

5. “其他业务收入”账户

（1）核算内容：用来核算企业确认的除主营业务活动以外的其他经营活动实现的收入，包括出租固定资产、出租无形资产、出租包装物、销售材料等实现的收入。

（2）性质：损益类（收入）账户。

（3）账户结构：如图 4-29 所示。

借方　　　　　　　　其他业务收入	贷方
期末转入“本年利润”数额	本期实现的各项其他业务收入

图 4-29 “其他业务收入”账户结构图

（4）明细设置：本账户应按其他业务收入种类进行明细分类核算。

6. “其他业务成本”账户

（1）核算内容：用来核算企业确认的除主营业务活动以外的其他经营活动所发生的支出，包括销售材料的成本、出租固定资产的折旧额、出租无形资产的摊销额、出租包装物的成本或摊销额等。

（2）性质：损益类（费用）账户。

（3）账户结构：如图 4-30 所示。

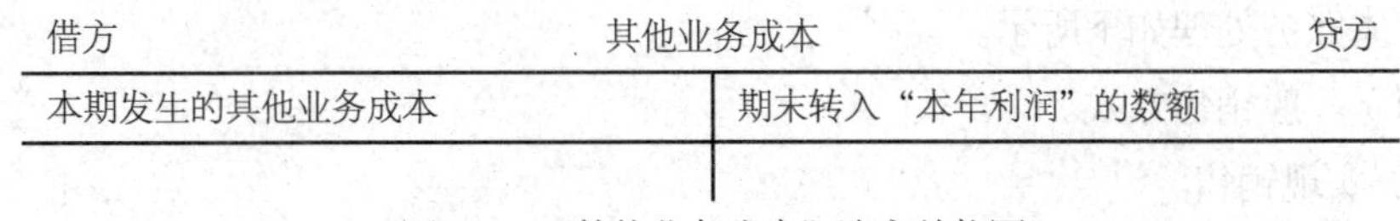

图 4-30　“其他业务成本”账户结构图

（4）明细设置：本账户应按其他业务成本的种类进行明细分类核算。

7. “销售费用”账户

（1）核算内容：用来核算企业销售商品和材料、提供劳务的过程中发生的各种费用，包括保险费、包装费、展览费和广告费、商品维修费、预计产品质量保证损失、运输费、装卸费等以及为销售商品而专设的销售机构（含销售网点、售后服务网点等）的职工薪酬、业务费、折旧费、修理费等经营费用。

（2）性质：损益类（费用）账户。

（3）账户结构：如图 4-31 所示。

借方　　　　销售费用	贷方
本期发生的各种销售费用	期末转入“本年利润”的数额

图 4-31　“销售费用”账户结构图

（4）明细设置：本账户应按费用项目进行明细分类核算。

8. “营业税金及附加”账户

（1）核算内容：用来核算企业经营活动发生的营业税、消费税、城市维护建设税、资源税和教育费附加等相关税费。

（2）性质：损益类（费用）账户。

（3）账户结构：如图 4-32 所示。

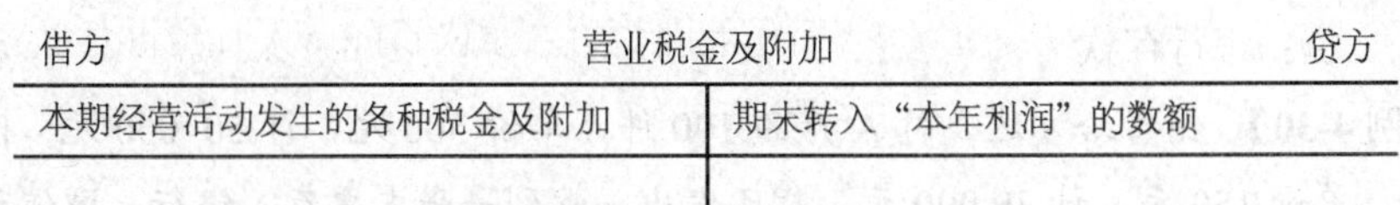

图 4-32　“营业税金及附加”账户结构图

（4）明细设置：本账户可按主营业务的种类或销售产品品种进行明细分类核算。

【知识链接】

房产税、车船使用税、土地使用税、印花税在“管理费用”账户中核算，但与投资性房地产相关的房产税、土地使用税在本账户中核算。

4.5.3 销售过程主要经济业务的核算

1. 主营业务的核算

基本账务处理如下所示。

（1）一般销售方式。

① 实现销售。

借：银行存款等相关账户　×××
　　贷：主营业务收入　×××
　　　　应交税费——应交增值税（销项税额）　×××

② 结转销售成本。

借：主营业务成本　×××
　　贷：库存商品　×××

（2）预收款销售方式。

① 预收货款。

借：银行存款　×××
　　贷：预收账款——单位名称　×××

② 发出产品时，企业销售实现

借：预收账款——单位名称　×××
　　贷：主营业务收入　×××
　　　　应交税费——应交增值税（销项税额）　×××

③ 补收不足部分或退回多收款项

- 补收不足部分

借：银行存款　×××
　　贷：预收账款——单位名称　×××

- 退回多收款项

借：预收账款——单位名称　×××
　　贷：银行存款　×××

【例 4-30】 销售给方达公司 A 产品 100 件，单价 500 元，计 50 000 元；B 产品 200 件，单价 150 元，计 30 000 元。货已发出，收到一张支票存入银行，增值税税率为 17%。

分析：企业将产品售出，款项也已收到，表明企业营业收入增加、银行存款增加，应借记“银行存款”账户，同时贷记“主营业务收入”账户；另外，企业按售价的一定比率计算应收取的增值税销项税额，即在企业营业收入增加的同时，还应同时确认一笔负债（即应交税费），应贷记“应交税费——应交增值税”账户的销项税额项目。其账务处理如下：

销项税额 =（30 000+50 000）× 17% = 13 600（元）

借：银行存款　　93 600

　　贷：主营业务收入　　80 000

　　　　应交税费—应交增值税（销项税额）　　13 600

【例 4-31】 销售给缇娜公司 A 产品 200 件，单价 500 元，计 100 000 元，增值税销项税额 17 000 元，货款尚未收到。

分析：企业将产品售出，已有证据表明企业营业收入增加，应贷记“主营业务收入”账户。同时，款项尚未收到，则企业应收款项增加，应借记“应收账款”账户；另外，企业按售价的一定比率计算应收取的增值税销项税额，即在企业营业收入增加的同时，还应同时确认一笔负债（即应交税费），应贷记“应交税费——应交增值税”账户的销项税额项目。其账务处理如下：

借：应收账款——缇娜公司　　117 000

　　贷：主营业务收入　　100 000

　　　　应交税费——应交增值税（销项税额）　　17 000

【例 4-32】 收到购货单位偿还货款 117 000 元，存入银行。

分析：收到购货单位偿还货款，则债权减少，应贷记“应收账款”账户；款项存入银行，则银行存款增加，应借记“银行存款”账户。其账务处理如下：

借：银行存款　　117 000

　　贷：应收账款——缇娜公司　　117 000

【例 4-33】 销售给方达公司 B 产品 1 000 件，单价 150 元，增值税销项税额 25 500 元。收到银行承兑汇票一张。

分析：企业将产品售出，表明企业营业收入增加，应贷记“主营业务收入”账户；同时收到银行承兑汇票一张，形成了债权，应借记“应收票据”账户；另外，在企业营业收入增加的同时，还应同时确认一笔负债（即应交税费），应贷记“应交税费——应交增值税”账户的销项税额项目。其账务处理如下：

借：应收票据　　175 500

　　贷：主营业务收入　　150 000

　　　　应交税费——应交增值税（销项税额）　　25 500

【例 4-34】 销售给缇娜公司 B 产品 200 件，单价 150 元，增值税率 17%。购货方已预先汇来货款 20 000 元，发出产品后收到对方补付货款。

① 预收货款时。

分析：企业收到购货方 20 000 元预付款时，银行存款增加，应借记“银行存款”账户；同时预收账款（负债）也增加，应贷记“预收账款”账户。其账务处理如下：

借：银行存款 20 000

　　贷：预收账款——缇娜公司 20 000

② 发出商品时，企业销售实现。

分析：销售实现时，销售收入和增值税销项税额增加，应贷记“主营业务收入”账户和“应交税费——应交增值税”账户；清偿前欠的预收账款，则企业负债减少，应借记“预收账款”账户。其账务处理如下：

借：预收账款——缇娜公司 35 100

　　贷：主营业务收入 30 000

　　　　应交税费——应交增值税（销项税额） 5 100

③ 收到对方补付货款时。

分析：因原预收账款不足，购货方补付货款 15 100 元，企业银行存款增加，预收账款补足。其账务处理如下：

借：银行存款 15 100

　　贷：预收账款——缇娜公司 15 100

【例 4-35】 以银行存款支付销售产品广告费 10 000 元。

分析：该业务使企业银行存款减少，应贷记“银行存款”账户；同时费用增加，应借记“销售费用”账户。其账务处理如下：

借：销售费用 10 000

　　贷：银行存款 10 000

【例 4-36】 以现金支付销售产品运杂费 500 元。

分析：该业务使企业库存现金减少，应贷记“库存现金”账户；同时费用增加，应借记“销售费用”账户。其账务处理如下：

借：销售费用 500

　　贷：库存现金 500

【例 4-37】 结转 A、B 两种产品的销售成本，A 产品的单位成本 400 元，B 产品的单位成本为 120 元。（由【例 4-30】—【例 4-34】得出，企业本月共销售 A 产品 300 件，B 产品 1 400 件）

分析：企业为获得收入，将库存商品的所有权出让、并交付了商品，表明企业库存商品减少，应贷记“库存商品”账户；同时借记“主营业务成本”账户。其账务处理理如下：

借：主营业务成本——A产品　　120 000
　　　　　　　　——B产品　　168 000
　贷：库存商品——A产品　　120 000
　　　　　　　——B产品　　168 000

【例4-38】 A产品是应税消费品，按其销售收入的10%计算应交纳的消费税。

应纳消费税额＝A产品的销售收入×10%＝150 000×10%＝15 000（元）

分析：计算出的应纳消费税额尚未缴纳，所以企业负债（应交税费）增加，应贷记"应交税费——应交消费税"账户；同时，借记"营业税金及附加"账户，以增加费用。其账务处理如下：

借：营业税金及附加　　15 000
　贷：应交税费——应交消费税　　15 000

【知识链接】

关于消费税、营业税、资源税、城市维护建设税及教育费附加的含义

消费税是对在中国境内从事生产和进口税法规定的应税消费品（如烟酒和高档化妆品）的单位和个人征收的一种流转税，是对特定的消费品和消费行为在特定的环节征收的一种间接税；营业税是政府对提供应税劳务、转让无形资产和销售不动产的企业征收的税金；资源税是政府对企业经营活动使用国家资源而征收的税金；城市维护建设税是政府为进行城市公共设施的维护和建设而向企业收取的税金；教育费附加是政府为发展教育事业而向企业征收的一种附加费。

2. 其他业务的核算

基本账务处理如下所示。

（1）实现收入的账务处理：

借：银行存款等相关账户　　×××
　贷：其他业务收入　　×××
　　　应交税费——应交增值税（销项税额）　　×××

（2）结转成本的账务处理：

借：其他业务成本　　×××
　贷：原材料等相关账户　　×××

【例4-39】 企业将一批不需用的丁材料售出，共500kg，单价100元，增值税率17%，收到一张支票。

分析：材料销售业务属于其他业务核算范畴，收到一张支票，使企业银行存款增加，应借记"银行存款"账户；同时其收入增加，应贷记"其他业务收入"账户，同时还产生一笔应纳税负债，应贷记"应交税费——应交增值税"账户的销项税额项目。

其账务处理如下：

销项税额 = 50 000 × 17% = 8 500（元）

借：银行存款　　58 500

　贷：其他业务收入　　50 000

　　　应交税费——应交增值税（销项税额）　　8 500

【例 4-40】 假设【例 4-39】中所售出材料的单位成本为 45 元。

分析：企业为获得收入，将库存材料的所有权出让，并交付了材料，表明企业库存材料减少，应贷记“原材料”账户；同时，借记“其他业务成本”账户。其账务处理如下：

借：其他业务成本　　45 000

　贷：原材料——丁材料　　45 000

4.6 财务成果形成及分配过程的核算

4.6.1 财务成果形成的核算

1. 利润的构成

财务成果是反映企业一定时期生产经营活动的综合性指标，是企业在一定时期生产经营活动的结果，即利润或亏损。财务成果包括三个层次：营业利润、利润总额和净利润。

（1）营业利润。营业利润是指主营业务利润加上其他业务利润减去期间费用（即管理费用、财务费用和销售费用）后的金额。

计算公式如下：

营业利润 = 营业收入 − 营业成本 − 营业税金及附加 − 管理费用−财务费用−销售费用−资产减值损失 + 公允价值变动收益（− 公允价值变动损失）+ 投资收益（−投资损失）

① 营业收入 = 主营业务收入 + 其他业务收入

② 营业成本 = 主营业务成本 + 其他业务成本

③ 资产减值损失是指企业计提各项资产减值准备所形成的损失。

④ 公允价值变动收益（或损失）是指企业交易性金融资产等公允价值变动形成的应计入当期损益的利得（或损失）。

⑤ 投资收益（或投资损失）是指企业以各种方式对外投资所取得的收益（或发生的损失）。

（2）利润总额。利润总额是指营业利润加上投资净收益、补贴收入、营业外收入，减去营业外支出后的金额。

计算公式如下：

$$利润总额=营业利润+营业外收支净额$$
$$=营业利润+（营业外收入-营业外支出）$$

营业外收入是指企业发生的与其生产经营活动无直接关系的各项收入。营业外收入包括固定资产盘盈、处置固定资产净收益、处置无形资产净收益、罚款净收入、捐赠利得等。

营业外支出是指企业发生的与其生产经营活动无直接关系的各项支出。营业外支出包括固定资产盘亏、处置固定资产净损失、处置无形资产净损失、罚款支出、公益性捐赠支出、非常损失等。

（3）净利润。净利润是指利润总额抵减当期所得税费用后的金额。

计算公式如下：

$$净利润=利润总额-所得税费用$$

所得税费用是指企业按照税法规定，就其生产经营所得和其他所得计算缴纳的一种税金，并将其计入当期损益所产生的费用。其计算方法是将企业所取得的利润总额，按税法规定进行调整后，乘以适用税率。企业所得税的税率一般为 25%。亏损企业或享有免税政策的企业，可不计提企业所得税。

【知识链接】

企业所得税是对我国境内的企业和其他取得收入的组织的生产经营所得和其他所得征收的一种税。其征税对象是企业的生产经营所得、其他所得和清算所得。

2. 设置的主要账户。

（1）“投资收益”账户。

① 核算内容：用来核算企业对外投资取得的收益或发生的损失。

② 性质：损益类账户。

③ 账户结构：如图 4-33 所示。

借方　投资收益	贷方
投资损失 投资净收益转入“本年利润”的数额	投资收入 投资净损失转入“本年利润”的数额

图 4-33　“投资收益”账户结构图

④ 明细设置：本账户应按投资收益种类进行明细分类核算。

（2）“营业外收入”账户。

① 核算内容：用来核算企业发生的与生产经营无直接关系的各项收入。

② 性质：损益类（收入）账户。

③ 账户结构：如图 4-34 所示。

借方	营业外收入　　贷方
期末转入“本年利润”的金额	本期发生的营业外收入

图 4-34 “营业外收入”账户结构图

④ 明细设置：本账户应按收入项目进行明细分类核算。

(3)“营业外支出”账户。

① 核算内容：用来核算企业发生的与生产经营无直接关系的各项支出。

② 性质：损益类（支出）账户。

③ 账户结构：如图 4-35 所示。

借方	营业外支出　　贷方
本期发生的营业外支出	期末转入“本年利润”的金额

图 4-35 “营业外支出”账户结构图

④ 明细设置：本账户应按支出项目进行明细分类核算。

(4)“所得税费用”账户。

① 核算内容：用来核算企业按规定从本期损益中减去的所得税。

② 性质：损益类（费用）账户。

③ 账户结构：如图 4-36 所示。

借方	所得税费用　　贷方
计算的应交所得税额	期末转入“本年利润”的金额

图 4-36 “所得税费用”账户结构图

④ 明细设置：本账户不设明细账户。

(5)“本年利润”账户。

① 核算内容：用来核算企业实现的净利润或发生的净亏损。

② 性质：所有者权益类账户。

③ 账户结构：如图 4-37 所示。

借方	本年利润　　贷方
本期各损益类（支出）账户转入数	本期各损益类（收入）账户转入数
余额：本期发生的净亏损数	余额：本期实现的净利润数

图 4-37 “本年利润”账户结构图

④ 明细设置：本账户一般不设明细账户。

【知识链接】

各损益类账户结转到“本年利润”账户时，可在年末一次结转，平时月份只通过编制利润表计算出各会计期间的利润，不进行损益类账户的结转，即“表结法”；也可每月都将损益类账户结转到“本年利润”账户，即“账结法”。选用哪种方法由企业自主确定。

3. 利润形成业务的核算

（1）利润总额形成的核算。基本账务处理如下所示。

① 对外投资收益：

借：银行存款　×××
　贷：投资收益　×××

② 营业外收入与营业外支出：

- 借：银行存款　×××
　　贷：营业外收入　×××
- 借：营业外支出　×××
　　贷：银行存款　×××

③ 期末结转各损益类账户：

- 损益类（费用）账户结转

借：本年利润　×××
　贷：主营业务成本　×××
　　其他业务成本　×××
　　营业税金及附加　×××
　　营业外支出　×××
　　财务费用　×××
　　管理费用　×××
　　销售费用　×××

- 损益类（收入）账户结转

借：主营业务收入　×××
　其他业务收入　×××
　营业外收入　×××
　投资收益　×××
　贷：本年利润　×××

（2）企业所得税费用的核算。基本账务处理如下所示。

① 计算应交所得税费用：

借：所得税费用　×××

　　贷：应交税费——应交企业所得税　×××

② 结转所得税费用：

借：本年利润　×××

　　贷：所得税费用　×××

【例 4-41】 收到对外投资分得的利润 15 000 元，存入银行。

分析：收到对外投资分得的利润，一方面使企业银行存款增加，应借记“银行存款”账户；另一方面也使企业投资收益增加，贷记“投资收益”账户。其账务处理如下：

借：银行存款　15 000

　　贷：投资收益　15 000

【例 4-42】 以银行存款支付公益性捐赠 5 000 元。

分析：公司捐赠 5 000 元，使银行存款减少，应贷记“银行存款”账户；同时该项支出不属于营业范畴，应借记“营业外支出”账户。其账务处理如下：

借：营业外支出　5 000

　　贷：银行存款　5 000

【例 4-43】 收到 1 000 元罚款存入银行。

分析：公司将款项存入银行，使银行存款增加，应借记“银行存款”账户；同时该项业务不属于营业范畴，应贷记“营业外收入”账户。其账务处理如下：

借：银行存款　1 000

　　贷：营业外收入　1 000

【例 4-44】 将本月损益类账户发生额转入“本年利润”账户。本月有关损益类账户发生额如下表 4-1 所示。

表 4-1　损益类账户的发生额

账户名称	借方发生额	贷方发生额	账户名称	借方发生额	贷方发生额
主营业务收入		360 000	销售费用	10 500	
主营业务成本	288 000		管理费用	23 320	
营业税金及附加	15 000		财务费用	4 500	
其他业务收入		50 000	营业外收入		1 000
其他业务成本	45 000		营业外支出	5 000	
投资收益		15 000			

- 损益类（费用）账户结转：

借：本年利润　391 320
　　贷：主营业务成本　288 000
　　　　其他业务成本　45 000
　　　　营业税金及附加　15 000
　　　　营业外支出　5 000
　　　　财务费用　4 500
　　　　管理费用　23 320
　　　　销售费用　10 500

- 损益类（收入）账户结转：

借：主营业务收入　360 000
　　其他业务收入　50 000
　　营业外收入　1 000
　　投资收益　15 000
　　贷：本年利润　426 000

【例 4-45】 按本月利润总额的 25%计算应纳所得税额并结转所得税费用。

应纳所得税额 = 利润总额 × 25% =（426 000 −391 320）× 25%
　　　　　　= 8 670（元）

分析：该业务中，计算应纳所得税额形成应交未交税金，负债增加，应贷记“应交税费——应交所得税”账户；同时，企业费用增加，应借记“所得税费用”账户。其账务处理如下。

- 计算应交所得税费用：

借：所得税费用　8 670
　　贷：应交税费——应交企业所得税　8 670

- 结转所得税费用：

借：本年利润　8 670
　　贷：所得税费用　8 670

4.6.2 利润分配的核算

1. 利润分配的顺序

企业当期实现的净利润，加上年初未分配利润（或减去年初未弥补亏损）和其他转入后的余额，为可供分配的利润。企业实现的净利润，应按下列顺序分配。

（1）提取法定盈余公积。

（2）提取任意盈余公积。

（3）向投资者分配利润。

【知识链接】

依据 2006 年 1 月 1 日起开始施行的《中华人民共和国公司法》的规定，公司分配当年税后利润时，应当提取利润的 10%列入公司法定公积金，如果公司以前年度发生亏损的，在依规定提取法定公积金之前，应当先用当年利润弥补亏损。公司从税后利润中提取法定公积金后，经股东会或者股东大会决议，还可以从税后利润中提取任意公积金。公司弥补亏损和提取公积金后所余税后利润，可向投资者分配。提取的公积金主要用于弥补公司亏损、扩大公司生产经营。

2. 设置的主要账户

（1）“利润分配”账户。

① 核算内容：用来核算企业利润分配（或亏损的弥补）和历年分配（或弥补）后的积存余额。

② 性质：所有者权益类账户。

③ 账户结构：如图 4-38 所示。

借方　　　　利润分配	贷方
从“本年利润”账户转入的净亏损 实际分配的利润数	从“本年利润”账户转入的净利润
余额：历年累积未弥补的亏损	余额：历年累积未分配的利润

图 4-38 “利润分配”账户结构图

④ 明细设置：本账户设置“提取盈余公积”（见图 4-39）、“应付股利”（见图 4-40）、“未分配利润”（见图 4-41）等进行明细分类核算。

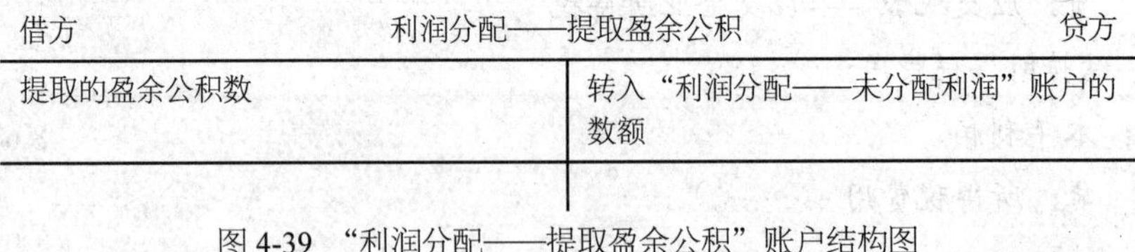

借方　　　　利润分配——提取盈余公积	贷方
提取的盈余公积数	转入“利润分配——未分配利润”账户的数额

图 4-39 “利润分配——提取盈余公积”账户结构图

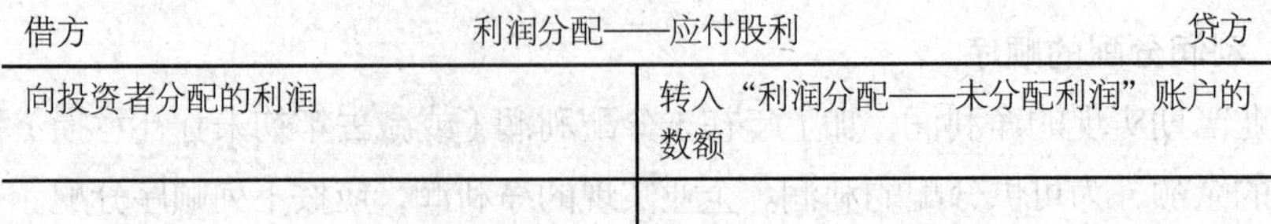

借方　　　　利润分配——应付股利	贷方
向投资者分配的利润	转入“利润分配——未分配利润”账户的数额

图 4-40 “利润分配——应付股利”账户结构图

借方	利润分配——未分配利润　　　　　　　　贷方
从利润分配的其他明细账户转入的实际分配数额	由本年利润转入全年实现的净利润
余额：尚未弥补亏损	余额：未分配利润

图 4-41　“利润分配——未分配利润”账户结构图

（2）“盈余公积”账户。

① 核算内容：用来核算企业从净利润中提取的盈余公积。

② 性质：所有者权益类账户。

③ 账户结构：如图 4-42 所示。

④ 明细设置：本账户按“法定盈余公积”、“任意盈余公积”进行明细分类核算。

借方　　　　　　　　　　　　盈余公积	贷方
使用数	从税后利润中提取的盈余公积数
	余额：结余数

图 4-42　“盈余公积”账户结构图

（3）“应付股利”账户。

① 核算内容：用来核算应分配给投资者的现金股利或利润。

② 性质：负债类账户。

③ 账户结构如图 4-43 所示。

④ 明细设置：本账户应按投资者进行明细分类核算。

借方　　　　　　　　　　　　应付股利	贷方
实际向投资者支付的现金股利或利润数	计提的应付给投资者的现金股利或利润数
	余额：应付未付的现金股利或利润

图 4-43　“应付股利”账户结构图

3. 利润分配业务的核算

（1）利润分配业务的核算内容。企业实现的净利润，要按有关规定在投资者和企业之间进行分配。利润分配业务核算的具体内容有以下几点。

① 提取盈余公积：盈余公积分为法定盈余公积和任意盈余公积。法定盈余公积是指企业按照规定的比例（10%）从净利润中提取的盈余公积；累计额为公司注册资本的 50%以上的，可不再提取。任意盈余公积是指企业经股东大会或类似机构批准按照规定的比例从净利润中提取的盈余公积。

② 向投资者分配利润：根据本年可供分配的利润在各投资者之间按照投资额的比例进行分配。

③ 会计期末，企业“利润分配”明细账中，除“未分配利润”明细账外，其余明细账户的余额应全部转入“未分配利润”明细账。通过结转，可以使企业留存的利

润或形成的亏损能够在“利润分配——未分配利润”账户中得到集中反映。

（2）利润分配业务的核算。基本账务处理如下所示。

① 结转本年利润：

借：本年利润　　×××

　　贷：利润分配——未分配利润　　×××

② 提取盈余公积：

借：利润分配——提取盈余公积　　×××

　　贷：盈余公积　　×××

③ 向投资者分配利润：

借：利润分配——应付股利　　×××

　　贷：应付股利　　×××

④ 将利润分配各明细账户转入未分配利润账户：

借：利润分配——未分配利润　　×××

　　贷：利润分配——提取盈余公积　　×××

　　　　　　　　——应付股利　　×××

【例 4-46】 承【例 4-45】结转本年利润

借：本年利润　　36 135

　　贷：利润分配——未分配利润　　36 135

【例 4-47】 根据规定，按净利润的 10%提取法定盈余公积金，假定企业全年实现的净利润为 65 550 元。

应提取的法定盈余公积金 = 65 550 × 10% = 6 555（元）

分析：提取法定盈余公积金属于利润分配去向，应记入“利润分配”相关明细账户的借方；同时企业盈余公积增加，记贷方。其账务处理如下：

借：利润分配——提取法定盈余公积　　6 555

　　贷：盈余公积　　6 555

【例 4-48】 按照批准的方案，向投资者分配现金股利 8 000 元。

分析：向投资者分配现金股利属于利润分配去向，应记入“利润分配”相关明细账户的借方；同时向投资者分配股利尚未支付，形成负债，记“应付股利”的贷方。其账务处理如下：

借：利润分配——应付股利　　8 000

　　贷：应付股利　　8 000

【例 4-49】 将“利润分配”账户所属的各明细分类账户的分配数（其中：提取盈余公积金 6 555 元、应付股利 8 000 元）结转到“利润分配——未分配利润”账户。

借：利润分配——未分配利润　　14 555

　贷：利润分配——提取盈余公积　　6 555

　　　　　　——应付股利润　　8 000

至此，“利润分配”账户仅有“未分配利润”明细账户有贷方余额 50 995 元，即为本企业的年末未分配利润，留待以后年度使用。

本章小结

本章主要介绍工业企业生产经营业务的核算方法。工业企业也称制造业企业，是市场经济中从事产品生产活动的营利性经济组织。其主要经济业务包括资金筹集业务、供应过程业务、生产过程业务、销售过程业务、财务成果形成与分配业务。

企业为了进行生产经营活动，就必须拥有一定数量的资金。企业可以从各种渠道筹集生产经营所需要的资金，主要包括接受投资者的投资和向债权人借入。因此，筹资过程核算的主要业务内容是吸收投资者的投资，称为实收资本；向金融机构举借债款，称为借款，包括短期借款和长期借款。为了核算和监督投资者的投资，企业应设置“实收资本”（股份有限公司为“股本”）和“资本公积”两个主要账户。同时，在投资过程中根据实际投资形式的不同还应设置“银行存款”、“固定资产”、“无形资产”、“应交税费——应交增值税”等账户。为核算企业因借款而形成的负债，企业应设置“短期借款”、“长期借款”、“财务费用”等账户。

筹集到生产经营所需要的资金后，企业就用货币资金购买各种财产物资，用来满足生产需要，即进入了供应过程。供应过程是企业产品生产的准备过程。供应过程核算的主要业务内容是固定资产的购置、材料的购进及其采购成本的计算和结转。为核算和监督企业供应过程中固定资产的购置、材料的购进等业务，企业应设置“固定资产”、“在建工程”“在途物资”、“原材料”、“应付账款”、“预付账款”、“应付票据”等账户。

生产过程是工业企业经营过程的中心环节，其主要经济活动是生产符合社会需要的产品，产品的生产过程同时也是生产的耗费过程。所以，生产过程核算的主要业务内容是生产费用的发生、归集和分配，以及完工产品生产成本的计算与结转。为核算和监督企业生产过程中的各项经济业务，应设置“生产成本”、“制造费用”、“应付职工薪酬”、“累计折旧”、“库存商品”、“管理费用”、“其他应收款”、“库存现金”等账户。

企业生产出的产品完工入库后，进入销售过程。销售过程是产品价值的实现过程，通过销售产品，收回货币资金，以保证企业再生产的顺利进行。因此，销售过程核算的主要业务内容是销售收入的确认、销售成本的结转、销售费用的支付及销售税金的计算缴纳等。为核算和监督企业生产过程中的各项经济业务，应设置“主营业务收入”、“主营业务成本”、“应收账款”、“预收账款”、“其他业务收入”、“其他业务成本”、“营业税金及附加”、“销售费用”等账户。

会计核算不仅要如实反映企业经营过程中所发生的经济业务，还必须及时计算出一定时期内的财务成果，确定企业在该时期所实现的利润或亏损，并按国家规定进行分配。因此，正确计算财务成果并对财务成果进行分配，也是企业主要经营过程的业务内容。本内容分为两部分核算，一是利润形成的核算，设置“投资收益”、“营业外收入”、“营业外支出”、“本年利润”、“所得税费用”等账户。二是利润分配的核算，设置“盈余公积”、“利润分配”、“应付股利”等账户。

复习思考

1. 工业企业的主要经济业务包括哪些？
2. 查阅相关资料，实收资本与股本在会计核算上有哪些区别？
3. 通过网络查阅资本公积金的主要用途有哪些？
4. 材料采购成本由哪些项目构成？
5. 如何计算、结转材料采购成本？
6. 生产过程主要经济业务的核算分哪几个步骤？
7. 什么是财务成果？反映财务成果的主要指标有哪些？
8. 企业的利润总额由哪些项目构成？如何计算净利润？
9. 如何结转收入和费用？
10. 企业进行利润分配的顺序如何？
11. 通过本章的学习，你认为工业企业主要经济业务核算的重点和难点有哪些？

同步测试

一、单项选择题

1. 工业企业因采购材料而发生的装卸费用，应计入（　　）账户。

A. “原材料”　B. “应付账款”　C. “管理费用”　D. “采购费用”

2. 企业计提生产用固定资产折旧，应借记（　　）账户。

A. “制造费用”　B. “生产成本”　C. “营业费用”　D. “管理费用”

3. 能够直接确认为某种产品成本的费用为（　　）。

A. 制造费用　　B. 管理费用　　C. 直接费用　　D. 间接费用

4. 由车间负担的各项费用是（　　）。

A. 管理费用　　B. 制造费用　　C. 财务费用　　D. 销售费用

5. 企业接受固定资产投资，除了应计入“固定资产”账户和“实收资本”账户外，还可能涉及的账户是（　　）。

A. “营业外收入”　　B. “资本公积”　　C. “盈余公积”　　D. “其他业务收入”

6. 企业向银行借入两年期借款，应计入（　　）账户的贷方。

A. “短期借款”　　B. “银行存款”　　C. “长期借款”　　D. “应付账款”

7. 在借贷记账法下，“原材料”账户的余额（　　）。

A. 只能在借方　　B. 只能在贷方

C. 既可能在借方也可能在贷方　　D. 肯定为零

8. 企业购入需要安装的固定资产，其价值应先计入（　　）账户，待安装完毕后再转入“固定资产”账户。

A. “材料采购”　　B. “在途物资”　　C. “生产成本”　　D. “在建工程”

9. “生产成本”账户的期末余额应归属于（　　）账户。

A. 资产类　　B. 负债类　　C. 所有者权益类　D. 损益类

10. 下列应计入产品生产成本的是（　　）。

A. 车间管理人员工资　　B. 厂部管理人员工资

C. 专设销售部门人员工资　　D. 专项工程人员工资

11. 发生的下列支出中，应计入“管理费用”账户的有（　　）。

A. 生产车间的办公费　　B. 车间管理人员工资

C. 车间机器的修理费　　D. 车间技术人员工资

12. 下列属于工业企业主营业务收入的是（　　）。

A. 销售材料收入　　B. 销售产品收入

C. 出租包装物收入　　D. 提供运输劳务收入

13. 下列票据中，应通过“应收票据”账户核算的是（　　）。

A. 现金支票　　B. 银行汇票　　C. 商业汇票　　D. 银行本票

14. 销售产品发生的消费税应计入（　　）账户的借方。

A. “应交税费”　　B. “营业税金及附加”

C. “本年利润”　　D. “利润分配”

15. 工业企业销售产品时支付的运输费应计入（　　）账户。

A. “生产成本”　B. “管理费用”　　C. “销售费用”　D. “材料采购”

16. 下列各项中，影响营业利润的因素是（　　）。

A. 营业外收入　B. 所得税费用　C. 管理费用　D. 营业外支出

17. 下列内容中属于其他业务收入的是（　　）。

A. 罚款收入　B. 出售材料收入

C. 商品销售收入　D. 无形资产的出售收入

18. 所有损益类账户期末应转至（　　）账户，结转后损益类账户无余额。

A. “利润分配”　B. “本年利润”　C. “实收资本”　D. “资本公积”

19. “本年利润”账户的贷方余额表示（　　）。

A. 自年初起至本月末止累计实现的净利润

B. 历年累计发生的亏损

C. 历年累计实现的利润

D. 自年初起至本月末止累计实现的亏损

20. 利润分配结束后，“利润分配”账户所属的明细分类账户中只有（　　）有余额。

A. 提取盈余公积　B. 其他转入

C. 应付利润　D. 未分配利润

21. 年终结账后，“利润分配——未分配利润”账户贷方余额表示（　　）。

A. 历年累计未弥补亏损　B. 历年累计未分配的利润

C. 本年实现的利润总额　D. 本年实现的净利润额

22. 盈余公积是指企业从（　　）中提取的公积金。

A. 税前利润　B. 营业利润　C. 利润总额　D. 税后净利润

二、多项选择题

1. 用银行存款偿还短期借款，应（　　）。

A. 借记“银行存款”　B. 贷记“短期借款”

C. 借记“短期借款”　D. 贷记“银行存款”

2. 关于“固定资产”账户，下列说法中正确的有（　　）。

A. 该账户为资产类账户

B. 该账户借方登记固定资产原始价值的增加额

C. 该账户贷方登记固定资产计提的折旧

D. 该账户余额在借方，表示期末企业现有固定资产的净值

3. 以下属于增值税征税范围的是（　　）。

A. 销售商品　B. 提供修理劳务

C. 让渡资产使用权　D. 提供加工劳务

4. 下列关于“预付账款”账户的表述中，正确的有（　　）。

A. 预付及补付的款项登记在该账户的借方

B. 该账户的借方余额表示预付给供货单位的款项

C. 该账户的借方余额表示应当补付的款项

D. 预付款项不多的企业，也可以将预付款项计入“应付账款”账户的借方

5. 材料采购成本包括（　　）。

A. 买价　　B. 运杂费

C. 运输途中的合理损耗　　D. 入库前的挑选整理费用

6. 某企业（一般纳税人）购入机器设备一台，以下应计入该机器设备原始价值的是（　　）。

A. 增值税发票标明的买价　　B. 增值税发票标明的税额

C. 安装费　　D. 装卸费

7. 计提固定资产折旧时，可能涉及的账户有（　　）。

A. 固定资产　　B. 累计折旧　　C. 制造费用　　D. 管理费用

8. 下列费用中，应计入“财务费用”的有（　　）。

A. 利息支出　　B. 银行承兑汇票承兑手续费

C. 财务人员工资　　D. 财务部门办公费

9. 工业企业的成本项目一般包括（　　）。

A. 直接材料　　B. 直接人工　　C. 管理费用　　D. 制造费用

10. 下列各项中，属于制造费用核算的内容有（　　）。

A. 生产车间管理人员工资　　B. 生产用固定资产折旧

C. 生产车间的办公费　　D. 生产车间固定资产修理费

11. 期间费用包括（　　）。

A. 管理费用　　B. 财务费用　　C. 销售费用　　D. 制造费用

12. 在“营业税金及附加”账户借方登记的内容有（　　）。

A. 增值税　　B. 消费税　　C. 城建税　　D. 营业税

13. 下列影响利润总额计算的因素是（　　）。

A. 所得税费用　B. 管理费用　　C. 主营业务成本　D. 营业外收入

14. 企业净利润是衡量企业经营业绩的主要指标，其影响因素有（　　）。

A. 所得税费用　B. 营业利润　　C. 营业外收支净额

D. 利润总额　　E. 投资收益

15. “本年利润”账户贷方对应的账户是（　　）。

A. “主营业务收入”　　B. “投资收益”　C. “营业外收入”

D. “其他业务收入”　　E. “利润分配”

16. 年终结账后，余额为零的账户是（　　）。

A. 管理费用　　B. 财务费用　　C. 销售费用　　D. 生产成本

17. 年末结转后，“利润分配”账户余额可能表示（　　）。

A. 未分配利润　　B. 营业利润

C. 利润总额　　D. 未弥补亏损

18. 企业当期实现的净利润要按法定程序进行分配，其顺序依次是（　　）。

A. 对投资者分配利润　　B. 按一定比例提取法定盈余公积

C. 按一定比例提取任意盈余公积　　D. 缴纳所得税

19. 下列各项中，不会引起留存收益总额发生增减变动的是（　　）。

A. 提取法定盈余公积　　B. 提取任意盈余公积

C. 盈余公积弥补亏损　　D. 分配现金股利

20. 下列应列入营业外收入核算的有（　　）。

A. 罚款收入　　B. 接受捐赠收入

C. 无形资产处置净收益　　D. 固定资产处置净收益

三、判断题

1. 投资人向企业投入货币、实物或无形资产后，对投入的具体资产具有所有权。（　　）

2. 企业在取得短期借款的当天，应及时核算取得的借款本金和利息。（　　）

3. 资本溢价是指企业收到投资者出资额超出其在注册资本或股本中所占份额的部分。（　　）

4. 长期借款和短期借款的账务处理方法相同。（　　）

5. 企业购入固定资产所支付的增值税，应记入“应交税费——应交增值税”账户。（　　）

6. 企业的投资人必须是国家或具备法人资格的企业或单位。（　　）

7. “原材料”账户期末若有借方余额，则表示在途的和已经入库材料的采购成本。（　　）

8. 购进两种以上材料发生的共同费用，不能直接计入每种材料的采购成本时，应按材料的重量、体积或价值比例等标准在各材料中进行分配。（　　）

9. “在途物资”账户用来核算和监督企业外购材料的买价和采购费用，属于资产类账户。（　　）

10. 企业预付货款时，应记入“预付账款”账户的贷方。（　　）

11. 工业企业在生产经营过程中发生的费用，应全部记入当期的产品成本。（　　）

12. “生产成本”和“制造费用”都是成本类账户。因此，期末都有余额，表示在产品的成本，视为企业的存货。（　　）

13. 计提固定资产折旧表示固定资产价值的减少，应贷记“固定资产”账户。（　　）

14. 分配工资时，生产工人工资应借记“生产成本”账户，车间管理人员工资应

借记“制造费用”账户。（　　）

15. 通常，制造费用应于期末分配转入各种产品的生产成本中。（　　）

16. 管理费用应采用一定的分配方法计入各产品成本中。（　　）

17. “累计折旧”账户通常是贷方余额，因此它属于负债类账户。（　　）

18. 管理费用、制造费用以及直接人工费用和直接材料费用构成产品的生产成本。（　　）

19. 职工预借差旅费应借记“管理费用”账户。（　　）

20. “生产成本”账户只记录生产产品的直接成本项目。（　　）

21. 根据产品完工入库业务编制的会计分录为：借记“库存商品”账户，贷记“原材料”账户。（　　）

22. 会计期末，为了正确计算损益，应把“制造费用”账户的余额转入“本年利润”账户。（　　）

23. 企业应该在收到以前月份销售货款时确认营业收入。（　　）

24. 结转已销售商品的生产成本时，应贷记“生产成本”账户。（　　）

25. 企业生产经营过程中发生的各种税金均应在“营业税金及附加”账户中核算。（　　）

26. 企业在销售商品时，收入应该及时确认。（　　）

27. “本年利润”账户余额如果在借方，则表示自年初至期末累计发生的亏损。（　　）

28. 企业计算出本期所得税费用时，应借记“所得税费用”，贷记“银行存款”。（　　）

29. 利润计算和利润分配程序业务核算，都应在“本年利润”中进行。（　　）

30. 增值税是与企业利润无关的税金。（　　）

四、综合练习

【资料】清远日用品公司 2011 年发生下列经济业务。

【要求】根据经济业务编制会计分录。

（一）练习工业企业筹集资金的核算

1. 万象公司投入货币资金 150 000 元，款项已收并存入银行。

2. 某企业投入货币资金 300 000 元，取得本企业 25%的股份，本企业注册资本 800 000 元，款项已存入银行。

3. 收到宏达公司投入机器设备一台，增值税专用发票列示其价值为 300 000 元，增值税额为 51 000 元，设备已交付使用。

4. 收到立世公司投入一项专利权，评估价为 100 000 元。

5. 经批准，将资本公积 150 000 元转增资本金。

6. 向某银行借入期限 6 个月的借款 200 000 元。

7. 偿还短期借款本金 100 000 元，利息 8 500 元。

8. 企业从银行借入 200 000 元，期限为 2 年，款项已存入银行。

（二）练习工业企业供应过程业务的核算

1. 从环能公司购入不需要安装的设备一套，价款 20 000 元，增值税进项税额 3 400 元，运杂费 200 元，开出一张支票。

2. 从盛远电梯公司购入一台载货电梯，安装于制造车间，增值税专用发票上的买价为 50 000 元，进项税额为 8 500 元，全部款项通过银行转账支付，电梯投入安装。

3. 用现金支付电梯安全检测费 500 元。

4. 电梯安装完毕，经验收合格后交付车间使用。

5. 从清远公司购入丙材料 5 000kg，单价 15 元，增值税率 17%，运杂费 450 元，全部款项以银行存款支付，材料已验收入库。

6. 从海虹公司购入丁材料 10 000kg，单价 5 元，货款 50 000 元，增值税率 17%，款未付，材料尚未收到。

7. 向申能公司购入甲材料 3 000kg，单价 20 元，计 60 000 元；乙材料 2 000kg，单价 50 元，计 100 000 元，增值税率 17%。两种材料共支付运杂费 1 500 元（材料运杂费按材料重量比例进行分摊），全部款项已签发商业承兑汇票，材料验收入库。

8. 以银行存款支付以前所欠上海通达贸易公司的购货款 123 000 元。

9. 向海虹公司购入的丁材料已验收入库，结转丁材料的实际采购成本。

10. 向海洋公司购入乙材料 1 000kg，单价 50 元，计 50 000 元，增值税进项税额为 8 500 元，发票已收到，款未付，材料尚在途中。

11. 收回海天工厂以前所欠货款 150 000 元。

12. 企业持有的一张 250 000 元的商业汇票到期，接到银行收账通知。

13. 以银行存款预付广源工厂购买甲材料款 30 000 元。

14. 收到广源工厂发来甲材料 1 500kg，单价 19 元，计 28 500 元，增值税率 17%，对方代垫运杂费 500 元，材料已验收入库。

15. 补付广源工厂不足的款项。

（三）练习工业企业生产过程业务的核算

1. 仓库本月发出甲材料 607 000 元，其中 A 产品耗用 450 000 元，B 产品耗用 150 000 元，车间一般耗用 2 000 元，公司管理部门耗用 5 000 元。

2. 本月应付职工工资 120 000 元，其中 A 产品生产工人工资 80 000 元，B 产品生产工人工资 15 000 元，车间管理人员工资 5 000 元，公司管理部门人员工资 20 000 元。

3. 按本月工人工资总额 14%计提职工福利费。

4. 计提本月固定资产折旧 5 000 元，其中车间负担 4 000 元，行政管理部门负担 1 000 元。

5. 以银行存款购买办公用品 2 000 元，其中车间用 200 元，行政管理部门用 1 800 元。

6. 用银行存款支付本月水电费 15 000 元，其中生产车间负担 13 000 元，行政管理部门负担 2 000 元。

7. 行政管理人员张兵出差预借差旅费 3 000 元，以现金支付。

8. 张兵出差回来报销差旅费 3 200 元，以现金补付超出款项。

9. 以现金支付车间设备修理费 500 元。

10. 将本月发生的制造费用转入“生产成本”，其中 A 产品负担 80%，B 产品负担 20%。

11. 月末 A 产品全部完工并验收入库，结转其实际成本。B 产品全部未完工。

（四）练习工业企业销售过程业务的核算

1. 销售 A 产品一批，售价 450 000 元，销售 B 产品一批，售价 250 000 元，增值税率 17%，款项已存入银行。

2. 以银行存款支付本月产品广告费 8 000 元。

3. 销售 A 产品 100 件，单价 1 500 元，增值税率 17%，并以现金垫付运杂费 500 元，全部款项均未收到。

4. 结转已售出产品的实际成本，其中 A 产品成本共计 345 000 元，B 产品成本共计 180 000 元。

5. 按规定，计算应交产品消费税 12 000 元，应交城市维护建设税 8 400 元，教育费附加 3 600 元。

6. 以银行存款支付 A 产品展览费 5 000 元。

7. 接银行通知，收到前进公司汇入以前所欠货款 146 000 元。

8. 销售原材料一批，售价 15 000 元，该批材料实际成本 14 500 元，增值税率 17%，款项已存入银行。

（五）练习工业企业财务成果形成与分配业务的核算

1. 接受捐赠全新设备一台，取得的发票标明其价值为 50 000 元。

2. 以现金支付违约金 1 000 元。

3. 月末，将本月实现的主营业务收入 550 000 元，其他业务收入 50 000 元，营业外收入 5 000 元和投资收益 25 000 元转入“本年利润”账户。

4. 月末，将本月发生的主营业务成本 310 000 元，营业税金及附加 20 000 元，销售费用 3 000 元，管理费用 5 000 元，财务费用 2 000 元，其他业务成本 3 200 元，营业外支出 1 000 元等转入“本年利润”账户。

5. 按利润总额的 25%计算应交所得税。

6. 结转所得税费用。

7. 将净利润转入“利润分配”账户。

8. 按净利润的 10%计提法定盈余公积，50%向投资者分配现金股利。

9. 结转已分配利润。

第5章

会 计 凭 证

【知识目标】

1. 了解填制会计凭证的意义；
2. 理解会计凭证的概念；
3. 掌握会计凭证的种类；
4. 掌握原始凭证的填制与审核的基本方法；
5. 掌握记账凭证的填制与审核的基本方法；
6. 掌握会计凭证的保管期限。

【技能目标】

1. 能够区别不同种类的原始凭证；
2. 能准确熟练地填制和审核原始凭证；
3. 能够区分不同种类的记账凭证；
4. 能准确熟练地填制和审核记账凭证。

【知识框架】

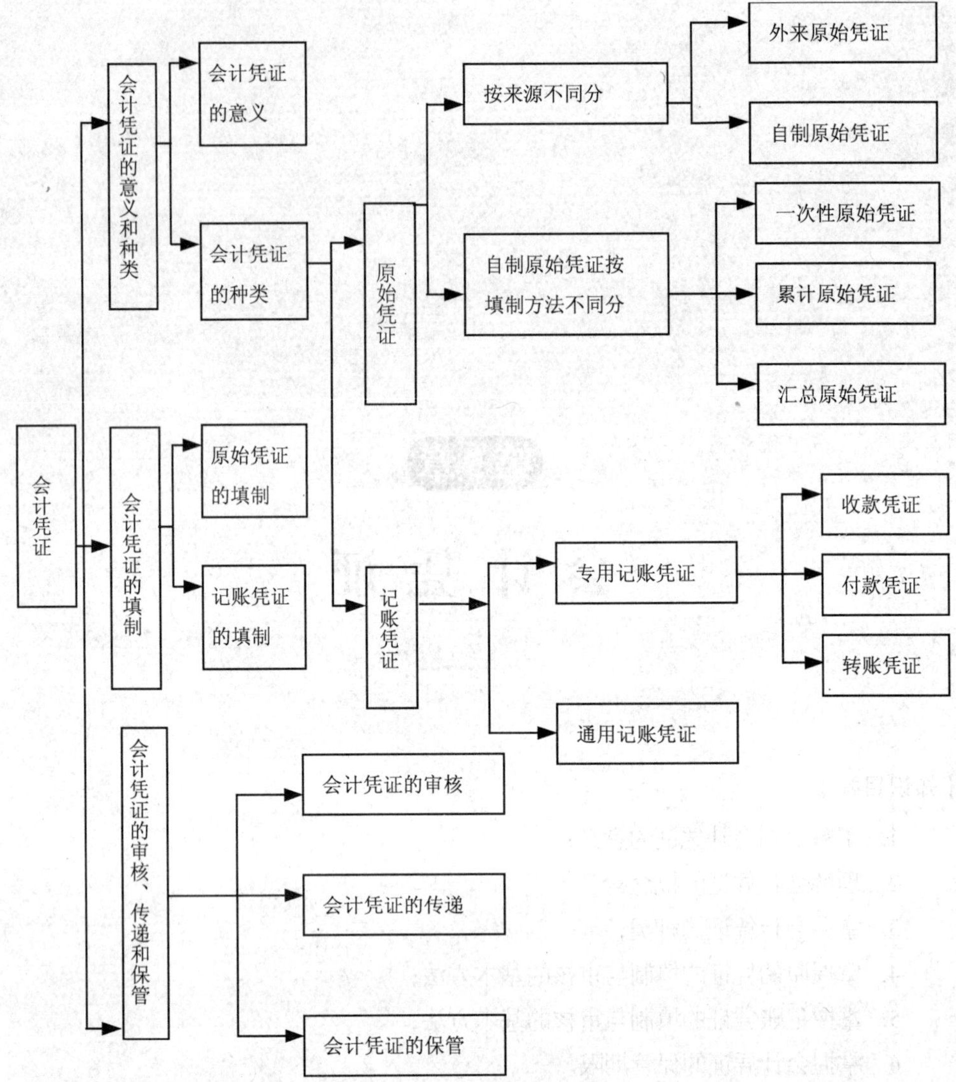

5.1 会计凭证的意义和种类

5.1.1 会计凭证的意义

会计凭证是记录经济业务、明确经济责任的书面证明，是登记账簿的重要依据。

填制和审核会计凭证是一项基础性工作，是会计核算的首要环节。会计凭证的真实、完整，对保证会计信息质量起到至关重要的作用。其意义具体表现在以下三个方面。

（1）填制、取得会计凭证，可以及时正确地记录各项经济业务的发生和完成情况，为会计核算提供原始依据。例如，购买商品由供货方开出的发票、支出款项由收款方开出的收据、接收材料填制的入库单、发出材料填制的领料单等。企业每发生一项经济业务，经办业务的有关人员必须按照规定的程序和要求，认真填制会计凭证，记录经济业务发生或完成的日期、经济业务的内容，保证会计记录的真实、正确，防止弄虚作假行为的发生。

（2）审核会计凭证，可以更有效地发挥会计的监督作用，检查经济业务的合法性、真实性和合理性，为会计监督提供重要依据。所有会计凭证都必须经过有关人员的严格审核，只有经过审核无误的会计凭证才能作为登记账簿的依据。

（3）通过填制和审核会计凭证，可以分清经济责任，强化经营管理责任制。对于发生的各项经济业务，都要由经办人员在凭证上签字或盖章，表明其应承担法律责任和经济责任，以促使经办部门和有关人员加强法律意识，照章办事，确保经济活动能按正常的秩序进行。

5.1.2　会计凭证的种类

会计凭证按其填制程序和用途不同，分为原始凭证和记账凭证。

1．原始凭证

原始凭证，又称单据，是指在经济业务发生时直接取得或填制的，用以记录经济业务的发生或完成情况的最初书面证明，如出差乘坐的车船票、采购材料的发货票、到仓库领料的领料单等。凡是不能证明经济业务已经发生或完成的凭证、文件，如购销合同、费用预算等，都不属于原始凭证。

原始凭证按其来源不同，可以分为自制原始凭证和外来原始凭证两种。

（1）自制原始凭证。自制原始凭证，是指由本单位内部经办业务的部门或人员，在办理某项经济业务时自行填制的原始凭证。例如，原材料入库时填制的收料单、领用材料时填制的领料单、完工产品的入库单、销售产品时仓库填制的产品出库单、向单位借款时填制的借款单等。

自制原始凭证按其填制手续不同又可以分为：一次凭证、累计凭证和汇总原始凭证三种。

① 一次凭证。一次凭证是指反映一项经济业务，或者同时反映若干项同类性质的经济业务，其填制手续是一次完成的会计凭证。例如，企业职工出差预借差旅费填制的“借款单”（见表 5-1）以及完工产品验收入库时填制的“产品入库单”（见表 5-2）等都是一次凭证。

表 5-1　　**借　款　单**

年　月　日

借款部门：			借款人		
借款用途：					
借款金额（大写）人民币________			¥______		
还款计划					
领导批准		审核人		借款人签字	

表 5-2　　　　产品入库单

凭证编号:

交库单位:　　　　年　月　日　　　　产品仓库:

产品编号	产品名称	规格	计量单位	交付数量	检验结果		实收数量	单价	金额
					合格	不合格			
备　注							合　计		

第　联

记账:　　　检验:　　　仓库:　　　经手:

② 累计凭证。累计凭证是指在一定期间内，连续多次记载若干不断重复发生的同类经济业务，直到期末，凭证填制手续才能完成，以期末累计数作为记账依据的原始凭证，如工业企业常用的限额领料单等（见表 5-3）。

使用累计凭证，可以简化核算手续；能对材料消耗、成本管理起到事先控制的作用，是企业进行计划管理的手段之一。

表 5-3　　　　限额领料单

领料部门:　　　　　　　　第　　号:

用　途:　　　　20　年　月　日　　　　发料仓库:

生产计划部门　　　　供销部门　　　仓库

材料编号	材料名称规格	计量单位	计划投产量	单位消耗定额	领用限额	实　发																		
						数量	单　价								金　额									
							十	万	千	百	十	元	角	分	千	百	十	万	千	百	十	元	角	分

日期	领　用			退　料			限额结余数量
	数　量	领料人	发料人	数量	退料人	收料人	

会计科目	领料部门	原材料	燃料	周转材料	合计

③ 汇总原始凭证。汇总原始凭证是指在会计核算工作中，为简化记账凭证的编制工作，将一定时期内若干份记录同类经济业务的原始凭证汇总编制一张汇总凭证，用以集中反映某项经济业务总括发生情况的会计凭证。如“发料凭证汇总表”、“收料凭证汇总表”、“现金收入汇总表”、“工资结算汇总表”、“差旅费报销单”等，都是汇总原始凭证。“发料凭证汇总表”见表 5-4。

表 5-4 发出材料汇总表

年 月 日

会计科目		领料部门	原材料	燃料	周转材料	合计
生产成本	基本生产车间	一车间				
		二车间				
		小计				
	辅助生产车间	供电车间				
		机修车间				
		小计				
制造费用		一车间				
		二车间				
		小计				
管理费用		行政部门				
合计						

会计负责人： 复核： 制表：

汇总原始凭证只能将同类内容的经济业务汇总填列在一张汇总凭证中，在一张汇总凭证中不能将两类或两类以上的经济业务汇总填列。汇总原始凭证在大中型企业中使用得非常广泛，因为它可以简化核算手续，提高核算工作效率；能够使核算资料更为系统化，使核算过程更为条理化；能够直接为管理提供某些综合指标。

（2）外来原始凭证。外来原始凭证，是指在同外单位发生经济往来关系时，从外单位取得的凭证。外来原始凭证一般都是一次凭证。例如，企业购买材料从供货单位取得的增值税专用发票、对外支付款项时取得的收据和银行盖章的结算凭证等。增值税专用发票格式见表 5-5。

表 5-5 增值税专用发票

发票联 No.

开票日期： 年 月 日

购货单位	名称				纳税人登记号		
	地址、电话				开户银行及账号		
商品或劳务名称		计量单位	数量	单位	金额	税率（%）	税额
价税合计（大写）		拾 万 仟 佰 拾 元 角 分				￥________	
销货单位	名称				纳税人登记号		
	地址、电话				开户银行及账号		

收款人： 开户单位（未盖章无效）：

【知识链接】

原始凭证丢失了怎么办

在实际工作中运用的原始凭证大多数都是从外单位取得的，因种种原因，可能存在原始凭证遗失的问题，如果从外单位取得的原始凭证被遗失，根据《会计基础工作规范》的规定：①应当由原开出单位出具证明，证明经济业务的内容、原始凭证的号码、金额，证明必须加盖原开出凭证单位的公章。由会计机构负责人、会计主管人员和单位领导人批准，才能代作原始凭证。②如果确实无法取得证明的，如火车票等，由当事人写出详细情况说明，会计机构负责人、会计主管人员和单位领导人批准代作原始凭证。

2. 记账凭证

记账凭证又称为记账凭单，是会计人员根据审核无误的原始凭证，按照经济业务事项的内容加以归类，并据以确定会计分录后所填制的会计凭证。它是登记账簿的直接依据。

在实际工作中，由于原始凭证来自不同的单位、种类繁多、数量庞大、格式大小不一，倘若直接以此登记账簿，既烦琐又容易发生差错。因此，需要将审核无误的原始凭证，按照登记账簿的要求进行归类整理，指明账户的名称、记账方向和金额，并填制具有统一格式的记账凭证，然后将相关的原始凭证附在记账凭证后面，这不仅便于账簿的登记，而且有利于原始凭证的保管、对账和查账，进而提高会计工作的质量。

记账凭证的种类。记账凭证按其适用的经济业务，分为专用记账凭证和通用记账凭证。由各单位根据会计业务量的多少和会计人员的习惯选择使用。

（1）专用记账凭证，是用来专门记录某一类经济业务的记账凭证。有专用的格式，适用特定的业务。分为收款凭证、付款凭证和转账凭证三种。

① 收款凭证：指用于记录现金和银行存款收款业务的会计凭证，根据库存现金和银行存款收款业务的原始凭证填制，是出纳人员收款的依据，也是登记现金日记账和银行存款日记账等有关账户的依据。

收款凭证又可以分为现金收款凭证和银行存款收款凭证两种。

收款凭证的格式见表5-6。

表5-6

收 款 凭 证

借方科目：　　　　　　年　月　日　　　　　　____字第____号

摘　要	贷方科目		金额											记账
	总账科目	明细科目	亿	千	百	十	万	千	百	十	元	角	分	✓
附件　张	合　计													

会计主管：　　记账：　　出纳：　　审核：　　制证：

② 付款凭证：指用于记录现金和银行存款付款业务的会计凭证，根据库存现金和银行存款付款业务的原始凭证填制，是出纳人员付款的依据，也是登记现金日记账和银行存款日记账等有关账户的依据。

付款凭证又可以分为现金付款凭证和银行存款付款凭证两种。

付款凭证的格式见表5-7。

表5-7

付　款　凭　证

贷方科目：　　　　　　　　　　　年　月　日　　　　　　　　　　＿＿字第＿＿号

摘　要	借方科目		金　额											记账
	总账科目	明细科目	亿	千	百	十	万	千	百	十	元	角	分	✓
附件　张	合　计													

会计主管：　　　记账：　　　出纳：　　　审核：　　　制证：

现金和银行存款之间相互划转的业务，如将现金存入银行、从银行提取现金或银行存款各账户之间相互转账等业务，为了避免重复登账，均应只填制付款凭证，不填制收款凭证。

③ 转账凭证：用于记录不涉及现金和银行存款业务的会计凭证，它是会计人员根据有关转账业务的原始凭证编制的，作为记账依据的专用凭证。

转账凭证的格式见表5-8。

表5-8

转　账　凭　证

年　月　日　　　　　　　　转字第＿＿号

摘　要	会计科目		借方金额										贷方金额										记账
	总账科目	明细科目	千	百	十	万	千	百	十	元	角	分	千	百	十	万	千	百	十	元	角	分	✓
附件　张	合　计																						

将专用记账凭证分为收款凭证、付款凭证和转账凭证三种，便于按经济业务对会计人员进行分工，也便于提供分类核算数据，为记账工作带来方便，但工作量较大，适用于规模较大、收付业务较多的单位。

（2）通用记账凭证，是指凭证格式具有通用性，可以记录各种经济业务的记账凭证。对于经济业务较简单、规模较小、收付业务较少的单位，为了简化核算，可以采用通用记账凭证来记录所有经济业务。

通用记账凭证的格式见表 5-9。

表 5-9

记　账　凭　证

年　　月　　日　　　　　　　　字第　　号

摘　要	会 计 科 目		借方金额										贷方金额										记账
	总账科目	明细科目	千	百	十	万	千	百	十	元	角	分	千	百	十	万	千	百	十	元	角	分	
																							✓
																							✓
附件　张	合　计																						

会计主管：　　　记账：　　　出纳：　　　审核：　　　制证：

3. 原始凭证和记账凭证的差别

原始凭证和记账凭证同属于会计凭证。但二者存在着以下差别。

（1）填制人员不同。原始凭证由业务经办人员填制，而记账凭证则一律由会计人员填制。

（2）填制依据不同。原始凭证是根据已经发生或完成的经济业务填制的，而记账凭证则是根据审核后的原始凭证填制的。

（3）填制方式不同。原始凭证仅用以记录、证明经济业务已经发生或完成，而记账凭证则要依据会计科目对已发生或完成的经济业务进行初步归类、整理编制。

（4）发挥作用不同。原始凭证是记账凭证的附件和填制记账凭证的依据，而记账凭证则是登记会计账簿的依据。

5.2　原始凭证的填制与审核

5.2.1　原始凭证的基本内容

由于各种经济业务的内容和经营管理的要求不同，原始凭证的名称、格式和内容是多种多样的。但无论哪种原始凭证，作为记录和证明经济业务的发生或完成情况、明确经办单位和人员的经济责任的原始证据，基本内容应当是一致的，都必须具备下列基本内容：

（1）原始凭证的名称及编号；

（2）原始凭证填制的日期；

（3）接受原始凭证的单位名称；

（4）经济业务的内容摘要；

（5）经济业务的实物数量、单价和金额；

（6）填制原始凭证的单位名称和填制人姓名；

（7）经办人员的签名或盖章；

（8）原始凭证附件。

5.2.2　原始凭证的填制要求

为确保会计核算资料的真实性、完整性和及时性，在填制原始凭证时应符合以下七项要求。

1. 记录要真实

原始凭证中应填写的项目和内容必须真实地、正确地反映经济业务的原貌。无论日期、内容、数量和金额都必须如实填写，不能以估算和匡算的数字填列，更不能弄虚作假，改变事实的真相。

2. 内容要完整

原始凭证中规定的项目都必须填写齐全，不能缺漏和省略；名称要写全，不要简化；品名和用途要填写明确，不能含糊不清；有关部门和人员的签名或盖章必须齐全。

3. 手续要完备

（1）单位自制的原始凭证必须有经办单位领导人或者由单位领导人指定的人员签名或盖章；

（2）对外开出的原始凭证必须加盖本单位公章；

（3）从外部取得的原始凭证，必须盖有填制单位的公章；

（4）从个人取得的原始凭证，必须有填制人员的签名或盖章。

（5）购买实物的原始凭证，必须有实物验收证明。

4. 书写格式要规范

（1）原始凭证要用蓝、黑色笔书写，字迹清楚、规范，填写支票必须使用碳素笔，属于需要套写的凭证，必须一次套写清楚，合计的小写金额前应加注币值符号，如“￥”、“$”等。

（2）不得使用未经国务院公布的简化汉字。

（3）大小写金额必须相符且填写规范。

5. 编号要连续

如果原始凭证已预先印定编号，在写坏作废时，应加盖“作废戳记”，妥善保管，不得撕毁。

6. 不得涂改、刮擦、挖补

原始凭证有错误的，应当由出具单位重开或更正，更正处应当加盖出具单位公章。原始凭证金额有错误的，应当由出具单位重开，不得在原始凭证上更正。

7. 填制要及时

原始凭证应在经济业务发生或完成时及时填制，不拖延、不积压，不事后补填，并按规定的程序和手续传递至有关业务部门和会计部门，以便及时办理后续业务，并进行审核和记账。

5.2.3 原始凭证的填制方法

自制原始凭证的填制方法

（1）一次凭证的填制方法。一次凭证是由经办人员在经济业务发生或完成时填制的。一般只反映一项经济业务，或者同时反映若干项同类性质的经济业务。下面以“收料单”的填制为例，介绍一次凭证的填制方法。

“收料单”是企业购进材料验收入库时，由仓库保管人员根据购入材料的实际验收情况，填制的一次性原始凭证。企业外购材料，都应履行入库手续，由仓库保管人员根据供应单位开来的发票账单，严格审核，对运达入库的材料认真计量，并按实收数量认真填制“收料单”。 其填制方法见表5-10 。

【例5-1】 华泰公司从光明公司购入甲材料2 000kg，买价40 000元，增值税进项税额6 800元；购入乙材料1 000kg，单价15元，计15 000元，增值税进项税额425元。对方代垫运杂费600元，企业开出一张商业汇票，材料已验收入库。

表5-10 收 料 单

供货单位： 第 号

发票编号： 年 月 日 收料仓库：

材料编号	材料规格及名称	计量单位	数量		金额（元）		
			应收	实收	单价	运费	合计
01	甲材料	kg	2 000	2 000	20	400	40 400
02	乙材料	kg	1 000	1 000	15	200	15 200
备 注						合 计	55 600

第 联

仓库负责人： 记账： 仓库保管： 收料：

收料单一式三联，一联留仓库，据以登记材料物资明细账和材料卡片；一联随发票账单到会计部门报账；一联交采购人员存查。

（2）累计凭证的填制方法。累计凭证是在一定时期内不断重复地反映同类经济业务的完成情况的凭证，它是由经办人每次经济业务完成后在其上面重复填制而成的，下面以“限额领料单”为例说明累计凭证的填制方法。

“限额领料单”是多次使用的累计领发料凭证。在有效期间内（一般为一个月），只要领用数量不超过限额就可以连续使用。仓库发料时，根据材料的品名、规格在限额内发料，同时将实发数量及限额余额填写在限额领料单内，领、发料双方在单内签章。其填制方法见表5-11。

【例5-2】　一车间生产A产品，年度计划生产8 000件，每件A产品消耗甲材料20kg，全月甲材料的领用限额为1 000kg，每kg甲材料的单价为20.20元。该月份生产A产品，由生产计划部门下达“限额领料单”，车间在该月份之内领用甲材料情况。

表5-11　　限额领料单

领料部门：一车间　　第　号：001

用　途：生产甲产品　　2012　年 3 月　　发料仓库：1号库

材料编号	材料名称规格	计量单位	计划投产量	单位消耗定额	领用限额	实发																		
						数量	单价								金额									
							百	十	万	百	十	元	角	分	千	百	十	万	千	百	十	元	角	分
01	甲材料	kg	8 000	20	1 000	900					2	0	2	0				1	8	1	8	0	0	0

日期	领用			退料			限额结余数量
	数量	领料人	发料人	数量	退料人	收料人	
10	500	张敏	李媛				500
20	200	张敏	李媛				300
28	200	张敏	李媛				100
合计	900						

生产计划部门：　　供销部门：　　仓库：

“限额领料单”不仅起到事先控制领料的作用，而且可以减少原始凭证的数量和简化填制凭证的手续。

（3）汇总凭证的填制方法。汇总凭证，也叫原始凭证汇总表，是指为了简化记账凭证的填制手续，将一定时期内若干份记录同类经济业务的原始凭证汇总并编制成一张汇总凭证，用以集中反映某类经济业务的完成情况。汇总原始凭证也是一种自制的原始凭证，如收料凭证汇总表、发出材料汇总表、差旅费报销单等。现以“发料凭证汇总表”为例说明汇总凭证的编制方法。其编制方法见表5-12。

【例5-3】　仓库发出甲材料23 230元。其中18 180元用于生产A产品，3 030元用于生产车间一般耗用，2 020元用于行政管理部门耗用。

表 5-12 发出材料汇总表

2012 年 3 月 31 日

会计科目	领料部门	原材料	辅助材料	合计
		甲材料		
生产成本	一车间	18 180	1 500	19 680
制造费用	一车间	3 030	500	3 530
管理费用	行政部门	2 020	——	2 020
合计	——	23 230	2 000	25 230

会计负责人： 复核： 制表：

"发料凭证汇总表"是由材料会计根据各部门到仓库领用材料时填制的领料单定期汇总编制而成的，每月编制一份，送交会计部门做账务处理。

5.2.4 原始凭证的审核

原始凭证的审核

原始凭证是填制记账凭证的依据，为了保证原始凭证内容的真实性和合法性，各种原始凭证，除由经办业务的有关部门审核外，最后要由会计部门进行审核。审核的内容包括以下五个方面。

（1）真实性审核。原始凭证的真实性包括：原始凭证本身是否真实，例如，发票是否为税务局统一的发票，要防止出现虚假发票；原始凭证所记载的经济业务内容是否真实；开出发票的单位是否存在；接受凭证的单位是否是本单位；数量、单价与金额是否相符；认真核对笔迹，有无模仿领导笔迹签字冒领的现象；有无涂改的现象等。

（2）合法性审核。原始凭证合法性审核是审核原始凭证所记载的经济业务是否符合国家有关方针、政策的规定；是否符合有关财经法规和会计制度的规定；是否符合费用的开支标准；是否符合有关审批权限和手续；有无违法乱纪、弄虚作假等行为。

（3）完整性审核。原始凭证完整性审核主要是审核原始凭证各个项目是否填写齐全，数字是否正确、清晰；签章是否齐全、审批手续是否健全等。

（4）正确性审核。原始凭证正确性审核主要是审核原始凭证的摘要和数字是否填写清楚、正确，数量、单价、金额的计算有无错误，大、小写金额是否相符。原始凭证所填写的文字和金额是否字迹清楚、规范，使用的笔和颜色是否符合要求等。

（5）及时性审核。原始凭证及时性审核是保证会计信息及时性的基础。为此要求在经济业务发生或完成时，要及时填制有关凭证，及时进行凭证的传递。审核时应注意审查凭证的填制日期，尤其是支票等时效性较强的原始凭证，更应仔细验证其签发日期。

原始凭证经审核后，对于符合要求的原始凭证及时据以编制记账凭证，并登记账簿。对于内容不完整、填写有错误的原始凭证，应退回有关经办部门或人员，补办手续或更正；对于不真实、不合法的原始凭证，应拒绝受理，并向单位负责人报告。

5.3　记账凭证的填制与审核

5.3.1　记账凭证的基本内容

记账凭证主要是将经济信息转换成会计信息，是对经济业务进行分类核算、款项收付、账簿记录的依据。记账凭证有多种形式，但不论哪一种记账凭证都必须具备以下基本内容：

（1）记账凭证的名称；

（2）记账凭证的填制日期和编号；

（3）经济业务的内容摘要；

（4）应借、应贷的账户名称、记账方向和金额；

（5）过账标记；

（6）所附原始凭证张数；

（7）填制、审核、记账及会计主管等有关人员的签章；

（8）收款凭证和付款凭证还要有出纳人员的签章。

5.3.2　记账凭证的填制要求

记账凭证是登记账簿的基础，稍有差错，就会影响到整个会计核算工作的质量。填制记账凭证时，会计人员要严格按照规定的格式和内容进行填制，除了像填制原始凭证那样必须做到真实可靠、内容完整、填写及时和书写清楚外，还应符合下列要求。

1. 必须以审核无误的原始凭证为依据填制记账凭证

在填制记账凭证时，可以根据一张原始凭证填制记账凭证，也可以根据若干张同类原始凭证汇总填制记账凭证，还可以根据原始凭证汇总表填制记账凭证。

记账凭证必须附有审核无误的原始凭证。除结账和更正错账的记账凭证可以不附原始凭证外，其他记账凭证必须附有原始凭证并如实填写所附原始凭证的张数。一张原始凭证如果涉及几张记账凭证的，则可以将原始凭证附在一张主要的记账凭证后面，在该主要记账凭证摘要栏内注明“本凭证附件包括××号记账凭证业务”的字样，在其他记账凭证上注明“原始凭证附在××号记账凭证后面”的字样；没有原始凭证，而只有复印件的，不能作为填制记账凭证的依据；如果一张原始凭证所列的支出需要几个单位共同负担的，应当由保存原始凭证的单位开给其他应负担支出的单位原始凭证分割单，进行结算。

【知识链接】

一张原始凭证牵涉几个关联单位的经济业务，复印件可以替代原始凭证吗？

为了防止重复报账，原始凭证复印件不可以替代原始凭证。《会计基础工作规范》对此作了明确的规定：一张原始凭证所列支出需要几个单位共同负担的，保存原始凭证的主办单位应当将其他单位负担的部分，开给对方原始凭证分割单，进行结算。原始凭证分割单必须具备原始凭证的基本内容，注明费用分摊情况等。编制单位为费用取得的原始凭证存放单位，以其原始凭证和本分割单为依据编制记账凭证；除编制单位以外的承受单位以费用取得的原始凭证复印件和本分割单为依据编制记账凭证。

2. 填制记账凭证时，应当对记账凭证进行连续编号

为了分清会计事项处理的先后顺序，便于记账凭证与会计账簿核对，确保记账凭证完整无缺，应当对记账凭证进行连续编号。编号应按月顺序编号，即每月从第一号编起，顺序编至月末。一笔经济业务需要填制两张或两张以上的记账凭证的，可以采用分数编号法进行编号。例如，一笔经济业务需要填制三张记账凭证，凭证顺序号为32号，那么这三张记账凭证的编号应是$32\frac{1}{3}$、$32\frac{2}{3}$、$32\frac{3}{3}$，分母3表示这笔业务需3张记账凭证，分子1、2、3分别表示第一张、第二张和第三张。

3. 正确填写会计分录

编制会计分录时，应根据经济业务的内容，按照会计制度的规定，正确填列会计科目，不能随意变更会计科目及其核算内容。同时，应严格按照记账方法正确填列会计科目的借贷方向及其金额。

4. 正确填写摘要

摘要是对经济业务的简要说明，因而，记账凭证的摘要要简明扼要，既要防止简而不明，又要防止过于繁琐。

5. 记账凭证金额栏不得有空行

正确填列会计分录后，如有空行，应当自最后一笔金额数字下的空行处至合计数上的空行处划线注销。目的是堵塞漏洞，严密会计核算手续。

6. 记账凭证中金额的填写

记账凭证的金额必须与原始凭证的金额相符；阿拉伯数字应书写规范，并填至分位；相应的数字应平行对准相应的借贷栏次和会计科目的栏次，防止错栏串行；合计行填写金额时，应在金额最高位数字前填写人民币“￥”字符号，防止篡改。

7. 记账凭证的签名或盖章

记账凭证填制完成后，一般应由填制人员、审核人员、记账人员及会计主管人员分别签名盖章，以明确经济责任，并使会计人员互相制约，互相监督，防止错误和舞弊行为的发生。

5.3.3 记账凭证的填制方法

对企业发生的每项经济业务，都要根据审核无误的原始凭证正确填制记账凭证。

1. 专用记账凭证的填制方法

（1）收款凭证的填制方法。收款凭证左上角的“借方科目”按收款的性质填写“库存现金”或“银行存款”科目；在凭证内所反映的 “贷方科目”填写与“库存现金”或“银行存款”对应的会计科目。其填制方法见表 5-13。

【例 5-4】 华泰公司 2012 年 3 月 21 日收回光明厂和利南厂上月所欠的货款分别为 30 000 元和 45 000 元，见表 5-13。

表 5-13

收 款 凭 证

借方科目：银行存款　　　　2012 年 3 月 21 日　　　　收字第 01 号

摘　要	贷方科目		金额											记账
	总账科目	明细科目	亿	千	百	十	万	千	百	十	元	角	分	√
收回货款	应收账款	光明厂					3	0	0	0	0	0	0	
		利南厂					4	5	0	0	0	0	0	
附件　张	合　计					¥	7	5	0	0	0	0	0	

会计主管：　　记账：　　出纳：　　审核：　　制证：王芳

（2）付款凭证的填制方法。付款凭证的填制方法与收款凭证基本相同。只是将凭证的“借方科目”与“贷方科目”栏目位置交换；填制时先填写“贷方科目”的“库存现金”或“银行存款”科目，再填写与之对应的会计科目。其填制方法见表 5-14。

【例 5-5】 2012 年 3 月 23 业务员王凯出差预借差旅费 3 000 元，支付现金。

表 5-14

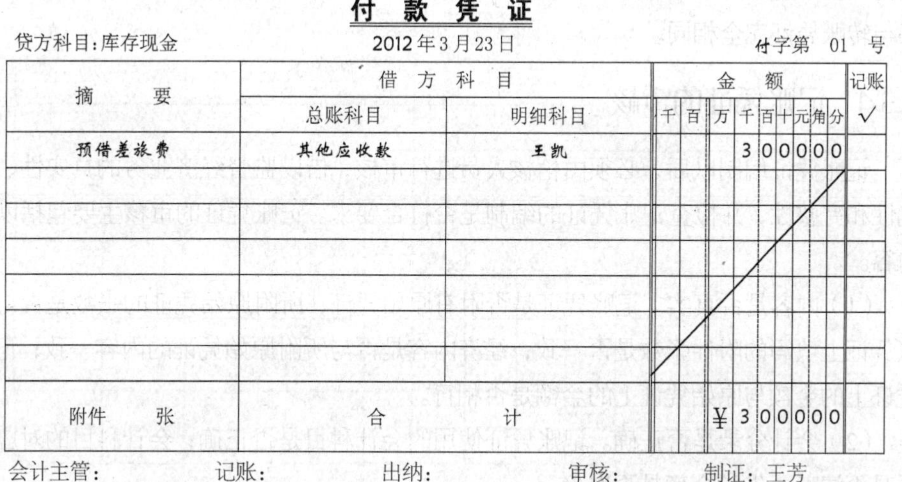

付 款 凭 证

贷方科目：库存现金　　　　2012 年 3 月 23 日　　　　付字第 01 号

摘　要	借方科目		金额									记账
	总账科目	明细科目	千	百	万	千	百	十	元	角	分	√
预借差旅费	其他应收款	王凯				3	0	0	0	0	0	
附件　张	合　计				¥	3	0	0	0	0	0	

会计主管：　　记账：　　出纳：　　审核：　　制证：王芳

（3）转账凭证的填制方法。在借贷记账法下，将经济业务所涉及的会计科目全部填列在凭证内，按先借后贷的顺序全部填入“总账科目”和“明细科目”栏目内，并将各科目金额按记账方向填入相应的“借方金额”或“贷方金额”。转账凭证其他栏目的填写方法与收、付款凭证相同。其填制方法见表5-15。

【例5-6】 2012年3月20日，从光明公司购入甲材料一批，同时取得该公司开出的增值税专用发票，其上注明价款10 000元，增值税进项税额1 700元，材料已验收入库，货款尚未支付。会计人员根据审核无误的原始凭证填制转账凭证。

表5-15

转 账 凭 证

2012 年 3 月20 日　　　　转 字第 15 号

摘要	会计科目		借方金额	贷方金额	记账
	总账科目	明细科目	千百十万千百十元角分	千百十万千百十元角分	记账
购入甲材料	原材料	甲材料	1000000		✓
	应交税费	增值税（进项税额）	170000		
	应付账款	光明公司		1170000	
附件　张	合　计		¥1170000	¥1170000	

会计主管：　　记账：　　审核：　　制证：王芳

2. 通用记账凭证的填制方法

通用记账凭证是用以记录各种经济业务的凭证。采用通用记账凭证的经济单位，不再根据经济业务的内容分别填制收款凭证、付款凭证和转账凭证。其格式及填制方法与转账凭证完全相同。

5.3.4 记账凭证的审核

记账凭证编制以后，必须由稽核人员进行审核，借以监督经济业务的真实性、正确性和完整性，并检查记账凭证的编制是否符合要求。记账凭证的审核主要包括以下内容。

（1）内容是否真实。记账凭证是否附有原始凭证，所附原始凭证的张数是否与记账凭证上填写的附件张数是否一致；经济内容是否与所附原始凭证的内容一致；记账凭证上的金额与原始凭证上的金额是否相符。

（2）会计分录是否正确。记账凭证使用的会计科目是否正确；会计科目的对应关系是否清晰；借贷金额是否准确。

（3）摘要是否简明扼要、项目是否填制完整。

（4）有关人员的签章是否齐全。

（5）书写是否规范、凭证中的文字是否工整、数字是否清晰。在审核记账凭证的过程中，如果发现记账凭证填制有误，应当按照规定的方法及时予以更正。只有经过审核无误的记账凭证，才能作为登记账簿的依据。

5.4　会计凭证的传递与保管

5.4.1　会计凭证的传递

1．会计凭证传递的概念

会计凭证传递，是指各种会计凭证从填制、取得到归档保管为止，在企业各部门及有关人员之间按照规定的时间、程序进行传送、交接的过程。

2．会计凭证传递的作用

为了能够利用会计凭证及时反映各项经济业务、提供会计信息、发挥会计监督的作用，必须正确地、及时地进行会计凭证的传递，不得积压，以保证会计核算能及时地、正常地进行。

正确组织会计凭证的传递，对于及时处理和登记经济业务，明确经济责任，实行会计监督，具有以下作用。

（1）有利于完善经济责任制度。经济业务的发生或完成及记录，是由若干责任人共同负责，分工完成的。会计凭证作为记录经济业务、明确经济责任的书面证明，体现了经济责任制度的执行情况。单位会计制度可以通过会计凭证传递程序和传递时间的规定，进一步完善经济责任制度，使各项业务的处理顺利进行。

（2）有利于及时进行会计核算。从经济业务的发生到账簿登记有一定的时间间隔，通过会计凭证的传递，使会计部门尽早了解经济业务发生和完成情况，并通过会计部门内部的凭证传递，及时记录经济业务，进行会计核算，实行会计监督。

为了组织好会计凭证的传递，在设计传递程序时，应根据本单位的具体情况，做好以下三个方面的工作。

（1）会计凭证的传递时间。会计凭证的传递时间，是指各种会计凭证在各个经办环节停留的时间。要求做到既要保证会计凭证及时传递，提高工作效率，又要做到不影响正常业务手续的完成。

（2）会计凭证的传递手续。会计凭证的传递手续，是指在会计凭证传递过程中的衔接手续，应该既要完备严密，又要简便易行。会计凭证的收发、交接都应按规定的手续制度办理，以保证会计凭证的安全、完整。

（3）会计凭证的传递路线。各单位要根据经济业务的特点、机构设置以及人员分工情况，明确规定会计凭证的联次及流程。既要使会计凭证经过必要的环节进行审核和处理，又要避免会计凭证在不必要的环节停留，从而保证会计凭证沿着最简洁、最合理的路线传递。

5.4.2 会计凭证的保管

会计凭证的保管是指会计凭证记账后的整理、装订、归档和存查工作。作为记账凭证的依据，会计凭证是重要的经济资料和会计档案。每个单位都要建立会计凭证保管制度，妥善保管，以便日后随时查阅。

1. 会计凭证的保管要求

（1）会计凭证应定期装订成册，防止散失。各单位每年形成的会计档案，应当由会计机构按照归档要求，对各种会计凭证要分门别类、按照编号顺序，负责整理立卷，装订成册，并加具封面，由装订人在装订线封签处签名或盖章。

（2）封面上要注明单位名称、会计凭证的种类、起讫号、时间以及有关人员的签章。

（3）会计凭证应加贴封条，防止抽换。

（4）原始凭证较多时，可单独装订，但在凭证封面上要注明所属记账凭证的日期、编号和种类，同时在所属的记账凭证上应注明“附件另订”及原始凭证的名称和编号，以便查阅。

2. 会计凭证的保管期限

（1）保管期限：会计档案保管期限为最低保管期限。会计凭证的保管期限一般为15 年。保管期满但未结清的债权、债务的原始凭证和涉及其他未了事项的原始凭证，不得销毁，应当单独抽出立卷，保管到未了事项完结时为止。

（2）会计凭证的销毁。对超过所规定期限（一般是 15 年）的会计凭证，要严格依照有关程序销毁。任何单位不得擅自销毁会计凭证，须永久保留的有关会计凭证，不能销毁。

本章小结

本章主要阐述填制会计凭证的意义、会计凭证的种类、会计凭证的填制和审核以及会计凭证的传递。

填制和审核凭证，是会计核算的专门方法之一。会计凭证的填制和审核，对于如实反映经济业务的内容，有效监督经济业务的合理性和合法性，保证会计核算资料的真实性、合法性和合理性，发挥会计在经济管理中的作用，具有重要意义。

会计凭证按其用途和填制程序不同分为原始凭证和记账凭证。

原始凭证按其来源分为外来原始凭证和自制原始凭证。自制原始凭证按照填制手续不同，可分为一次凭证、累计凭证、汇总原始凭证。为了确保会计核算资料的质量，应对各项原始凭证进行审核，审核内容主要包括以下五个方面的内容：真实性审核、合法性审核、完整性审核、正确性审核和及时性审核。

记账凭证是会计人员根据审核后的原始凭证进行归类、整理，并确定会计分录而编制的凭证，是直接登账的依据。为了确保账簿记录的准确，监督款项收付，全面提供会计信息，应由专人对已经填制的记账凭证进行严格的审核工作。记账凭证的审核主要包括以下三项内容：真实性审核、完整性审核和正确性审核。

会计凭证传递，是指各种会计凭证从填制、取得到归档保管为止，在企业各部门及有关人员之间按照规定的时间、程序进行传送、交接的程序。

会计凭证记账后必须按照规定归档保管，以便日后查阅。会计凭证的保管期限一般为 15 年。

复习思考

1. 什么是会计凭证？填制和审核会计凭证有何意义？
2. 会计凭证按其填制的程序和用途不同，可以分为哪两类？
3. 什么是原始凭证？它应具备哪些基本内容？
4. 什么是记账凭证？它应具备哪些基本内容？
5. 记账凭证按其用途不同，如何进行分类？
6. 什么是收款凭证、付款凭证和转账凭证？它们之间的主要区别是什么？
7. 为什么要对记账凭证进行审核？其审核包括哪些内容？

同步测试

一、单项选择题

1. 会计凭证是（　　）的依据。

A. 编制报表　　B. 记账凭证　　C. 登记账簿　　D. 原始凭证

2. 原始凭证是由（　　）取得或填制的。

A. 总账会计　　B. 业务经办单位或人员

C. 会计主管　　　　D. 出纳人员

3. 下列不能作为会计原始凭证的是（　　）。

A. 发货票　　B. 合同书　　C. 入库单　　D. 领料单

4. 原始凭证是在（　　）时取得的。

A. 经济业务发生　B. 填制记账凭证　C. 登记总账　　D. 登记明细账

5. 下列原始凭证中，属于外来原始凭证的有（　　）。

A. 提货单　　　　B. 发出材料汇总表

C. 购货发票　　　　D. 领料单

6. 发现原始凭证金额错误，下列各项中，正确的处理方法是（　　）。

A. 由本单位经办人更正，并由单位财务负责人签名盖章

B. 由出具单位重开

C. 由出具单位更正，更正处应当加盖出具单位印章

D. 由本单位会计人员按划线更正法更正，并在更正处签章

7. 下列业务应编制转账凭证的是（　　）。

A. 支付购买材料价款　　　　B. 支付材料运杂费

C. 收回出售材料款　　　　D. 车间领用材料

8. 企业将现金存入银行应编制（　　）。

A. 银行存款付款凭证　　　　B. 现金付款凭证

C. 银行存款收款凭证　　　　D. 现金收款凭证

9. 外来原始凭证一般都是（　　）。

A. 一次凭证　　B. 累计凭证　　C. 汇总原始凭证　　D. 记账凭证

10. 会计凭证登账后的整理、装订和归档存查称为（　　）。

A. 会计凭证的传递　　　　B. 会计凭证的保管

C. 会计凭证的编制　　　　D. 会计凭证的销毁

二、多项选择题

1. 自制原始凭证按其填制手续和方法的不同，可分为（　　）。

A. 一次凭证　　B. 收款凭证　　C. 累计凭证　　D. 汇总原始凭证

2. 下列属于外来原始凭证的有（　　）。

A. 购货发票　　　　B. 出差人员的车船票

C. 银行结算凭证　　　　D. 领料单

3. 原始凭证审核时应注意下列几方面的内容（　　）。

A. 反映的经济业务是否合法　　B. 运用的会计科目是否正确

C. 各项目填列是否正确完整　　D. 数字计算有无错误

4. 下列记账凭证中可以不附原始凭证的有（　　）。

A. 收款凭证　　B. 付款凭证
C. 结账的记账凭证　　D. 更正错账的记账凭证

5. 下列科目中可能成为付款凭证借方科目的有（　　）。
A. 库存现金　B. 银行存款　C. 应付账款　D. 营业费用

6. 记账凭证应该是（　　）。
A. 由业务经办人员填制的　　B. 由会计人员填制的
C. 经济业务发生时填制的　　D. 根据审核无误的原始凭证填制的

7. 记账凭证审核的主要内容是（　　）。
A. 与所附原始凭证的内容是否一致　B. 有关项目是否齐全
C. 会计科目与账户对应关系是否正确　D. 有关人员是否签字盖章

8. 单位职工出差回来报销，并交回多余的现金，企业根据报销凭证的收据，应填制（　　）。
A. 一张现金收款凭证　　B. 一张转账凭证
C. 一张银行存款收款凭证　　D. 一张现金付款凭证

9. 填制原始凭证要求做到（　　）。
A. 记录真实　　B. 内容完整
C. 手续完整　　D. 书写清楚、规范

10. 下列经济业务中应填制转账凭证的是（　　）。
A. 国家以厂房对企业投资　　B. 外商以货币资金对企业投资
C. 销售商品收到商业汇票一张　　D. 支付以前所欠供应商货款

三、判断题

1. 所有的明细账，年末时都必须更换。（　　）
2. 限额领料单既是自制的原始凭证，也是累计凭证。（　　）
3. 会计凭证登账后的整理、装订、归档称为会计凭证的保管，会计凭证的保管期限一般为 5 年。（　　）
4. 所有的记账凭证都必须附有原始凭证，否则不能记账。（　　）
5. 原始凭证金额有错误的，应当由出具单位重开或更正，更正处应加盖出具单位印章。（　　）
6. 库存现金与银行存款之间相互划转的业务，一般只编制付款凭证，不编制收款凭证。（　　）
7. 原始凭证是由会计部门填制的，是登记账簿的直接依据。（　　）
8. 除结账与更正错账业务外，其余记录经济业务的记账凭证后均应附有相关的原始凭证。（　　）
9. 企业财会部门取得原始凭证后就可据以编制记账凭证。（　　）

10. 销售产品一批，货款金额共计伍万零玖元肆角整，在填写发票小写金额时应为￥50 009.40 元。（　　）

四、实践训练题

【目的】练习编制收款凭证、付款凭证和转账凭证。

【资料】华泰公司采用收款凭证、付款凭证和转账凭证来登记 3 月份发生的下列经济业务。

1. 3 月5 日，从光明公司购进甲材料一批，增值税专用发票上记载的货款为 40 000 元，增值税 6 800 元。款项尚未支付，材料已验收入库。

2. 3 月 6 日，收到鸿发公司投入的设备一套，投资方提供的增值税专用发票列示其价值为 200 000 元，增值税进项税额为 34 000 元。

3. 3 月 10 日，从工商银行借入临时借款 150 000 元，期限 3 个月，存入银行。

4. 3 月 31 日，按规定提取本月固定资产折旧 15 000 元，其中：车间使用固定资产应提折旧 10 000 元，行政管理部门使用固定资产应提折旧 5 000 元。

5. 3 月 31 日，销售给方达公司 A 产品 100 件，单价 500 元，计 50 000 元；B 产品 200 件，单价 150 元，计 30 000 元。增值税税率 17%，货已发出，收到一张转账支票存入银行。

6. 收到天元公司预付的货款 70 000 元，存入银行。

7. 签发现金支票 200 元，支付行政管理部门办公费用。

8. 通过银行预付生产用房租金 3 000 元。

9. 以银行存款 450 元支付产品销售广告费。

10. 购货单位存入包装物押金，收到现金 20 元。

【要求】根据以上经济业务分别按顺序编制收款、付款和转账凭证。

表 5-16

收　款　凭　证

借方科目：　　　　　　　　　　年　　月　　日　　　　　　　　　　＿＿字第＿＿号

摘　　要	贷方科目		金额										记账
	总账科目	明细科目	亿	千	百	十	万	千	百	十	元	角分	✓
附件　　张	合　　计												

会计主管：　　　　记账：　　　　出纳：　　　　审核：　　　　制证：

表 5-17

付 款 凭 证

贷方科目： 年 月 日 ____字第____号

摘 要	借 方 科 目		金 额											记账
	总账科目	明细科目	亿	千	百	十	万	千	百	十	元	角	分	✓
附件 张	合 计													

会计主管： 记账： 出纳： 审核： 制证：

表 5-18

转 账 凭 证

年 月 日 ____字第____号

摘 要	会 计 科 目		借方金额										贷方金额										记账
	总账科目	明细科目	千	百	十	万	千	百	十	元	角	分	千	百	十	万	千	百	十	元	角	分	
																							✓
附件 张	合 计																						

会计主管： 记账： 审核： 制证：

第6章

会计账簿

【知识目标】

1. 理解会计账簿的概念；
2. 掌握会计账簿的种类、内容；
3. 掌握会计账簿的启用方法、记账规则和记账方法；
4. 掌握错账的更正方法。

【技能目标】

1. 能根据企业的经济业务建账，并会启用、登记相关会计账簿；
2. 能采用正确的方法进行对账并结账；
3. 对于错误的账簿记录能选择适用的方法进行更正。

【知识框架】

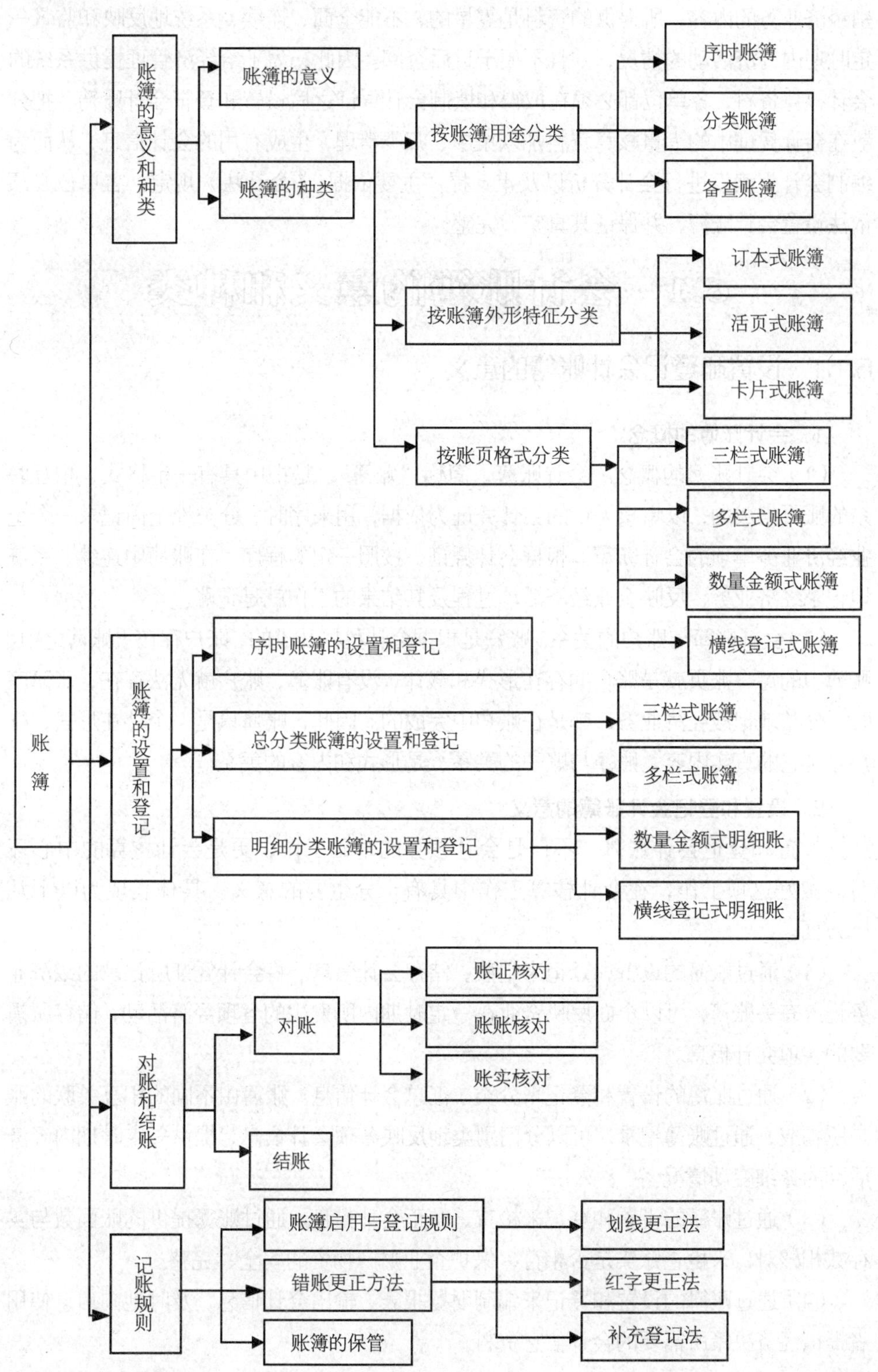

账簿
账簿的意义和种类
账簿的意义
账簿的种类
按账簿用途分类
序时账簿
分类账簿
备查账簿
按账簿外形特征分类
订本式账簿
活页式账簿
卡片式账簿
按账页格式分类
三栏式账簿
多栏式账簿
数量金额式账簿
横线登记式账簿
账簿的设置和登记
序时账簿的设置和登记
总分类账簿的设置和登记
明细分类账簿的设置和登记
三栏式账簿
多栏式账簿
数量金额式明细账
横线登记式明细账
对账和结账
对账
账证核对
账账核对
账实核对
结账
记账规则
账簿启用与登记规则
错账更正方法
划线更正法
红字更正法
补充登记法
账簿的保管

单位对发生的每一笔经济业务都必须取得和填制会计凭证，每张凭证只能记载个别经济业务的内容，所提供的资料是零星的，不能全面、连续、系统地反映和监督一定时期内经济活动的情况，并且不便于日后查阅。因此，为了给经济管理提供系统的会计核算资料，各单位都必须在取得和填制会计凭证之后设置和登记会计账簿，把分散在会计凭证中的大量核算资料加以集中、归类整理，生成有用的会计信息，从而为编制会计报表、进行会计分析以及审计提供主要依据。《会计法》规定：各单位必须依法设置会计账簿，并保证其真实、完整。

6.1 会计账簿的意义和种类

6.1.1 设置和登记会计账簿的意义

1. 会计账簿的概念

（1）会计账簿的概念。会计账簿，简称“账簿”，是指由具有一定格式、相互联系的账页组成的，以审核无误的会计凭证为依据，用来序时、分类地全面记录一个企业经济业务事项的会计簿籍。根据会计凭证，按照一定的程序，在账簿中连续、系统地记录经济业务，反映企业经济活动过程及其结果的工作就是记账。

（2）会计账簿与账户的关系。账户是根据会计科目开设的，账户存在于账簿之中，账簿中的每一账页就是账户的存在形式和载体，没有账簿，账户就无法存在；账簿序时、分类地记载经济业务，都是在账户中完成的。因此，账簿只是一个外在形式，账户才是它的真实内容。账簿与账户的关系，是形式和内容的关系。

2. 设置和登记会计账簿的意义

设置和登记会计账簿，不但是会计核算的基础工作，更是会计核算的中心环节。做好这项工作，在会计核算工作中具有十分重要的意义。具体表现为以下几个方面。

（1）通过账簿的设置和登记来记载、储存会计信息。将会计凭证所记录的经济业务记入有关账簿，可以全面反映企业在一定时期内所发生的各项经济活动，储存所需要的各项会计信息。

（2）通过账簿的设置和登记来分类、汇总会计信息。账簿由不同的相互关联的账户所构成，通过账簿记录，可以分门别类地反映各项会计信息，提供一定时期内经济活动的详细变动情况。

（3）通过账簿的设置和登记来检查、校正会计信息。通过账簿提供的账面数与实存数相核对，来检查账实是否相符，保护企业财产物资的安全、完整。

（4）通过账簿的设置和登记来编制财务报表、输出会计信息，及时地向信息使用者提供经济决策所需要的会计信息资料。

6.1.2 会计账簿的种类

会计账簿的种类多种多样，通常按账簿的用途、账簿的外形特征和账页格式对账簿进行分类，以便更好地了解和运用各种账簿。

1. 按用途分类

账簿按用途不同，可以分为序时账簿、分类账簿和备查账簿三种。

（1）序时账簿。序时账簿，又称“日记账”，是按照经济业务发生或完成时间的先后顺序，逐日逐笔进行登记的账簿。序时账簿按其记录经济业务的内容不同，又分为普通日记账和特种日记账两种。普通日记账是将企业每天发生的所有经济业务都按先后顺序记入账簿；特种日记账是对特定项目单独设置的账簿，它只把特定项目按经济业务发生的先后顺序记入账簿，反映其详细情况。特种日记账的设置，应根据业务特点和管理需要而定，特别是那些发生繁琐、须严加控制的项目。在会计实务中，企业一般只设置“库存现金日记账”和“银行存款日记账”。

（2）分类账簿。分类账簿是对全部经济业务按照设置的账户进行分类登记，提供分类核算指标的账簿。在会计核算中，分类账簿是必须设置的主要账簿，它所提供的核算资料是编制会计报表的主要依据。分类账簿按提供核算资料的详细程度不同，又分为总分类账和明细分类账。

总分类账，简称“总账”，是根据总分类科目（一级科目）开设账户，提供总括核算资料的分类账簿。

明细分类账，简称“明细账”，是根据总分类科目所属的明细科目开设账户，提供明细核算资料的分类账簿。

总分类账对明细分类账具有统驭和控制作用，明细分类账对总分类账具有辅助和补充说明的作用。

在实际工作中，各单位可以根据经济管理的需要设置明细分类账。

（3）备查账簿。备查账簿，又称“辅助账簿”，是对某些在序时账簿和分类账簿等主要账簿中未能记载或记载不全的经济业务进行补充登记的账簿。设置和登记备查账簿，可以对某些经济业务的内容提供必要的参考资料。如租入固定资产登记簿、代销商品登记簿、应收（付）票据登记簿、代销商品登记簿等。各单位可以根据实际情况进行设置。

2. 账簿按账页格式分类

账簿按账页格式不同，可分为分三栏式账簿、多栏式账簿、数量金额式账簿和横线登记式账簿。

（1）三栏式账簿，是指账页格式主要部分为“借方”、“贷方”和“余额”三个栏目的账簿。适用于日记账、总分类账以及资本、债权、债务明细账等，如“应收账款”、“应付账款” 等明细账。三栏式账页格式见表 6-1。

表 6-1 总分类账

会计科目： 第 页

年		凭证		摘要	借方	贷方	借或贷	余额
月	日	字	号					

（2）多栏式账簿，是指按照经济业务的内容和管理的需要，在账簿的两个基本栏目内分设若干专栏的账簿。主要适用于成本、收入、费用和利润等明细账。例如，“生产成本” 账户借方专栏设置直接材料、直接人工、制造费用等；“管理费用” 账户借方专栏设置业务招待费、办公费、差旅费等。多栏式账页格式见表 6-2、表 6-3。

表 6-2

生产成本明细账

产品名称：

年		凭证		摘要	借方				贷方	余额
月	日	字	号		直接材料	直接人工	制造费用	合计		

表 6-3

管理费用明细账

年		凭证		摘要	借方						贷方	余额
月	日	字	号		工资及福利费	办公费	差旅费	业务招待费	……	合计		

（3）数量金额式账簿，是指在“借方”、“贷方” 和 “余额” 三个栏目内都分设“数量”、“单价” 和 “金额” 三个小栏，借以反映各种财产物资的实物数量和价值量。主要适用于财产物资明细账，如“原材料”、“库存商品” 等明细账。数量金额式账页

的格式见表 6-4。

表 6-4

原材料明细账

类别：　　　　　　　　　　　　　　　　　　　　　　　　　　　存放地点：
品名或规格：　　　　　　　　　　　　　　　　　　　　　　　　计量单位：

年		凭证		摘要	收入			发出			结存		
月	日	字	号		数量	单价	金额	数量	单价	金额	数量	单价	金额

（4）横线登记式账簿，是在账页的同一行内，记录某一项经济业务从发生到结束的相关内容，即在同一行内借方、贷方金额相等，余额为零时，表示该项业务已处理完毕。债权、债务明细账一般采用横线登记式账簿，如“其他应收款”、“在途物资”等明细账。横线登记式账页的格式见表 6-5。

表 6-5　其他应收款——备用金明细账

年		凭证号	摘要	借方			年		凭证号	摘要	贷方			余额
月	日			原借	补付	合计	月	日			报销	退回	合计	

3. 账簿按外形特征分类

账簿按外形特征可分为订本式账簿、活页式账簿和卡片式账簿。

（1）订本式账簿，简称“订本账”，是指在启用前将编有顺序页码的一定数量账页装订成册的账簿。订本账的优点是可以避免账页散失，防止账页被抽换。缺点是同一账簿在同一时间只能由一人登记，这样不便于会计人员分工协作记账，也不便于增减账页。在实际工作中，总分类账、现金日记账和银行存款日记账一般都采用订本式账簿。

（2）活页式账簿，简称“活页账”，是指在账簿登记完毕之前将账页置于活页夹内，可根据记账内容的变化而随时增加或减少部分账页的账簿。登记完毕（通常是一个会计年度结束之后），仍需将账页装订，加具封面，并给各账页连续编号。这种账簿的优点是便于分工协作记账和随时增减账页；缺点是账页容易散失和被抽换。活页账一般适用于明细分类账。

（3）卡片式账簿，简称“卡片账”，是由具有一定格式的硬纸卡片组成，存放于专设的卡片箱中，可以根据需要随时取放的账簿。所有卡片应该连续编号。卡片账一般适用低值易耗品、固定资产等的明细核算。

6.2 建 账

无论是新企业成立初始，还是老企业在每个会计年度初，都要面临如何建账的问题。会计人员根据企业具体行业要求和将来可能发生的经济业务内容，确定要建哪几本账，采用何种格式的账页，以及如何完成账簿的设置工作，是会计人员在建账过程中应具有的基本业务能力。

6.2.1 设置会计账簿

各单位应当按照国家统一的会计制度的规定和会计业务的需要设置会计账簿。会计账簿包括总账、明细账、日记账和备查账。

总账一般采用三栏式的订本账。

明细账可以有多种形式，如订本式、活页式、三栏式、多栏式等，各单位可以自行选择。

日记账是一种特殊的明细账，如现金日记账和银行存款日记账。为了加强现金和银行存款的管理，手工记账的单位，现金日记账和银行存款日记账必须采用订本式账簿。

备查账簿不是每个单位都要设置，且没有固定格式。

6.2.2 会计账簿的启用

1. 会计账簿的组成内容

各单位均应按照会计核算的基本要求和会计工作规范的有关规定，结合本单位经济业务的特点和经营管理的需要，设置必要的账簿，并认真做好记账工作。各种账簿的形式和格式多种多样，但均应具备下列组成内容。

（1）封面：主要标明账簿的名称，如总分类账、现金日记账、银行存款日记账等。

（2）扉页：标明会计账簿的使用信息，如科目索引、账簿启用日期和经管人员一览表等。

（3）账页：账簿是用来记录经济业务的载体，其格式因记录经济业务的内容不同而有所不同。但账页上载明的主要内容均应当包括账户的名称、日期栏、凭证号栏、摘要栏、对方科目栏和金额栏。

（4）封底：封底一般没有具体内容，但它与封面共同起着保护整个账簿记录完整的重要作用。

2. 会计账簿的启用

为了保证会计账簿记录的合法性和账簿资料的完整性，明确记账责任，各种账簿的登记都要有专人负责。会计人员在启用会计账簿时，必须填写扉页上的“账簿启用表”。主要填写以下两方面内容：一是账簿基本信息，包括单位名称、账簿名称、账簿编码、账簿页数和启用日期等。二是经管人员一览表，包括单位主管、财务主管、记账人员和复核人员等，并加盖姓名章和单位公章。

另外，在启用账簿时，还应缴纳并粘贴印花税票。

【知识链接】

依据《印花税暂行条例》的规定，营业账簿包括资金账簿和其他账簿。资金账簿是指记载实收资本与资本公积的账簿，按年度实收资本与资本公积合计金额的万分之五贴花。资金账簿已贴花的，以后年度资金总额没有增加的，不需要再贴花；若有增加，仅就增加的部分补贴印花。其他营业账簿包括日记账簿和各明细分类账簿按 5 元贴花。

记账人员调动工作时，应由会计机构负责人监交，交接双方办好会计账簿移交手续，填写交接日期并签名盖章，以明确双方的经济责任。“账簿启用及交接表”格式见表 6-6。

表 6-6　账簿启用及交接表

<table>
<tr><td colspan="2">单位名称</td><td colspan="5"></td><td colspan="7">单位公章</td></tr>
<tr><td colspan="2">账簿名称</td><td colspan="5"></td><td colspan="7" rowspan="4"></td></tr>
<tr><td colspan="2">账簿编号</td><td colspan="5">字第　号第　册共　册</td></tr>
<tr><td colspan="2">账簿页数</td><td colspan="5">本账簿共计　　页</td></tr>
<tr><td colspan="2">启用日期</td><td colspan="5">年　月　日</td></tr>
<tr><td rowspan="3">经管人员</td><td colspan="2">单位主管</td><td colspan="4">财务主管</td><td colspan="4">复核</td><td colspan="3">记账</td></tr>
<tr><td>姓名</td><td>盖章</td><td>姓名</td><td colspan="3">盖章</td><td colspan="2">姓名</td><td colspan="2">盖章</td><td colspan="2">姓名</td><td>盖章</td></tr>
<tr><td></td><td></td><td></td><td colspan="3"></td><td colspan="2"></td><td colspan="2"></td><td colspan="2"></td><td></td></tr>
<tr><td rowspan="8">接交记录</td><td colspan="2">负责人</td><td colspan="4">接管签名</td><td colspan="4">移交签名</td><td colspan="3">监交人签名</td></tr>
<tr><td>姓名</td><td>职务</td><td>姓名</td><td>年</td><td>月</td><td>日</td><td>姓名</td><td>年</td><td>月</td><td>日</td><td>职务</td><td>姓名</td><td>印花税票粘贴处</td></tr>
<tr><td></td><td></td><td></td><td></td><td></td><td></td><td></td><td></td><td></td><td></td><td></td><td></td><td rowspan="6"></td></tr>
<tr><td></td><td></td><td></td><td></td><td></td><td></td><td></td><td></td><td></td><td></td><td></td><td></td></tr>
<tr><td></td><td></td><td></td><td></td><td></td><td></td><td></td><td></td><td></td><td></td><td></td><td></td></tr>
<tr><td></td><td></td><td></td><td></td><td></td><td></td><td></td><td></td><td></td><td></td><td></td><td></td></tr>
<tr><td></td><td></td><td></td><td></td><td></td><td></td><td></td><td></td><td></td><td></td><td></td><td></td></tr>
<tr><td></td><td></td><td></td><td></td><td></td><td></td><td></td><td></td><td></td><td></td><td></td><td></td></tr>
</table>

6.2.3 会计账簿的更换与保管

1. 会计账簿的更换

会计账簿的更换是指在会计年度终了，将上年旧账更换为次年新账。

更换新账的程序是：年度终了，在本年有余额的账户“摘要”栏内注明“结转下年”字样。更换新账时，注明各账户的年份，在“摘要”栏内注明“上年结转”字样；日期栏内写明 1 月 1 日；“凭证”栏空置不填；将各账户的年末余额直接转入新账的“上年结转”余额栏内，并注明其借、贷方向。

在新的会计年度建账，并不是所有的账簿都应更换为新的。一般来说，现金日记账、银行存款日记账、总分类账和大多数明细分类账应每年更换一次。但是有些明细账，如财产物资明细账和债权、债务明细账等，由于材料品种、规格和往来单位较多，如果更换新账，要重抄一遍，工作量较大，因此可以跨年度连续使用，不必每年更换。第二年使用时，可直接在上年度终了的双红线下面记账。各种备查簿也可以连续使用。

2. 会计账簿的保管

会计账簿是企业重要的经济资料，必须建立管理制度，妥善保管。账簿管理分为日常管理和归档保管两部分。

（1）账簿的日常管理。各种账簿要分工明确，指定专人管理。账簿经管人员既要负责记账、对账和结账等工作，又要负责保证账簿安全。未经领导和会计负责人或者有关人员批准，非经管人员不能随意翻阅查看会计账簿。会计账簿除需要与外单位核对外，一般不能携带外出，对携带外出的账簿，一般应由经管人员或会计主管人指定专人负责。会计账簿不能随意交与其他人员管理，以保证账簿安全和防止任意涂改账簿等问题的发生。

（2）旧账归档保管。年度终了更换并启用新账后，对更换下来的旧账要整理装订，造册归档。归档前旧账的整理工作包括：检查和补齐应办的手续，如改错盖章、注销空行及空页、结转余额等；活页账应撤出未使用的空白账页，再装订成册，加具封面，并将账页连续编号，装订时应检查账簿扉页的内容是否填写齐全；装订后应由经办人员及装订人员、会计主管人员在封口处签名或盖章；然后送交主管总账的会计集中统一管理。会计账簿暂由本单位财务会计部门保管一年，期满之后，由财务会计部门编造清册，移交本单位档案部门保管。

各种账簿同会计凭证和会计报表一样，都是重要的经济档案，必须按照制度统一规定的保存年限妥善保管，不得丢失和任意销毁。根据《会计档案管理办法》的规定，总分类账、明细分类账、辅助账和日记账均应保存 15 年。其中，现金、银行存款日记账要保存 25 年，涉外和对私改造账簿应永久保存。保管期满后，应按照规定的审批程序报经批准后才能销毁。

6.3 登记会计账簿

6.3.1 登记会计账簿的规则

会计账簿是编制财务会计报告，进行会计分析与检查的重要依据。为了保证会计账簿资料真实、可靠，会计人员登记账簿时必须严格遵守记账规则。

1. 登记账簿的依据是会计凭证

为了保证账簿记录真实、准确，必须根据审核无误的会计凭证登记入账。对于企业发生的各项经济业务，都要根据会计凭证记入有关账簿。

2. 登记账簿的时间

各种账簿登记的时间间隔没有统一规定。一般原则是：现金日记账和银行存款日记账，应当根据办理完毕的收付款凭证，逐日逐笔进行登记；总分类账要按照企业所采用的会计核算形式及时登记入账；各种明细分类账，要根据原始凭证、原始凭证汇总表和记账凭证及时进行登记，也可以定期（3 天或 5 天）登记。

3. 登记账簿的规范要求

（1）登记账簿时，应将日期、记账凭证的种类和号数、摘要、金额等有关资料逐项填写，同时记账人员要在记账凭证上签名或者盖章，并标明记账符号(如打“√”)，表示已记账完毕，避免漏记、重记。

（2）各种账簿要按账页顺序连续登记，不得跳行、隔页。如果发生跳行、隔页，应将空行、空页划线注销，并注明“此行空白”或“此页空白”字样，同时由记账人员签名或盖章。

（3）登记账簿时，为了防止账簿记录被人涂改和保持其持久性，要用蓝、黑色钢笔或者碳素笔书写。在账簿中，红色笔只限于在下列情况下使用：

① 更正错账（如划线更正法、红字更正法）；

② 在不设“借方”栏或“贷方”栏的多栏式明细账中，登记减少数；

③ 在没有注明余额方向的三栏式明细账中，登记负数余额；

④ 会计制度中规定使用红字登记的其他记录。

（4）记账要保持清晰、整洁，记账文字和数字要端正、清楚、书写规范，一般应占账簿格距的 1/2，以便留有改错的空间。

（5）凡须结出余额的账户，应当定期结出余额。库存现金日记账和银行存款日记账必须每日结出余额。结出余额后，应在“借或贷”栏内写明“借”或“贷”的字样。没有余额的账户，应在该栏内写“平”，并在余额栏“元”位上写“σ”。

（6）在每一张账页登记完毕结转下页时，应当结出本页发生额合计数和余额，写在本页最后一行和下页第一行有关栏内，并在本页的“摘要”栏内注明“过次页”字样，在次页的“摘要”栏内注明“承前页”字样，以保证账簿记录的连续性，以便对账和结账。

6.3.2 日记账与明细账的登记

1. 库存现金日记账的登记方法

库存现金日记账由出纳人员根据现金收款凭证、现金付款凭证和银行存款付款（提现业务）凭证，逐日逐笔进行登记，并结出余额，每日终了要与库存现金实存数相核对，以检查每日现金收付是否有误。

登记现金日记账时，除了遵循账簿登记的基本要求外，还应注意以下栏目的填写方法。

（1）日期：“日期”栏中填入的应为据以登记账簿的记账凭证上的日期，不能填写原始凭证上记载的发生或完成该经济业务的日期，也不是实际登记该账簿的日期。

（2）凭证编号：“凭证字号“栏中应填入据以登账的记账凭证类型及编号。

（3）摘要：“摘要”栏应填入据以登账的记账凭证的摘要内容。

（4）对方科目：“对方科目”栏应填入记账凭证中“库存现金”科目的对应科目，用以反映库存现金增减变化的来龙去脉。对应科目只填总账科目，不需填明细科目；当对应科目有多个时，应填入主要对应科目，例如，销售产品收到现金，则“库存现金”的对应科目有“主营业务收入”和“应交税费”，此时可在“对应科目栏”中填入“主营业务收入”，在“借方金额”栏中填入取得的现金总额，而不能将一笔现金增加业务拆分成两个对应科目金额填入两行。

（5）借方、贷方：“借方”栏、“贷方”栏应根据相关凭证中记录的“库存现金”科目的借、贷方向及金额填入。

（6）余额：“余额”栏应根据“本行余额 = 上行余额 + 本行借方 − 本行贷方”的公式计算填入。

库存现金日记账的登记方法见表 6-7。

表 6-7

现金日记账

2012 年		凭证		摘要	对方科目	借方	贷方	借或贷	余额
月	日	字	号						
3	1			期初余额				借	3 000
	2	银付	01	从银行提现	银行存款	2 000		借	5 000
	2	现付	01	预支差旅费	其他应收款		3 000	借	2 000
	5	现付	02	购买办公用品	管理费用		800	借	1 200

2. 银行存款日记账的登记方法

银行存款日记账由出纳人员根据银行存款收款凭证、银行存款付款凭证和现金付款凭证（现金存款业务）逐日逐笔进行登记，并结出余额，以便检查监督各项收入和支出款项，也便于定期与银行送来的对账单相核对。

银行存款日记账的登记方法与库存现金日记账的登记方法类似。银行存款日记账中的“支票种类及号数”栏用以记录以支票结算的支票种类及号数，以便与开户银行对账。其他栏目的登记方法参照前述库存现金日记账的登记方法。

3. 明细分类账的登记方法

不同类型经济业务的明细分类账可根据管理需要，依据记账凭证、原始凭证或汇总原始凭证逐日逐笔或定期汇总登记。

（1）三栏式明细分类账的登记。三栏式明细分类账是在账页内只设“借”、“贷”、“余”三个金额栏的明细账。它适用于只要求进行金额核算、而不要求数量核算的明细分类账，如“应收账款”、“应付账款”、“实收资本”、“长期借款”等账户的明细分类账户。

三栏式明细分类账一般根据记账凭证逐笔登记，登记方法与库存现金日记账基本相同。三栏式明细分类账的登记方法见表6-8。

表6-8

应收账款明细分类账

明细科目：美青公司　　　　　　　　　　　　第　页

2012年		凭证		摘要	借方	贷方	借或贷	余额
月	日	字	号					
3	1			期初余额			借	100 000.00
	20			收回货款		100 000.00	平	0

（2）数量金额式明细分类账的登记。数量金额式明细账是在账页的“借”、“贷”、“余”各栏中分别设置“数量”、“单价”、“金额”的明细账。它适用于既要进行金额核算又要进行数量核算的各种财产物资账户的明细分类账，如“原材料”、“库存商品”等账户的明细分类账户。

数量金额式明细分类账由会计人员根据审核无误的记账凭证及所附原始凭证，按经济业务发生的时间顺序，逐日逐笔登记或定期汇总登记。需要说明的是：“日期”栏应填入据以记账的原始凭证的日期，“凭证字号”栏应填入据以记账的原始凭证的种类及编号。

数量金额式明细分类账的登记方法见表6-9。

表 6-9

原材料明细分类账

类别：　　　　　　　　　　　　　　　存放地点：1 号库

品名或规格：甲材料　　　　　　　　　计量单位：kg

2012 年		凭证		摘要	收入			发出			结存		
月	日	字	号		数量	单价	金额	数量	单价	金额	数量	单价	金额
3	1			期初余额							500	20	10 000
	5	收料	01	购入材料	1 000	20	20 000				15 000	20	30 000
	10	领料	02	领用材料				500	20	10 000	1 000	20	20 000

（3）多栏式明细分类账的登记。多栏式明细分类账是根据经营管理的需要和经济业务的特点，在“借”或“贷”栏下再设置多个栏目，用以记录某一会计科目所属各明细科目内容的明细账。它一般适用于成本、费用和收入类的明细分类账，如“管理费用”、“生产成本”、“制造费用”等账户的明细分类账。

多栏式明细分类账的格式根据管理需要而设置，有的借方和贷方分别设置多个专栏，如“应交增值税”明细账；有的只在借方或贷方设置多个专栏，如“管理费用”明细账（借方多栏）、“主营业务收入”（贷方多栏）等。

多栏式明细分类账在登记时需要注意以下几点。

① 根据记账凭证登记时，一方面要将具体内容记入相应专栏，同时也要将本行各栏数字合计后记入本行“合计”栏。

② 只设借方多栏或贷方多栏的账户，登记内容的方向与专栏方向相反时，用红字进行登记。多栏式明细分类账的登记方法见表 6-10。

表 6-10

生产成本明细分类账

产品名称：A 产品

2012 年		凭证		摘要	借方			
月	日	字	号		直接材料	直接人工	制造费用	合计
3	1			期初余额	40 000	32 000	15 600	87 600
	10	转	5	领用材料	10 000			10 000

（4）横线登记式明细分类账的登记。横线登记式明细分类账是采用横线登记，即将每一相关的业务登记在一行，从而可依据每一行的各个栏目登记是否齐全来判断该项业务的进展情况，适用于登记材料采购业务、应收票据和一次性备用金业务。横线

登记式明细分类账的登记方法见表 6-11。

表 6-11

其他应收款——备用金明细分类账

2012 年		凭证号	摘要	借方			年		凭证号	摘要	贷方			余额
月	日			原借	补付	合计	月	日			报销	退回	合计	
3	8	9	张明借款	1 000										
3	10	15	李伟借款	800		800	3	22	39	李伟报销	600	200	800	0

6.3.3 总分类账的登记方法

总分类账由总账会计负责登记，其登记依据和方法，取决于单位所采用的账务处理程序。

账务处理程序，也称为“会计核算组织程序”或“会计核算形式”，是指会计凭证、会计账簿、财务报表和记账程序之间相互结合的方式。记账程序是指从填制和审核会计凭证到登记账簿，以及根据账簿记录编制会计报表的顺序与过程。

会计凭证、会计账簿和财务报表之间的不同结合，形成了不同的账务处理程序。科学、合理地选择适用于本企业的账务处理程序，对于提高会计核算工作效率，保证会计核算工作质量，有效地组织会计核算，具有重要意义。

我国常用的账务处理程序主要有记账凭证账务处理程序、科目汇总表账务处理程序、汇总记账凭证账务处理程序三种。企业可以根据自身的生产经营特点、管理要求、经济业务的繁简程度选择适合本企业的账务处理程序。

这里主要介绍两种常用的账务处理程序及其总账的登记方法。

1. 记账凭证账务处理程序

记账凭证账务处理程序，是指根据各种记账凭证，直接逐笔登记总分类账，它是最基本的会计核算形式。记账凭证账务处理程序如图 6-1 所示。

说明：① 根据原始凭证或原始凭证汇总表填制记账凭证；

② 根据收款凭证和付款凭证逐笔登记现金日记账和银行存款日记账；

③ 根据记账凭证和原始凭证（或原始凭证汇总表）逐笔登记各种分类明细账；

④ 根据记账凭证逐笔登记总分类账；

⑤ 期末，将日记账、明细分类账的余额与总分类账中相应账户的余额进行核对；

⑥ 期末，根据总分类账和明细分类账的记录编制财务会计报告。

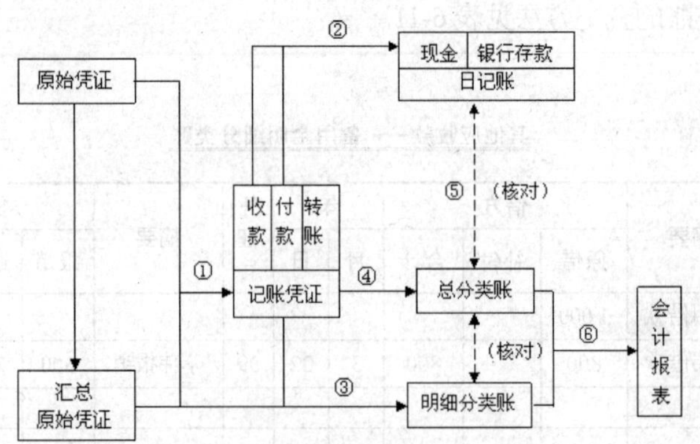

图 6-1 记账凭证账务处理程序流程图

记账凭证账务处理程序适用于规模小、经济业务量少的单位。

以第 3 章【例 3-7】资料为例，说明记账凭证账务处理程序下总分类账的登记方法，见表 6-12。

表 6-12

总分类账

会计科目：银行存款

2012 年		凭证		摘要	借方	贷方	借或贷	余额
月	日	字	号					
3	1			期初余额			借	200 000
	2	收	01	接受投资	100 000		借	300 000
	4	付	01	归还以前所欠货款		50 000	借	250 000
	5	付	02	归还投资款		80 000	借	170 000
	8	付	03	提取现金		10 000	借	160 000

2. 科目汇总表账务处理程序

（1）科目汇总表账务处理程序的定义。科目汇总表账务处理程序，又称“记账凭证汇总表账务处理程序”，它是根据记账凭证定期编制科目汇总表，再根据科目汇总表登记总分类账的一种账务处理程序。科目汇总表账务处理程序如图 6-2 所示。

说明：① 根据原始凭证或原始凭证汇总表填制记账凭证；

② 根据收款凭证和付款凭证逐笔登记现金日记账和银行存款日记账；

③ 根据记账凭证和原始凭证（或原始凭证汇总表）逐笔登记各种分类明细账；

④ 根据各种记账凭证汇总编制科目汇总表；

⑤ 根据科目汇总表登记总分类账；

⑥ 期末，将日记账、明细分类账分别与总分类账相核对；

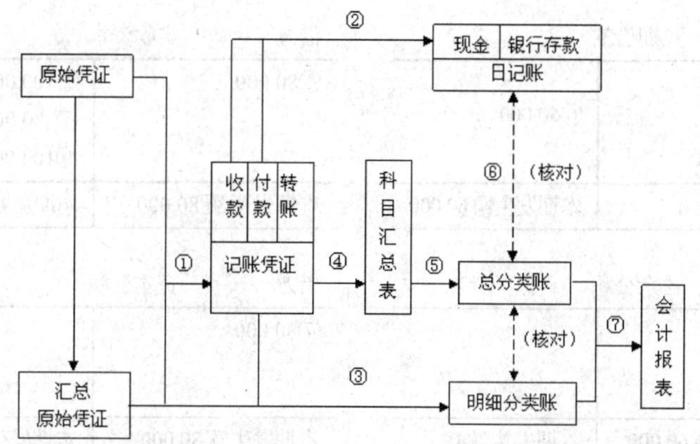

图 6-2　科目汇总表账务处理程序流程图

⑦ 期末，根据总分类账和明细分类账的记录编制财务会计报表。

（2）科目汇总表的编制方法。科目汇总表是根据记账凭证汇总编制而成的。其编制方法是：根据一定会计期间编制的全部记账凭证，按照相同会计科目进行归类，定期分别汇总每一个账户的借、贷双方的发生额，并将其填列在科目汇总表的相应栏内，借以反映全部账户的借方、贷方发生额。

以第 3 章【例 3-7】资料为例，说明科目汇总表的编制方法。

① 编制科目汇总表工作底稿。科目汇总表工作底稿格式及本例的汇总情况如图 6-3 所示。

借方　　库存现金	贷方
⑤ 10 000	
本期发生额 10 000	本期发生额 0

借方　　银行存款	贷方
② 100 000	③ 50 000 ④ 80 000 ⑤ 10 000
本期发生 10 0000	本期发生额 140 000

借方　　原材料	贷方
① 40 000	
本期发生额 40 000	本期发生额 0

借方　　应付账款	贷方
③ 50000 ⑨ 100 000	① 40 000
本期发生额 150 000	本期发生额 40 000

借方　　短期借款	贷方
⑤ 60 000	
本期发生额 60 000	本期发生额 0

借方　　应付利润	贷方
	⑧ 60 000
本期发生额 0	本期发生额 60 000

图 6-3　科目汇总表工作底稿（2012 年 3 月 1-10 日）

借方	长期借款	贷方
		⑥60 000
本期发生额 0		本期发生额 60 000

借方	实收资本	贷方
④80 000		②100 000 ⑦ 80 000 ⑨100 000
本期发生额 80 000		本期发生额 280 000

借方	盈余公积	贷方
⑧60 000		
本期发生额 60 000		本期发生额 0

借方	资本公积	贷方
⑦80 000		
本期发生额 80 000		本期发生额 0

图 6-3 科目汇总表工作底稿（2012 年 3 月 1-10 日）（续）

② 根据科目汇总表工作底稿结果编制的科目汇总表见表 6-13。

科目汇总表

表 6-13　　　　2012 年 3 月 1 日至 10 日

编号： 1

凭证　　号至　号 共　张

会计科目	本期发生额																							
	借方金额											√	贷方金额											√
	亿	千	百	十	万	千	百	十	元	角	分		亿	千	百	十	万	千	百	十	元	角	分	
库存现金					1	0	0	0	0	0	0										0			
银行存款				1	0	0	0	0	0	0	0					1	4	0	0	0	0	0	0	
原材料					4	0	0	0	0	0	0										0			
短期借款					6	0	0	0	0	0	0										0			
应付账款				1	5	0	0	0	0	0	0						4	0	0	0	0	0	0	
应付利润									0								6	0	0	0	0	0	0	
长期借款									0								6	0	0	0	0	0	0	
实收资本					8	0	0	0	0	0	0					2	8	0	0	0	0	0	0	
资本公积					8	0	0	0	0	0	0										0			
盈余公积					6	0	0	0	0	0	0										0			
合　计				5	8	0	0	0	0	0	0					5	8	0	0	0	0	0	0	

会计主管：　　记账：　　审核：　　制表：

③ 根据科目汇总表登记总分类账。根据科目汇总表登记总分类账时，只需要将科目汇总表中有关各科目的借、贷方合计数，分次或月末一次记入相应总分类账的借方或贷方即可。具体登账方法见表6-14、表6-15。

表6-14

总分类账

会计科目：银行存款　　　　第　页

2012年		凭证		摘要	借方	贷方	借或贷	余额
月	日	字	号					
3	1			期初余额			借	200 000
	10	科汇	1	1—10日发生额	100 000	140 000	借	160 000

表6-15

总分类账

会计科目：应付账款　　　　第　页

2012年		凭证		摘要	借方	贷方	借或贷	余额
月	日	字	号					
3	1			期初余额			贷	140 000
	10	科汇	1	1—10日发生额	150 000	40 000	贷	30 000

科目汇总表账务处理程序可以大大简化登记总分类账的工作量，不论企业规模大小、业务量多少，都可以采用。

6.4 更正错账

6.4.1 查找错账的方法

在对账过程中，可能发生各种各样的差错。产生差错的原因可能是重记、漏记、数字颠倒、数字错位、数字记错、科目记错和借贷方向记反等，从而影响会计信息的正确性。如发现差错，会计人员应及时查找并予以更正。常见的差错查找方法有以下几种。

1. 差数法

差数法是按照错账的差数查找错账的方法。例如，会计凭证上记录的是：

借：应交税费——营业税　　　　32 500

——城市维护建设税 2 275

——教育费附加 975

贷：银行存款 35 750

若会计人员在记账时漏记了城市维护建设税 2 275 元，那么在进行应交税费总账和明细账核对时，就会出现总账借方余额比明细账借方余额多 2 275 元的现象。对于类似差错，应由会计人员通过回忆相关金额的记账凭证进行查找。

2. 尾数法

尾数法是对于发生的角、分的差错可以只查找小数部分，以提高查错的效率。例如，只差 0.06 元，只须看一下尾数有“0.06”的金额，看是否已将其登记入账。

3. 除 2 法

当账账、账证或账实不符，且差数为偶数时，应首先检查记账方向是否发生错误。在记账时，有时由于会计人员疏忽，错将借方金额登记到贷方或将贷方金额登记到了借方，这必然会出现一方合计数增多，而另一方合计数减少的情况，其差额恰是记错方向数字的 1 倍，且差数是偶数。对于这种错误的检查，可用差错数除以 2，得出的商数就是方向记反的那笔数字，然后再到账目中去寻找差错的数字就有了一定的目标。例如，会计凭证上记录的是：

借：其他应收款——总务科 500

贷：库存现金 500

登记明细账时，错把“其他应收款”登记入贷方，总账与明细账核对时，就会出现总账借方余额大于明细账借方余额 1 000 元，将 1 000 元除以 2，正好是贷方记错的 500 元。

4. 除 9 法

除 9 法是指用对账差额除以 9 来查找差错的一种方法，主要适用于下列两种错误的查找。

（1）数字错位。查找错误时，如果差错的数额较大，就应该检查一下是否在记账时发生了数字错位。在登记账目时，会计人员有时会看错位数，把十位数看成百位数，百位数看成了千位数；也可能把百位看成十位，千位看成百位数。这种情况下，差错数额一般比较大，可以用除 9 法进行检查。例如，将 50 元看成了 500 元并登记入账，此时在对账时就会出现余额差 500−50=450（元），用 450 元除以 9，商为 50 元，50 元就是应该记录的正确的数额。又例如，收入现金 300 元，误记为 30 元，对账结果会出现 300−30=270（元）的差值，用 270 元除以 9，商为 30 元，商数即为差错数。

（2）相邻数字颠倒错误的查找。记账时，有时易将相邻的两位数或三位数的数字登记颠倒了，例如，将 76 记成 67，415 记成了 514，它们的差值分别是 9 和 99，都可以被 9 整除，以此判断错误可能出现在哪些业务上。

如果用上述方法检查均未发现错误，而对账结果又确实不符，还可以采用顺查、逆查、抽查等方法检查是否有漏记和重记等现象。顺查是指按账务处理程序的顺序，从凭证开始到账簿记录止，从头到尾进行普遍核对。逆查法是指与账务处理顺序相反，从尾到头的检查方法。抽查法是指抽取账簿记录中某些局部进行检查的方法。

6.4.2 更正错账的方法

记账应力求正确。如果账簿记录发生错误，应按规定的方法进行更正，不准涂改、刮擦、挖补或用修正液消除字迹，更不能重新抄写。错账的更正方法通常有划线更正法、红字更正法和补充登记法。

1. 划线更正法

在结账以前，如果发现账簿记录有错误，而记账凭证没有错误，仅属于记账时文字或数字上的错误，应采用划线更正法。

更正的方法是：先将错误的文字或数字用一条红色横线划去，表示注销；再在划线的上方用蓝黑色钢笔或碳素笔写上正确的文字或数字，并在划线处由更正人盖章，以明确责任。但要注意划掉错误数字时，应将整笔数字划掉，不能只划掉其中一个或几个写错的数字，并保持被划去的字迹仍可清晰辨认。划线更正法更正错账的方法见表 6-16。

表 6-16

现金日记账

年		凭证		摘要	对方科目	借方	贷方	借或贷	余额
月	日	字	号						
				期初余额					50 000.00
				略		100.00 ~~3 000.00~~			50 100.00

2. 红字更正法

红字更正法是指由于记账凭证错误而导致账簿记录发生错误，用红字冲销原有的错误记录，以更正或调整账簿记录的一种方法。红字更正法适用于以下两种情况。

（1）记账以后，如果发现账簿记录的错误是因记账凭证中的应借、应贷会计账户或记账方向错误而引起的，应采用红字更正法进行更正。

更正的方法是：先用红字金额填写一张与原错误记账凭证完全相同的记账凭证，在摘要栏中注明冲销××号凭证错账，并据以用红字登记入账，以冲销账簿中原有的错误记录；然后，再用蓝字填写一张正确的记账凭证，在摘要栏中注明更正××号凭证错账，并据以用蓝字登记入账。

【例 6-1】 华泰公司以银行存款购买甲材料 3 000 元，材料已验收入库。在填制记账凭证时，误作贷记“库存现金”账户，并已登记入账。

借：原材料　　3 000

　　贷：库存现金　　3 000

更正时，用红字填制一张与原错误记账凭证内容完全相同的记账凭证，并据以登记入账。

借：原材料　　3 000

　　贷：库存现金　　3 000

然后，用蓝字填制一张正确的记账凭证，并据以登记入账。

借：原材料　　3 000

　　贷：银行存款　　3 000

账簿更正如下图 6-4 所示。

借方	原材料	贷方
3 000		
3 000		
3 000		

借方	库存现金	贷方
		3 000
		3 000

借方	银行存款	贷方
		3 000

图 6-4　红字更正法的账簿更正

（2）如果发现记账凭证和账簿记录的金额有错误（所记金额大于应记金额），而应借、应贷的会计账户没有错误，应采用红字更正法进行更正。

更正的方法是：将多记的金额用红字填制一张记账凭证，而应借、应贷会计账户与原错误记账凭证相同，在摘要栏写明冲销多记金额以及原错误记账凭证的编号和日期，并据以登记入账，以冲销多记的金额。

【例 6-2】 华泰公司从银行提取现金 30 000 元，备发工资。误作下列记账凭证，并已登记入账。

借：库存现金　　50 000

　　贷：银行存款　　50 000

发现错误后，应将多记的金额用红字作与上述科目相同会计分录，并据以登记入账。

借：库存现金　　20 000

　　贷：银行存款　　20 000

账簿更正如图 6-5 所示。

借方　库存现金　贷方	
50 000 200 000	

借方　银行存款　贷方	
	50 000 20 000

图 6-5　红字更正法的账簿更正

3. 补充登记法

记账以后，如果发现记账凭证和账簿记录的金额有错误（所记金额小于应记的正确金额），而应借、应贷的会计账户及借贷方向没有错误，应采用补充登记法进行更正。

更正的方法是：将少记的金额用蓝字填制一张与原错误记账凭证应借、应贷账户完全相同的记账凭证，在摘要栏中写明补充少记金额以及原错误记账凭证的编号和日期，以补充登记少记金额。

【例 6-3】 华泰公司接受外单位投入资金 180 000 元，已存入银行。在填制记账凭证时，误将其金额写为 150 000 元，并已登记入账。

借：银行存款　　150 000

　　贷：实收资本　　150 000

发现错误后，应将少记的金额（30 000 元）用蓝字编制一张与原记账凭证应借、应贷科目完全相同的记账凭证，并据以登记入账。

借：银行存款　　30 000

　　贷：实收资本　　30 000

账簿更正如图 6-6 所示。

借方　银行存款　贷方	
150 000 30 000	

借方　实收资本　贷方	
	150 000 30 000

图 6-6　补充登记法的账簿更正

6.5　对账与结账

6.5.1　对账

对账是指在本期内对账簿记录进行核对。为了保证各种账簿记录完整和正确，为编制财务会计报告提供真实、可靠的数据资料，必须做好对账工作。对账包括账证核对、账账核对和账实核对。

1. 账证核对

账证核对是指将账簿记录与有关会计凭证进行核对。

2. 账账核对

账账核对是指各种账簿之间的有关记录进行核对。主要包括以下几点。

（1）总分类账各账户本月借方发生额合计数与贷方发生额合计数是否相等；期末借方余额合计数与贷方余额合计数是否相等。

（2）各明细分类账的本期借、贷方发生额合计数及期末余额合计数与总分类账应该分别核对相符。

（3）现金日记账和银行存款日记账的本期借、贷方发生额合计数及期末余额与现金、银行存款总账应该分别核对相符。

（4）会计部门有关财产物资的明细分类账结存数，应该与财产物资保管或使用部门的有关保管账的账存数核对相符。

3. 账实核对

账实核对是指各种财产物资的账面余额与实存数额相核对。具体内容包括以下几点。

（1）现金日记账账面余额与实地盘点的库存现金实有数相核对。

（2）银行存款日记账账面余额与开户银行对账单余额相核对。

（3）各种财产物资明细分类账账面余额与其清查盘点后的实存数相核对。

（4）各种应收、应付款明细分类账账面余额与有关债务、债权单位的账目余额相核对。账实核对一般是通过财产清查进行。对此，将在财产清查一章中进行详细说明。

6.5.2 结账

企业经济活动是连续不断进行的。为了总结每一会计期间（月份、季度、年度）的经济活动情况，考核经营成果，编制财务会计报告，就必须在每一会计期末进行结账。

结账是指在将本期内所发生的经济业务全部登记入账的基础上，结算出每个账户的本期发生额和期末余额，并将期末余额转入下期或下年新账。

1. 结账的主要程序和内容

（1）将本期发生的经济业务事项全部登记入账，若发现漏记、重记和错记，应及时补记、冲销或更正。

（2）按权责发生制的要求，调整有关账项，合理确定本期应计收入和应计费用。

（3）将损益类账户转入“本年利润”账户，结平损益类账户。

（4）结算出资产、负债和所有者权益账户的本期发生额和余额，并结转至下期。

需要说明的是：不能为了赶制财务会计报告而提前结账，也不能将本期发生的经济业务延至下期登账，也不能先编制财务会计报告而后结账。

2. 结账的方法

计算登记各种账簿本期发生额和期末余额的工作，一般按月进行，称为月结；有的账目还应按季结算，称为季结；年度终了，还应进行年终结账，称为年结。

（1）月结：每月结账时，应在各账户本月份最后一笔记录下面划一条通栏单红线，表示“本月记录到此结束”。并在下一行的“摘要”栏中用红字居中书写“本月合计”，同时在该行结出本月发生额合计及余额；然后，在“本月合计”行下面再划一条通栏单红线。

不需要按月结计本期发生额的账户，如各种应收、应付款，各项财产物资明细账等，每次记账都要随时结出余额，在月末最后一笔业务结出的余额后，只需要在下面划一条通栏单红线即可，不需要再结一次余额。

需要按月结计本月发生额的账户，如生产成本、制造费用以及各损益类明细账等，都要结计“本月合计”。

需要结计本年累计发生额的账户，如应缴税费明细账、成本类明细账、损益类明细账等，从2月末开始，按月结账时，应在“本月合计”栏下结出自年初至本月末止的累计发生额，登记在月份发生额下面，“摘要“栏注明“本年累计”字样，并在栏下再划一条通栏红线；12月末的“本年累计”就是全年累计发生额。

本月没有发生额的账户，不必进行月结（不划结账红线）。

（2）季结。季结的结账方法与月结基本相同，但在“摘要”栏内注明“本季合计”或“第×季度发生额及余额”字样。

（3）年结。年度终了结账，办理年结时，所有总账账户都应在12月份月结下面（须办理季结的，应在第四季度的季结下面）结出全年发生额和年末余额。在摘要栏内注明“本年合计”或“年度发生额及余额”字样，并在“合计”栏下划通栏双红线。

【知识链接】

总账账户月末一般可不结计“本月发生额合计”，只需结计月末余额。但在年终结账时，为了总括反映企业财务状况和经营成果全貌，核对账目，需要将所有总账账户结出全年发生额合计和年末余额，在摘要栏内注明“本年合计”字样，并在合计栏下划通栏红线。

年度终了，要把各账户的余额结转到下一会计年度，并在“摘要”栏注明“结转下年”字样；在下一会计年度新建有关会计账簿的第一行“余额”栏内填写上年结转的余额，并在“摘要”栏注明“上年结转”字样。建新账时不需要编制记账凭证。

本章小结

会计账簿是指由一定格式账页组成的，以审核无误的会计凭证为依据，全面、系统、连续地记录各项经济业务的簿籍。设置和登记账簿是编制财务报表的基础，是连接会计凭证与财务会计报告的中间环节。

会计账簿按用途不同分为序时账、分类账和备查账；按账页格式不同分为三栏式、多栏式、数量金额式和横线登记式；按外形格式不同分为订本式、活页式和卡片式。

会计账簿的基本内容包括封面、扉页、账页和封底。

记账时，应严格遵守会计账簿的启用规则和会计账簿的登记规则，以保证账簿记录的合法性、严肃性和正确性。

总分类账可以根据记账凭证逐笔登记，也可以根据经过汇总的科目汇总表或汇总记账凭证等进行登记，这取决于企业单位所选择的账务处理程序。其账页格式一般为三栏式。

明细分类账可根据管理需要设置，依据记账凭证、原始凭证或汇总原始凭证进行登记。其账页格式一般为三栏式、数量金额式、多栏式、横线登记式四种。

库存现金日记账和银行存款日记账应根据库存现金和银行存款的收、付款凭证，按时间顺序逐日逐笔进行登记。

常见的错账有两类：一是记账凭证正确，但登账时发生笔误而出现的错账；二是记账凭证错误导致错账。

查找错账的方法主要有差数法、尾数法、除 2 法、除 9 法。

更正错账的方法有划线更正法、红字更正法和补充登记法。会计人员应当根据错账的类型，正确选择错账更正方法。

对账是保证会计核算资料正确的一项重要工作，包括账证核对、账账核对和账实核对。以做到账证相符、账账相符和账实相符。

结账就是在把一定时期内所发生的全部经济业务登记入账的基础上，计算出各个账户的本期发生额合计数和期末余额，结束本期账簿记录。按结算期限长短，分为月结、季结和年结三种，一般采用划线结账方法。

复习思考

1. 设置和登记账簿在会计记录中处于何种地位？
2. 账簿与会计凭证是什么关系？
3. 如何对账簿进行分类？

4. 简述登记现金日记账和银行存款日记账的人员、依据和方法。

5. 明细分类账依据账页格式如何进行分类？各种格式的明细账的适用范围是什么？

6. 简述更正错账的方法及其适用范围。

7. 简述对账的基本内容。

8. 简述结账的程序和方法。

同步测试

一、单项选择题

1. 登记账簿的依据是（　　）。

A. 经济合同　　B. 会计凭证　　C. 会计报表　　D. 经济活动

2. 现金和银行存款日记账一般采用（　　）账簿。

A. 活页式　　B. 备查登记簿　　C. 卡片式　　D. 订本式

3. 收回货款 1 500 元存入银行，记账凭证误填为 15 000 元，并已入账。错账的更正方法是（　　）。

A. 采用划线更正法　　B. 采用红字更正法

C. 采用补充登记法　　D. 上述三种方法均可以

4. “原材料”明细分类账一般采用的账页格式是（　　）。

A. 数量金额式　　B. 三栏式　　C. 多栏式　　D. 横线式

5. 多栏式账页格式一般适用于（　　）明细分类账户的登记。

A. 资产类　　B. 负债类　　C. 费用类　　D. 所有者权益类

6. 从外形特征看，总分类账应采用（　　）。

A. 活页式　　B. 卡片式　　C. 订本式　　D. 备查式

7. 租入固定资产备查登记簿按用途分类，属于（　　）。

A. 分类账簿　　B. 通用日记账　　C. 备查账簿　　D. 专用日记账

8. 活页账簿与卡片账簿可适用于（　　）。

A. 库存现金日记账　　B. 总账

C. 通用日记账　　D. 明细分类账

9. 从银行提取现金，登记现金日记账的依据是（　　）。

A. 现金收款凭证　　B. 银行存款收款凭证

C. 现金付款凭证　　D. 银行存款付款凭证

10. 以下采用三栏式的明细账是（　　）。

A. 库存商品明细账　　B. 制造费用明细账

C. 固定资产明细账　　D. 债权、债务明细账

11. 采用补充登记法，是因为记账凭证上（　　），导致账簿记录错误。

A. 会计科目错误　　B. 记账方向错误

C. 会计科目或记账方向正确，所记金额大于应记金额

D. 会计科目或记账方向正确，所记金额小于应记金额

12. 企业临时租入的固定资产应在（　　）

A. 总分类账簿中登记　　B. 明细分类账中登记

C. 备查账簿中登记　　D. 无须在账簿中作任何登记

13. 下列账簿中可以跨年度连续使用的是（　　）。

A. 总账　　B. 备查账簿　　C. 日记账　　D. 大多数明细账

14. 在我国，企业一般只对（　　）的核算采用卡片式。

A. 库存现金　　B. 应收账款　　C. 库存商品　　D. 固定资产

15. 下列适合采用多栏式明细账格式核算的是（　　）。

A. 原材料　　B. 制造费用　　C. 应付账款　　D. 库存商品

二、多项选择题

1. 出纳人员可以登记和保管的账簿是（　　）。

A. 库存现金日记账　　B. 银行存款日记账

C. 库存现金总账　　D. 银行存款总账

2. 红色墨水可以用来（　　）。

A. 登账　　B. 冲销账簿记录　　C. 改错　　D. 结账划线

3. 数量金额式明细分类账一般适用于下列（　　）账户的登记。

A. “应付账款”　　B. “库存商品”　　C. “原材料”　　D. “制造费用”

4. 库存现金、银行存款日记账应采用（　　）。

A. 三栏式　　B. 订本式　　C. 数量金额式　　D. 卡片式

5. 银行存款日记账的登记依据是（　　）。

A. 转账凭证　　B. 银行存款付款凭证

C. 银行存款收款凭证　　D. 现金付款凭证

6. 对账的内容包括（　　）。

A. 账证核对　　B. 账实核对　　C. 账账核对　　D. 账表核对

7. 下列属于账实核对的是（　　）。

A. 现金日记账账面余额与现金实际库存数核对

B. 银行存款日记账账面余额与银行对账单核对

C. 财产物资明细账账面余额与财产物资实存数额核对

D. 应收、应付款明细账账面余额与债务、债权单位核对

8. 对于划线更正法，下列说法正确的是（　　）。

A. 划红线注销时，必须使原有字迹仍可辨认

B. 对于错误的数字，应当全部划红线更正，不得只更正其中错误的数字

C. 对于文字错误，可只划去错误的部分

D. 对于错误的数字，可以只更正其中错误的数字

9. 会计账簿的基本内容有（　　）。

A. 封面　　B. 封底　　C. 扉页　　D. 账页

10. 明细分类账是按二级科目和明细科目开设的用于反映某一类经济业务详细资料的账簿，其格式有（　　）。

A. 三栏式　　B. 多栏式　　C. 数量金额式　　D. 订本式

三、判断题

1. 订本式账簿是指在记完账后，把记过账的账页装订成册的账簿。　（　　）

2. 错账要采用红字冲销法更正。　（　　）

3. 结账之前，发现账簿中记录有错误，而记账凭证并没有错误，应采用划线更正法进行更正。　（　　）

4. 总分类账和明细分类账都是根据记账凭证登记的。　（　　）

5. 登记账簿时，为了保持账簿记录的持久性、防止涂改，要用蓝黑墨水或者碳素墨水书写。不得用圆珠笔（银行的复写账簿除外）或者铅笔书写。　（　　）

6. 结账就是把一定时期内发生的经济业务全部登记入账后，将各种账簿的记录结算清楚，以便根据账簿记录编制结账分录。　（　　）

7. 结账时没有余额的账户，应当在“借或贷”栏内用“0”表示。　（　　）

8. 由于编制的记账凭证会计科目错误，导致账簿记录错误，更正时，可以将错误的会计科目划红线注销，然后在划线上方填写正确的会计科目。　（　　）

9. 企业的序时账簿和分类账簿必须采用订本式账簿。　（　　）

10. 各账户结出余额后，应在“借或贷”栏内写明“借”或“贷”，没有余额的账户在“借或贷”栏内写“无”字，在“余额”栏内写“σ”。　（　　）

四、实践训练题

（一）练习登记银行存款日记账

【资料】华泰公司 2012 年 3 月 1 日银行存款日记账期初余额为 500 000 元，3 月份发生如下经济业务。

1. 3 月 1 日，公司从银行提取现金 40 000 元用于发放工资。

2. 3 月 3 日，公司销售商品一批，价值 50 000 元，增值税款 8 500 元，收到转账支票一张。

3. 3月8日，公司向光明公司购入甲材料一批，价值23 400元。开出转账支票一张。

4. 3月10日，公司向银行借入短期借款200 000元。

5. 3月12日，公司将现金2 000元存入银行。

【要求】根据上述经济业务填制记账凭证，并登记银行存款日记账。

（二）练习错账的更正方法

【资料】某企业在账证核对过程中，发现账簿出现下列错误。

1. 生产车间生产产品领用材料10 000元。

记账凭证记录如下：

借：制造费用　　10 000

　　贷：原材料　　10 000

已登记入账。

2. 车间一般耗用材料10 000元。

记账凭证记录如下：

借：制造费用　　10 000

　　贷：原材料　　10 000

记账时，制造费用账簿记录为100 000。

3. 发放工资35 000元。

记账凭证记录如下：

借：应付职工薪酬　　53 000

　　贷：库存现金　　53 000

已登记入账。

4. 企业行政管理部门领用维修材料10 000元。

记账凭证记录如下：

借：制造费用　　1 000

　　贷：原材料　　1 000

已登记入账。

5. 收回其他单位欠款100 000元。

记账凭证记录为如下：

借：应收账款　　100 000

　　贷：银行存款　　100 000

已登记入账。

【要求】采用适当的方法更正上述错误记录。

第7章

财 产 清 查

【知识目标】

1. 了解财产清查的范围；
2. 理解财产清查的各种方法和程序；
3. 掌握财产物资的两种盘存制度；
4. 掌握财产清查的账务处理方法。

【技能目标】

1. 账实不符时能做相应的账务处理；
2. 能正确编制银行存款余额调节表。

【知识框架】

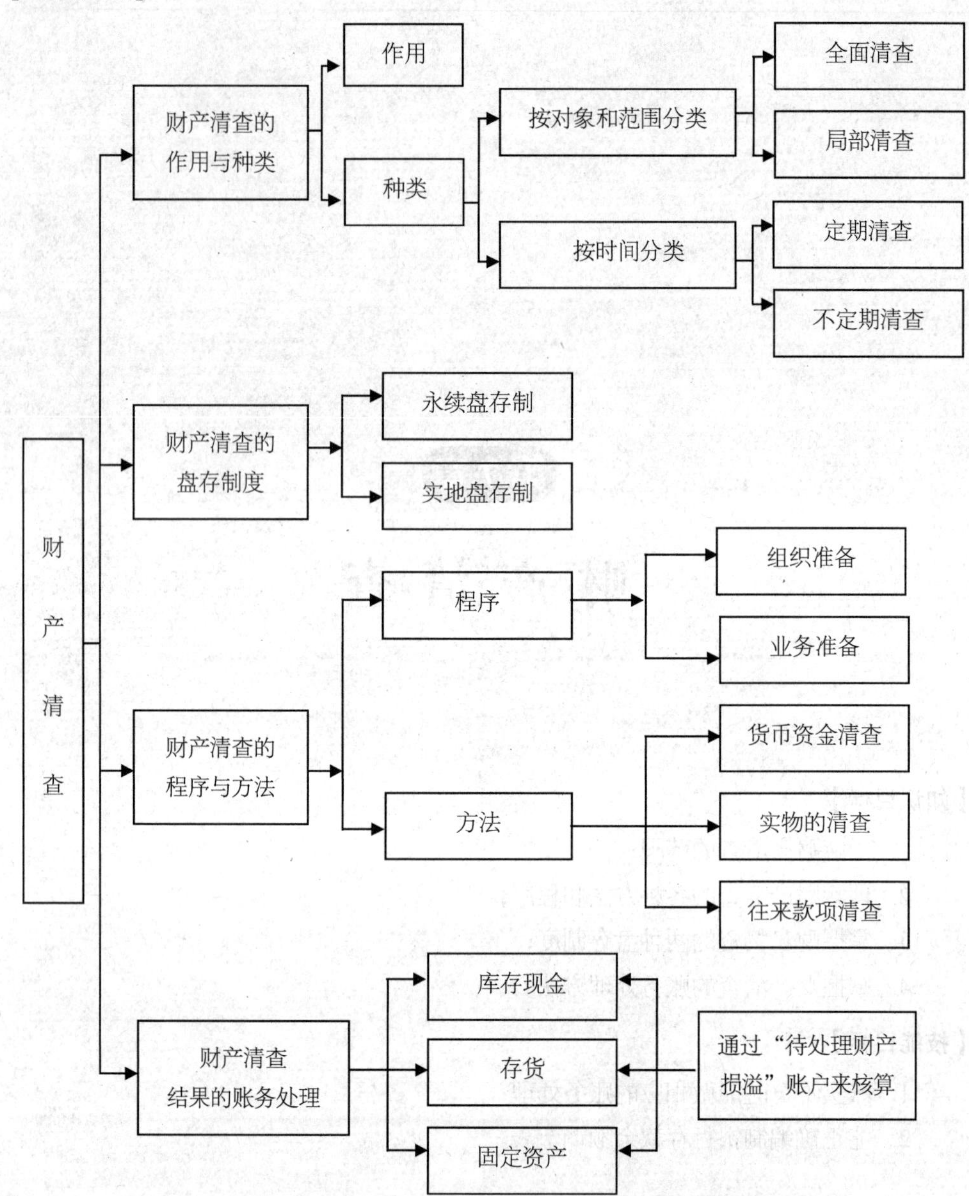

7.1 财产清查的作用与种类

7.1.1 财产清查的概念

财产清查又叫财产检查，是指通过对实物、现金的实地盘点和银行存款、往来款项的核对，查明各项财产物资、货币资金、往来款项的实有数和账面数是否相符的一种会计核算的专门方法。

《会计法》第 17 条规定："各单位应当定期将会计账簿记录与实物、款项及有关资料进行核对，保证会计账簿记录与实物及款项的实有数相符、会计账簿记录与会计凭证的有关内容相符、会计账簿之间相对应的记录相符、会计账簿记录与会计报表的有关内容相符"。

7.1.2 财产清查的作用

企业的会计工作都要通过会计凭证的填制和审核及时地在账簿中进行连续登记。应当说这一过程能保证账簿记录的正确性，也能真实反映企业各项财产物资的实有数，各项财产物资的账实应该是一致的。但是在实际工作中，由于种种原因，账簿记录会发生差错，各项财产物资的实存数也会发生差错，这样就导致账面数和实存数发生差异。

1. 造成账实不符的原因

造成账实不符的原因是多方面的，一般有以下几种情况。

（1）由于财产物资保管过程中的自然损耗或遭受自然灾害造成财产物资的损失。

（2）由于财产收发过程中计量或检验不准，造成多收或少收的差错。

（3）由于管理不善、制度不严造成的财产损坏、丢失和被盗。

（4）由于在账簿记录中发生的重记、漏记和错记。

（5）由于有关凭证单据未到而形成未达账项，造成结算双方账实不符。

2. 财产清查的作用

为了保证会计资料的真实、可靠，保证账实相符，就必须对各种财产物资进行定期或不定期的清查。同时加强财产清查工作，对于加强企业管理、充分发挥会计的监督职能、维护财经纪律和保护企业财产等都具有重要作用。

（1）账实相符能保证会计资料的真实可靠。企业通过财产清查，可以查明各项财产物资的实存数，将其与账面数核对，以查明账实是否相符，以及账实不符的原因，并按照规定的会计处理程序和方法通过调整做到账实相符，从而保证会计资料的真实性。

（2）加强经济责任制，保护财产物资的安全与完整。企业通过财产清查，可以查明财产物资盘盈、盘亏的具体情况和原因，落实经济责任，做到事事有人管，人人有责负，从而完善企业管理制度。此外，通过财产清查还可以挖掘财产物资潜力，提高资金的使用效能，加强资金周转，防止企业资产流失。

（3）充分发挥财产物资潜力，加速资金周转。通过财产清查可以及时查明企业财产物资的结存和利用情况。是否存在超储积压、腐烂变质或储备不足，从而促使企业充分挖掘财产物资的潜力，加速资金周转，提高资金使用效率。

（4）加强法制观念，维护财经纪律。通过财产清查，可以查明企业在财经纪律和有关制度方面的遵守和执行情况，有无贪污、挪用、损失和浪费等情况，有无故意拖欠税款、偷逃税款和漏税等情况，有无不合理的债权、债务，是否遵守财经结算制度。如果发现问题，则可及时采取措施予以纠正，或进行相应的会计处理，从而加强人们的法制观念，以维护财经纪律。

7.1.3 财产清查的种类

财产清查的种类很多，可以按照不同的标准进行分类。

1. 按照财产清查的范围，可以分为全面清查和局部清查

（1）全面清查，是指对企业所有的财产物资进行全面的盘点和核对。全面清查范围大、内容多、时间长、参与人员多，需要进行全面清查的情况通常主要有：年终决算之前；单位撤销、合并或改变隶属关系前；中外合资、国内合资前；企业股份制改制前；开展全面的资产评估、清产核资前；单位主要领导调离工作前等。

（2）局部清查，是指根据需要对企业的部分财产物资进行盘点与核对。主要是对货币资金、存货等流动性较大的财产物资进行清查。局部清查范围小、内容少、时间短、参与人员少，但专业性较强。局部清查一般包括下列清查内容：现金应每日清点一次；银行存款每月至少同开户银行核对一次；债权债务每年至少核对一至两次；各项存货应有计划、有重点地抽查；贵重物品每月清查一次等。

2. 按照财产清查的时间，分为定期清查和不定期清查

（1）定期清查，是指根据计划安排的时间对财产物资进行的清查。定期清查一般在年终、季末、月末结账时进行。它可以是全面清查，也可以是局部清查。

（2）不定期清查，是根据实际需要对财产物资所进行的临时性清查，事先并无规定的清查时间。不定期清查一般是局部清查，例如，更换财产物资、库存现金保管人员时要对其财产物资或库存现金进行清查，以分清保管人员的经济责任；上级主管部门和财政、银行以及审计部门对企业进行检查时，应根据检查的要求和范围进行清查；发生非常灾害或意外时，对受灾损失有关的财产物资进行清查，以查明遭受损失的情况；企业实行股份制、吸收外商投资、对外联营投资或合并、改组时，也要对财产物资进行清查。

企业在编制年度财务报告前，应当全面清查财产、核实债务。各单位应当定期将会计账簿记录与实物、款项及有关资料相互核对，保证会计账簿记录与实物及款项的实有数相符。

7.2 财产物资的盘存制度

财产物资的盘存制度，就是通过对各种财产物资的实物盘查、核对，来确定其实际结存情况的方法。在会计实务中，企业确定各项财产物资的盘存制度一般有两种：永续盘存制和实地盘存制。

7.2.1 实地盘存制

1. 实地盘存制的概念

实地盘存制，又称为“以存计耗制”或“以存计销制”，是指在日常会计核算中，在账簿上只登记财产物资的增加数，不登记其减少数，到月末，根据实地盘点数倒挤出本期减少数的一种方法。其计算公式如下：

期末存货结存金额＝期末存货盘点数量×存货单价

本期存货减少金额＝期初存货账面结存金额＋本期存货增加金额－期末存货结存金额

【例7-1】 华泰公司期末盘点，甲材料的结存数量为85kg，采用实地盘存制登记甲材料明细账，如表7-1所示。

表7-1 原材料明细账

品名：甲材料 单位：kg，元

2011年		凭证		摘要	收入			发出			结存		
月	日	字	号		数量	单价	金额	数量	单价	金额	数量	单价	金额
12	1			期初							200	120	24 000
12	11			购进	300	120	36 000				500	120	60 000
12	18			购进	200	120	24 000				700	120	84 000
12	31			月末盘点				615	120	73 800	85	120	10 200
12	31			合计	500	120	60 000	615	120	73 800	85	120	10 200

月末，盘点结果显示12月31日存货结存数量为85kg，单价为120元，则有

期末存货结存金额＝85×120＝10 200（元）

根据计算公式可以求得：

本期存货减少金额＝24 000+（36 000＋24 000）－10 200＝73 800（元）

通过例7-1可以看出，采用实地盘存制的存货制度，平时在明细账中只记录购进成本，不记录发出的数量和金额，虽简化了存货的核算工作，但各项存货的减少数计算缺少严密的手续，不便于实行会计监督和实物管理。

2. 实地盘存制的优缺点和适用范围

实地盘存制的主要优点有以下几点。

（1）平时对财产物资的发出或销售和结存数量不做明细记录，可以大大简化库存财产物资的明细核算工作。

（2）库存财产物资明细账可按大类和全部库存品种设置，不一定要按具体品种设

置，每一品种财产物资的单位成本可直接根据进货凭证求得。

（3）可以简化财产物资发出或销售的计价工作量。

实地盘存制的主要缺点有以下几点。

（1）不能随时反映库存财产物资的账面结存数量和金额，不利于对财产物资的库存进行管理和控制。

（2）由于是通过以存计销或以存计耗，来倒挤销售成本或耗用成本，如果一些库存财产物资发生损耗、差错、损失和短缺，甚至偷盗等，就会挤大销售成本或耗用成本，从而影响了成本计算的明晰性和正确性。

（3）实地盘存制只能定期结转销售成本或耗用成本，不能满足账务处理上随时结转的需要。

（4）实地盘存制不利于保护财产物资的安全，对于一些财产物资的短缺和损失不利于查明原因，明确责任。

由于实地盘存制存在种种缺点，所以它适用范围很小。只有一些品种多、价值低、收发频繁的存货，或数量不稳定、损耗大且难以控制的鲜活商品等常采用这种方法。在工业企业的财产物资的核算中，很少采用实地盘存制。

7.2.2 永续盘存制

1. 永续盘存制的概念

永续盘存制，亦称账面盘存制，是根据账簿记录计算账面结存数量的方法。采用这种方法，平时对各项存货的增加数和减少数，都要根据会计凭证连续记入有关账簿，可以随时根据账簿记录结出账面结存数，并与财产物资的实地盘点数相核对的一种制度。

采用永续盘存制，能满足账面结存数与实地盘点数相核对的需要，所以库存财产物资明细账要求按财产物资的每一种规格设置。在各种财产物资明细账中，都要登记收、发、结存的数量及其金额。账面结存金额的计算公式如下：

期末存货账面结存金额 = 期初存货账面结存金额 + 本期存货增加金额 − 本期存货减少金额

【例 7-2】 续上例甲材料的期初结存及购进和发出的有关资料如下：

12 月 1 日，结存 200kg，单价 120 元，金额 24 000 元；12 月 6 日，发出 100kg；12 月 11 日，购进 300kg，单价 120 元，金额 36 000 元；12 月 18 日，购进 200kg，单价 120 元，金额 24 000 元；12 月 25 日，发出 500kg。

根据上述资料，采用永续盘存制在甲材料明细账上记录，如表 7-2 所示。

表 7-2　　原材料明细账

品名：甲材料　　单位：kg，元

2011 年		凭证字号	摘要	收　入			发　出			结　存		
月	日			数量	单价	金额	数量	单价	金额	数量	单价	金额
12	1	略	期初							200	120	24 000
12	6		发出				100	120	12 000	100	120	12 000
12	11		购进	300	120	36 000				400	120	48 000
12	18		购进	200	120	24 000				600	120	72 000
12	25		发出				500	120	60 000	100	120	12 000
12	30		合计	500	120	60 000	600	120	72 000	100	120	12 000

通过【例 7-2】可以看出，采用永续盘存制度，可以在甲材料明细账中对甲材料的收入、发出进行连续登记，且随时结出账面结存数，便于随时掌握存货的占用情况及其动态，有利于加强对存货的管理。

2. 永续盘存制的优缺点和适用范围

永续盘存制的最大优点是能够加强对库存财产物资的管理。在库存财产物资的明细账中，能够随时反映每种财产物资的收入、发出和结存情况，并能够从数量和金额两方面进行控制。当账实不符时有利于查明原因，明确责任，及时纠正。另外企业根据各种财产物资明细账的结存数量，可以随时与最高库存、最低库存限额相比较以判断是否存在库存积压或不足，以便及时组织库存财产物资的购销和处理，节约资金使用，加强资金周转。

永续盘存制的缺点是库存财产物资明细分类核算的工作量比较大，表现在明细账设置种类多、登记工作量大、计算和结转销售成本工作量大等几方面，特别是财产物资种类繁多的企业尤为明显。然而即使永续盘存制存在这些缺点，由于它在控制和保护财产物资方面具有明显的优越性，因此，多数企业一般都采用永续盘存制。

7.3 财产清查的程序与方法

7.3.1 财产清查的程序

财产清查是一项极其复杂的工作，特别是全面清查，涉及的部门多，人员多，工作内容多，清查对象范围广。因此，必须有计划、有组织的进行。财产清查的组织主要指财产清查前的准备工作，包括组织准备和业务准备，然后才能按科学的、合理的方法进行财产清查。

1. 组织准备

财产清查，尤其是全面清查，必须专门成立清查组织。清查组织应在有关主管厂长和总会计师的领导下，成立由财会部门牵头，有生产、技术、设备、行政及有关部门参加的财产清查领导小组，具体负责财产清查的领导和组织工作。其主要任务有以下几点。

（1）在财产的清查前，研究制定财产清查的计划，确定清查的对象和范围，安排清查工作的进度，配备清查人员，确定清查方法。

（2）在清查过程中，做好具体组织、检查和督促工作，及时研究和处理清查中出现的问题。

（3）在清查工作结束后，将清查结果和处理意见上报有关领导和部门审批。

2. 业务准备

为了做好财产清查工作，会计部门和有关业务部门要在清查领导小组的指导下，做好各项业务准备工作，主要有以下几点。

（1）会计部门和会计人员，应在财产清查之前，将有关账目登记齐全，结出余额，做到账簿记录完整、计算准确、账证相符和账账相符，为账实核对提供正确的账簿资料。

（2）财产物资的保管部门和保管人员，应在财产清查之前，登记好各自所经手的各种财产物资明细账，结出余额。将所保管和使用的财产物资整理好，挂上标签，标明品种、规格和结存数量，以便盘点核对。

（3）准备好必要的计量器具，进行检查和校正，保证计量的准确性。

（4）银行存款、银行借款、结算款项以及债权、债务的清查，需要取得对账单、有关的函证资料等。

（5）印制好各种清查登记的表册，如现金盘点报告表、盘存单、账存实存对比表等。

7.3.2 财产清查的方法

财产清查是一项涉及面广、工作量大的工作，为了保证财产清查的质量，提高工作效率、达到财产清查的目的，确定各项财产物资清查的方法是很有必要的。

1. 货币资金的清查方法

（1）库存现金的清查。库存现金清查的主要方法是指通过盘点库存现金的实存数，然后再与现金日记账的账面余额相核对，确定账存数与实存数是否相符以及溢缺情况。

库存现金清查主要包括两种方法。一是由出纳人员每日清点库存现金实有数，并与现金日记账余额相核对，这是出纳人员所做的经常性的库存现金清查工作。这种清查方法比较省时、省力，但只采用这种清查方法不够严密，容易出漏洞。因此，库存现金清查的第二种方法是在实际工作中，除了由出纳人员对库存现金进行经常性清查以外，还应由清查小组对库存现金进行定期或不定期清查。清查时，出纳人员必须在场，库存现金由出纳人员经手盘点，清查人员从旁监督。同时，清查人员还应认真审核收、付款凭证和有关账簿，检查账务处理是否合理、合法，账簿记录有无错误，以确定账存数与实存数是否相符。

通过库存现金检查，既要检查账证是否客观、真实，是否符合各项有关规定，又要检查账实是否相符。现金清查结束后应填写“库存现金盘点报告表”（见表 7-3），依据下表调整库存现金日记账的账面记录。

表 7-3　　库存现金盘点报告表

单位名称：　　　　年　月　日

实存金额	账存金额	对比结果		备注
		盘盈	盘亏	

处理意见：

清查小组签字：　　　　出纳签字：

（2）银行存款的清查。银行存款清查是将企业出纳登记的“银行存款日记账”与企业开户银行每月定期、不定期或月末转来的企业银行账（即银行对账单）就余额及发生额逐笔进行详细核对，以查明双方登账有无错误、金额是否相等的一种清查方法。银行存款日记账与银行对账单不一致的原因有两个方面：一是双方或一方记账有错误；二是存在未达账项。

如果在核对中发现属于企业方面的记账差错，则经确定后企业应立即更正；属于银行的记账差错，则应通知银行更正。即使双方均无记账错误，企业的银行存款日记账余额与银行对账单余额也可能不一致，这种不一致一般是由于未达账项造成的。所谓**未达账项**，是指企业与银行之间，由于凭证传递上的时间差，一方已登记入账，而另一方因未接到凭证尚未登记入账的款项。具体地说，未达账项有下列四种情况。

① 企业已收，银行未收。即企业已收款入账，银行未收款入账。

② 企业已付，银行未付。即企业已付款入账，银行未付款入账。

③ 银行已收，企业未收。即银行已收款入账，企业未收款入账。

④ 银行已付，企业未付。即银行已付款入账，企业未付款入账。

上述任何一种情况的发生，都会造成企业银行存款日记账余额与银行对账单余额不相符。在①、④两种情况下会使企业银行存款日记账余额大于银行对账单余额；而在②、③两种情况下，会使银行对账单余额大于企业银行存款日记账余额，但随着时间的推移，凭证传递到达后，此种差异会随着另一方的入账而自动消失。因此，未达账项本身不是一种错误。如果出现未达账项，应通过编制银行存款余额调节表进行调整。其编制方法一般是，在企业与银行双方账面余额的基础上，各自加上对方已收而本单位未收的款项（即企收银未收银加，银收企未收企加），减去对方已付而本单位未付的款项（即企付银未付银减，银付企未付企减）。经过调节后，双方的余额应相互一致，下面举例说明银行存款余额调节表编制方法。

【例 7-3】 2011 年 6 月 30 日华泰公司银行存款日记账余额为 412 280 元，银行对账单余额为 417 900 元。经逐笔核对，双方记账均无差错，但发现有下列未达账项。

① 6 月 28 日，企业收到支票一张，计 85 800 元，企业已作银行存款入账，但尚未到银行办理入账手续，银行尚未入账。

② 6 月 29 日，企业开出支票一张，计 106 200 元，用以支付供货单位账款，企业已作银行存款减少入账，但支票尚未到达银行，银行尚未入账。

③ 6 月 30 日，银行计算应付给企业存款利息 1 800 元，银行已登记入账，作为企业的银行存款增加，而企业未收到收款通知，尚未入账。

④ 6 月 30 日，银行代企业付水电费 16 580 元，银行已登记入账，作为企业的银行存款减少，而企业尚未收到付款通知，尚未入账。

根据以上未达账项，编制银行存款余额调节表，如表 7-4 所示。

表 7-4　　　　银行存款余额调节表

2011 年 6 月 30 日　　　　　　　　　　　　　　　　单位：元

银行存款日记账	金　额	银行对账单	金　额
账面存款余额	412 280	对账单余额	417 900
加：银行已收，企业未收	1 800	加：企业已收，银行未收	85 800
减：银行已付，企业未付	16 580	减：企业已付，银行未付	106 200
调节后余额	397 500	调节后余额	397 500

经过调节后，企业与开户银行双方的余额是相等的，说明双方记账没有错误。根据双方账面余额和未达账项调节后的余额，是企业实际可使用的银行存款数额。

需要注意的是，“银行存款余额调节表”只起对账的作用，对未达账项不做账务处理，不能作为记账依据，所有未达账项只能在收到银行转来有关收、付款的原始凭证后才能入账。

【知识链接】

根据《会计档案管理办法》的规定银行存款余额调节表和对账单的保管期限为 5 年。

2. 实物的清查方法

由于实物的形态、体积、重量和摆放方式不同，采用的清查方法也不同。主要有以下两种。

① 实地盘点法，是指在财产物资存放现场逐一清点数量或用计量仪器确定其实存数的一种方法。这种方法取得的数字准确可靠，但工作量大。

② 技术推算法，是指利用技术方法推算财产物资实存数的方法。适用于煤炭、砂石等大宗物资的清查。此方法盘点数字不够准确，但工作量小。

对各项财产物资的盘点结果，应逐一填制盘存单，并同账面余额记录相核对，确认盘盈、盘亏数，填制账存实存对比表，作为调整账面记录的原始凭证。

（1）存货的清查。存货的清查一般采用实地盘点法，即采用清点计数或其他计量方法来确定存货的实物数量。具体步骤有以下几点。

① 在永续盘存制下，清查之前先由财会人员、仓库保管员、生产人员对各自管辖范围内的资料计算出存货的账面数。

② 库房管理人员应事先清点、排列好各种存货，并标明各种存货的品名、规格、存放地点及库存数量。

③ 清查时，必须由实物保管员和财产清查人员同时在场，以明确责任。在清点过程中，应根据各种存货的特点，能点清数量的就计件，能按体积、重量及堆垛方式测量的就分别测量。不方便用上述方法测量的，也可以采用一定的技术推算方法测量。

对存货进行实地盘点后，应依据存货的清查结果填写“存货盘存单”，如表 7-5 所示。

表 7-5　　存货盘存单

财产类别：

存放地点：　　　　年　月　日　　　　第　页

编号	名称	规格型号	计量单位	数量	单价	金额	备注

盘点人签章：　　　　实物负责人签字或盖章：

根据存货的账存数与存货盘存单计算填列存货的“账存实存对比表”，如表 7-6 所示。

表 7-6　　账存实存对比表

单位名称：　　　　年　月　日

编号	类别及名称	计量单位	单价	实存		账存		盘盈		盘亏		备注
				数量	金额	数量	金额	数量	金额	数量	金额	

盘点人签章：　　实物负责人签章：　　复核：　　制表人：

对存货的清查，平时一般为局部的、不定期的抽样清查，年底时进行一次全面清查。若在盘点过程中发现有积压呆滞、残损变质的各种存货应另行堆放，并填制“积压变质报告单”，说明情况，提出处理意见，报请审批，以盘活企业资金，提高存货的使用率和加速存货的周转。“积压变质报告单”格式如表 7-7 所示。

表 7-7　　　　　　　　　　　　积压变质报告单

财产类别：

存放地点：　　　　　　　　　　　　　　　　　　　　　　　　　年　月　日

编号	名　称	规 格	计量单位	单 价	实存数量	金 额	情况说明	处理意见

审批意见：

盘点人：　　　　　　　　　　　　　　　　　　　实物负责人：

（2）固定资产清查。在企业的日常管理中，固定资产一般采用归口管理、用管结合、用管定人和分工负责等管理责任制。对存放在本企业的固定资产可以采用实地盘点法进行清查，对存放于本企业以外的出租、出借固定资产可以采用信件、电话等询证方法来进行清查。固定资产清查结束后，清查人员应依据固定资产账面情况和实地盘点结果填列“固定资产盘点表”，如表 7-8 所示。

表 7-8　　　　　　　　　　　　固定资产盘点表

固定资产类别		个别固定资产账面情况					存放地点	实物负责人	盘 点 结 果						
		固定资产名称	数量	单价	金额	已折旧额			计量单位	数量	单价	金额	盘盈	盘亏	备注
生产用	在用														
	未用														
	不需用														
	季节性停用														
非生产用	在 用														
	未 用														
	不需用														

审批意见：

盘点小组签字：　　　　　　　复核人：　　　　　　　填表人：

3. 往来款项的清查

往来款项的清查主要是指对各种应收款、应付款、预收款、预付款的清查。企业应将欲清查的有关结算款项全部登记入账，并保证账簿记录完整、正确。往来款项的清查一般采用发函证的方法进行核对，包括信函、电函、传真、电子邮件（E-mail）等查询方式与对方单位核对账目。

对于企业内部各部门的应收、应付款项，可以确定一个时间，由各部门财产清查人员、会计人员直接根据账簿记录进行核对；对于本单位职工的各种代垫、代付款项、预借款等，通常采用抄列清单与本人核对或定期公布的方法加以核查。

对于外部单位的往来款项一般根据有关明细账资料按往来单位编制"往来款项对账清单"，寄交对方单位进行核对。"往来款项对账清单"一般一式三联，其中一联作为回单，要求对方单位核对无误后盖章退回；一联对方单位核对后，由对方单位留存；一联企业留底。若发现数额不符，应在回单上注明不符的情况并盖章或者另抄账单退回，以便进一步核对。

（1）应收账款清查。应收账款的清查是核实企业与往来单位的债权、债务关系的一种清查，主要采用"询证核对法"，如表 7-9 所示。

表 7-9　　应收账款往来对账单

***单位，现列示我单位与贵单位的往来款项，请贵单位核实。

往来款项原因	往来款项发生时间	信用截止期	经办人	应收款金额	备　注
往来单位意见					

清查单位盖章　　往来单位盖章　　年　月　日

清查结束后，企业应编制"往来款项清查报告表"，以备企业做相应账务处理或对往来单位的信用进行分析，如表 7-10 所示。

表 7-10　　应收账款清查报告表

年　月　日

户名	账面结余金额	清查情况		不同意承付的原因	不同意承付金额的分析				备注
		同意承付金额	不同意承付金额		按合同拒付	争议中账项	无希望收回	其他	
领导审批意见									

复核：　　报告人：　　会计：

（2）其他应收款清查。其他应收款的清查和应收账款一样，至少应于每年年末依据财务部门提供的债务往来单位明细账编制“其他应收款对账单”（或电话询证），填列催缴情况表及督促各部门及时报账。

7.4 财产清查结果的处理

7.4.1 财产清查结果处理的程序

通过财产清查，会发现单位在财产管理、会计核算工作中存在的一些问题。因此，在财产清查工作结束后各单位应依据国家的有关政策、法规和制度的规定，对清查结果进行认真地处理。

财产清查的最终结果不外乎两种情况：一是实存数与账存数相符；二是实存数与账存数不相符。不相符又包括两种情况：一是实存数大于账存数，表明财产物资发生溢余，通常称为“盘盈”；二是实存数小于账存数，表明财产物资发生短缺，通常称为“盘亏”。另外，如实存数与账存数一致，但实存的财产物资还有质量问题，不能按正常财产物资使用，称为“毁损”。不论是盘盈、盘亏，还是毁损，都要进行账务处理，使账存数与实存数一致，以保证账实相符。财产清查结果的处理一般分两步进行。

1. 批准前

根据“清查结果报告表”、“盘点报告表”等已经查实的数据资料作为原始凭证编制记账凭证，记入有关账簿，使账簿记录与实际盘存数相符。在做好上述账簿调整工作之后，将财产清查结果报告送股东大会或董事会，或经理（厂长）会议或类似机构批准。

2. 批准后

根据权力机构的批复意见（视为原始凭证）编制记账凭证，并登记有关账簿。对清查各种财产物资的损益应在会计期末结账前处理完毕。

7.4.2 财产清查结果的账务处理

1. 设置账户

为了反映和监督企业在财产清查中查明的各种财产物资的盘盈、盘亏和毁损及其处理情况，应设置“待处理财产损溢”账户。该账户是一个过渡性账户，它是专门用来核算企业在财产清查过程中各种财产物资的盘盈、盘亏和毁损的账户。该账户的借方登记各种财产物资的盘亏、毁损数及按照规定程序批准的盘盈转销数，贷方登记各种财产物资的盘盈数及按照规定程序批准的盘亏、毁损转销数。借方余额表示尚未处理的各种财产物资的盘亏数，贷方余额表示尚未处理的各种财产物资的盘盈数。

为分别反映和监督企业流动资产和固定资产的盘盈、盘亏及毁损情况，应在“待处理财产损溢”账户下，设置“待处理流动资产损溢”和“待处理固定资产损溢”两个明细分类账户，进行明细分类核算。“待处理财产损溢”账户的结构如图7-1所示。

借方	待处理财产损溢 贷方
财产物资盘亏和毁损的发生额 财产物资盘盈的转销数	财产物资盘盈的发生额 财产物资盘亏和毁损的转销数
余额：尚待批准处理的财产物资的盘亏数	余额：尚待批准处理的财产物资的盘盈数

图7-1 “待处理账产损溢”账户结构图

2. 库存现金清查结果的账务处理

现金具有很强的流动性，并且收支频繁，极易出错。因此，在日常工作中，出纳人员应当做到“日清月结”。“日清”指的是当天的现金凭证当天记账并结出当天的现金日记账余额，下班前将保险柜中现金实有数与现金日记账余额相核对，保证相符；“月结”指的是当月出纳的现金日记账余额与会计的现金总账余额相符。为了保护企业现金的安全、完整，除了出纳人员每天自己检查外，还必须建立库存现金清查制度。对库存现金的清查通常采用定期或不定期清查，这种清查一般采用“实地盘点法”来进行。在实际清查中，由于各种原因可能导致现金的实存数与账存数不一致，即现金的盘盈或盘亏，也称“长款”或“短款”。

（1）库存现金短缺的处理。对于出现的现金短缺，在查明原因前，应通过“待处理财产损溢——待处理流动资产损溢”账户借方进行核算。基本账务处理如下：

借：待处理财产损溢——待处理流动资产损溢　　×××

　　贷：库存现金　　×××

待查明原因，并报经批准后，将其转入有关账户。期末处理之后，该账户应无余额。现金短缺处理主要有以下三种情况：

① 现金短缺与责任人有关的，属于由责任人赔偿的部分，记入“其他应收款——×××”账户；

② 属于应由保险公司赔偿的部分，记入“其他应收款——××保险公司”账户；

③ 属于无法查明原因的，记入“管理费用”账户。

基本账务处理如下：

借：其他应收款——（×××/××保险公司）/管理费用　　×××

　　贷：待处理财产损溢——待处理流动资产损溢　　×××

【例7-4】 华泰公司在一次突击性现金清查中发现金短缺300元，经查属于出纳人员王红的责任，应当由其负责赔偿。会计处理如下所示。

批准前：

借：待处理财产损溢——待处理流动资产损溢　　300

贷：库存现金　　300

批准后：

借：其他应收款——王红　　300

贷：待处理财产损溢——待处理流动资产损溢　　300

（2）现金溢余的处理。对于出现的现金溢余，在查明原因前，应通过“待处理财产损溢——待处理流动资产损溢”账户贷方进行核算。基本账务处理如下：

借：库存现金　　×××

贷：待处理财产损溢——待处理流动资产损溢　　××

待查明原因，并报经批准后，将其转入有关账户。现金溢余处理主要有以下两种情况：

① 属于应支付有关人员或单位的现金，记入“其他应付款——应付现金溢余（××个人或单位）”账户；

② 属于无法查明原因的现金溢余，记入“营业外收入——现金溢余”账户。基本账务处理如下：

借：待处理财产损溢——待处理流动资产损溢　　×××

贷：其他应付款——（×××/××单位）/营业外收入　　×××

【例 7-5】 华泰公司在现金清查中发现现金溢余 800 元。其会计处理如下所示。

查明原因前账务处理：

借：库存现金　　800

贷：待处理财产损溢——待处理流动资产损溢　　800

若查明原因，该款项属于应支付给有关人员或单位现金。作会计分录如下：

借：待处理财产损溢——待处理流动资产损溢　　800

贷：其他应付款——×××/××单位　　800

如现金溢余的原因无法查明，经批准作为营业外收入处理，作会计分录如下：

借：待处理财产损溢——待处理流动资产损溢　　800

贷：营业外收入——现金溢余　　800

3. 存货盘盈、盘亏的账务处理

（1）存货盘盈的账务处理。当存货发生盘盈时，应该按其重置成本，记入“原材料”、“库存商品”等账户。基本账务处理如下：

借：原材料/库存商品/包装物等　　×××

贷：待处理财产损溢——待处理流动资产损溢　　×××

按照规定程序批准转销时，记入“管理费用”等账户。基本账务处理如下：

借：待处理财产损溢——待处理流动资产损溢　　×××

贷：管理费用　　×××

【例 7-6】 华泰公司在财产清查中，发现甲材料盘盈 10 吨，市场价每吨 300 元，计3 000元。

审批前，根据盘盈情况，编制转账凭证，调整有关账户的数额。会计分录如下：

借：原材料——甲材料　　3 000

　　贷：待处理财产损溢——待处理流动资产损溢　　3 000

审批后，甲材料盘盈是因计量不准造成的，冲减本月管理费用。会计分录如下：

借：待处理财产损溢——待处理流动资产损溢　　3 000

　　贷：管理费用　　3 000

（2）存货的盘亏和毁损的账务处理。当原材料、库存商品等存货发生盘亏和毁损时，应根据"账存实存对比表"记入"原材料"、"库存商品"等账户。基本账务处理如下：

借：待处理财产损溢——待处理流动资产损溢　　×××

　　贷：原材料/库存商品等　　×××

经批准后再根据不同情况分别进行账务处理。

① 属于合理损耗的，经批准记入"管理费用"账户。基本账务处理如下：

借：管理费用　　×××

　　贷：待处理财产损溢——待处理流动资产损溢　　×××

② 属于超定额短缺或毁损的，应由过失人和保险公司赔偿的，均记入"其他应收款"账户；扣除过失人和保险公司赔偿款后的净损失，经批准记入"管理费用"账户。基本账务处理如下：

借：其他应收款——（×××）/管理费用　　×××

　　贷：待处理财产损溢—待处理流动资产损溢　　×××

③ 属于自然灾害及意外事故所造成的，首先，应将可以收回的残料价值记入"原材料"账户；其次，应向保险公司索赔的，记入"其他应收款"账户借方；第三，应将扣除残料价值及可以收回的保险公司赔偿和过失人赔偿后的余值作为非常损失，借记"营业外支出——非常支出"账户。

基本账务处理如下所示：

批准前：

借：原材料/其他应收款——（×××/××保险公司）/营业外支出　　×××

　　贷：待处理财产损溢——待处理流动资产损溢　　×××

批准后：

借：管理费用　　×××

　　贷：待处理财产损溢——待处理流动资产损溢　　×××

【例7-7】 华泰公司在财产清查过程中，发现甲材料毁损200kg，单价18元；乙材料盘亏120件，单价50元。（不考虑增值税）

查明原因前，先依据"账存实存对比表"编制记账凭证，调整账面记录。会计分录如下：

借：待处理财产损溢——待处理流动资产损溢　9 600

　贷：原材料——甲材料　3 600

　　　——乙材料　6 000

查明原因后，经批准甲材料毁损是由于非常损失造成的，记入“营业外支出”，乙材料盘亏是由于收发计量上的错误造成的，应记入“管理费用”，会计分录如下：

借：营业外支出　3 600

　管理费用　6 000

　贷：待处理财产损溢——待处理流动资产损溢　9 600

【例 7-8】 华泰公司因自然灾害倒塌仓库一间，经清查发现甲商品损失 100 000 元。

批准前：

借：待处理财产损溢——待处理流动资产损溢　100 000

　贷：库存商品——甲商品　100 000

上项非常损失，可以向保险公司收回赔偿损失 80%即 80 000 元，其余转入“营业外支出”处理，即：

借：其他应收款——××保险公司　80 000

　营业外支出　20 000

　贷：待处理财产损溢——待处理流动资产损溢　100 000

【例 7-9】 华泰公司在月末进行的财产清查中，发现乙种材料盘亏 500 元，其中的 450 元属于定额内的自然损耗，另 50 元是由于保管人员赵亮不负责任所造成的损失。

批准前：

借：待处理财产损溢——待处理流动资产损溢　500

　贷：原材料——乙材料　500

按有关规定或上级批示将上项盘亏的乙种材料进行转账，其中定额内自然损耗部分属于正常情况，列作“管理费用”；责任人损耗部分因系责任人不负责任所造成的，向过失人索赔。即：

借：管理费用　450

　其他应收款——赵亮　50

　贷：待处理财产损溢——待处理流动资产损溢　500

4. 固定资产盘盈、盘亏的账务处理

（1）盘亏固定资产的处理。对盘亏的固定资产，应冲减固定资产的账面价值。在冲减价值时，应分别冲减固定资产的原始价值和累计折旧，将账面价值作为盘亏固定资产的净损失。但有一点必须指出，盘亏的固定资产未提足折旧，企业不得补提折旧，同时对盘亏的固定资产必须报税务机关备案，以备查和进行税务抵扣处理。

【知识链接】

固定资产账面价值=固定资产原始价值-累计折旧-固定资产减值准备，有关内容将在《财务会计》中作详细介绍。

盘亏固定资产的账务处理应先通过“待处理财产损溢——待处理固定资产损溢”账户借方核算。待查明原因后，盘亏固定资产可以先扣除有关责任人及保险公司的赔偿后作为“营业外支出”处理。

未查明原因前，基本账务处理如下：

借：待处理财产损溢——待处理固定资产损溢　×××

　　累计折旧　×××

　　贷：固定资产　×××

查明原因后，基本账务处理如下：

借：其他应收款——（×××/××保险公司）/营业外支出　×××

　　贷：待处理财产损溢——待处理固定资产损溢　×××

【例7-10】 华泰公司在2011年6月的全面清查中发现盘亏一架专业摄相机，该设备于2010年1月1日购入，原值24 000元，已提折旧4 800元。其账务处理如下：

借：待处理财产损溢——待处理固定资产损溢　19 200

　　累计折旧——摄像机　4 800

　　贷：固定资产——摄像机　24 000

【例7-11】 续用【例7-10】，经调查，盘亏摄像机属企业管理不严导致丢失，应由保险公司赔偿12 000元，实物保管人张梅赔偿600元，其他列入“营业外支出”。其账务处理如下：

借：其他应收款——保险公司　12 000

　　　　　　　——张梅　600

　　营业外支出　6 600

　　贷：待处理财产损溢—待处理固定资产损溢　19 200

（2）盘盈固定资产的处理。盘盈的固定资产如果是本期的，作补记账即可；如果盘盈不属于本期的，应作为前期差错记入“以前年度损益调整”账户。

本章小结

财产清查，是通过对企业的货币资金、实物资产和往来款项的盘点与核对，确定其实有数，然后查明实有数与账面数是否相符，并查明账实不符原因的一种会计核算的专门方法。为了保证财产物资的账实相符，就必须通过财产清查来掌握各项财产物资的真实情况，查明账实不符的原因，分清责任，并按规定的程序和方法调整账面记录，保证会计资料的正确、可靠。因此，财产清查作用重大。财产清查按清查范围的大小分为全面清查和局部清查，按时间分为定期清查和不定期清查。

财产清查的重要环节是通过盘点确认实物资产的实际结存数量，为了盘点工作顺利进行就应当建立一定的盘存制度。财产物资的盘存制度一般有实地盘存制和永续盘存制。在实际工作中，绝大部分存货都采用永续盘存制，只有一些价值低、品种多和收发频繁的存货采用实地盘存制。

财产清查工作要按照一定的程序和方法有计划、有组织地进行，包括组织准备和业务准备。库存现金的清查主要采用实地盘点法，银行存款的清查采用与开户银行核对账目的方法来进行，实物资产的清查一般采用实地盘点和技术推算盘点两种方法，往来款项的清查主要是对各种应收、应付款和预收、预付款的清查，清查方法一般采用发函证的方法进行核对，包括信函、电函、传真、电子邮件（E-mail）等查询方式与对方单位核对账目。

财产清查结果必须按照国家有关财经制度的规定进行处理，对于财产清查中发现的盘盈和盘亏的财产物资在处理程序上分为两个方面，其一，在审批之前，要根据清查中取得的原始凭证编制记账凭证，登记有关账簿，使各项财产物资的账存数与实存数保持一致；其二，在审批之后，应根据盘盈、盘亏的原因或批准处理的意见，编制记账凭证，登记有关账簿。

复习思考

1. 什么是财产清查？
2. 简述财产清查的种类及适用范围。
3. 财产清查的作用是什么？
4. 存货怎样清查？发生盘盈和盘亏时如何进行账务处理？
5. 库存现金怎样清查？发生盘盈和盘亏时如何进行账务处理？
6. 什么是未达账项？未达账项有哪些基本类型？
7. 引起财产物资账实不符的原因有哪些？
8. 财产清查结果的核算须设置什么账户？该账户的结构是怎样的？

同步测试

一、名词解释

1. 财产清查　2. 未达账项　3. 永续盘存制　4. 实地盘存制

二、单项选择题

1. 在下列有关账项核对中，不属于账账核对的内容是（　　）。

A. 银行存款日记账中余额与银行对账单余额的核对

B. 银行存款日记账余额与其总账余额的核对

C. 总账账户借方发生额合计数与其明细账借方发生额合计数的核对

D. 总账账户贷方余额合计数与其明细账贷方余额合计数的核对

2. 采用永续盘存制，平时对财产物资账簿的登记方法是（　　）。

A. 只登记增加数，不登记减少数

B. 只登记增加数，随时倒挤出减少数

C. 只登记增加数，月末倒挤算出减少数

D. 既登记增加数，又登记减少数

3. 财产物资的盘盈是指（　　）。

A. 账存数大于实存数　　B. 实存数大于账存数

C. 由于记账差错多记的金额　　D. 由于记账差错少记的金额

4. 在记账无误的情况下，银行对账单余额与企业银行存款日记账余额不一致的是（　　）。

A. 由应付款造成的　　B. 由未达账项造成的

C. 由坏账损失造成的　　D. 由应收款造成的

5. 采用实地盘存制，平时对财产物资（　　）。

A. 只登记收入数，不登记发出数　　B. 只登记发出数，不登记收入数

C. 先登记收入数，后登记发出数　　D. 先登记发出数，后登记收入数

6. 财产清查按清查的范围划分，可分为（　　）。

A. 全面清查和定期清查　　B. 全面清查和局部清查

C. 定期清查和局部清查　　D. 定期清查和不定期清查

7. 下列情况中，需要进行全面清查的是（　　）。

A. 年终决算之前　　B. 重点抽查

C. 更换财产保管人员　　D. 发生意外损失后

8. “银行存款余额调节表”调整后的存款余额表明（　　）。

A. 企业可以使用的实存数额　　B. 银行存款期末数额

C. 平衡数额　　D. 未达数额

9. 对财产物资的收发都有严格手续，且在账簿中有连续记载，便于确定结存数量的制度是（　　）。

A. 永续盘存制　B. 收付实现制　C. 实地盘存制　D. 权责发生制

10. 对于笨重、成堆难以逐一清点的实物资产的清点，一般采用（　　）。

A. 实地盘点法　　B. 技术推算法
C. 发函寻证法　　D. 核对账目法

11. 企业在财产清查中盘盈的固定资产，应作为前期差错处理，通过（　　）账户核算，并应按重置成本确定其入账价值。

A. 固定资产　　B. 待处理财产损溢
C. 待处理固定资产损溢　　D. 以前年度损益调整

12. 企业对财产清查结果进行账务处理时，应设置（　　）账户，它是专门用来核算企业在财产清查过程中须查明原因处理的各种财产物资盘盈、盘亏和毁损情况的账户。

A. 待处理固定资产损溢　　B. 待处理流动资产损溢
C. 待处理财产损溢　　D. 财产清查损溢

13. 下列（　　）清查应采用询证核对法。

A. 短期投资　　B. 实收资本　　C. 原材料　　D. 应付账款

14. 企业在记账无误的情况下，造成银行存款日记账和银行对账单不一致的原因是（　　）。

A. 应收账款　　B. 外埠存款　　C. 应付账款　　D. 未达账项

三、多项选择题

1. 全面清查，一般是在（　　）时进行。

A. 年终　　B. 中外合资
C. 月终　　D. 单位撤销、合并或改变隶属关系

2. 定期清查的时间一般是（　　）。

A. 年末　　B. 单位合并　　C. 中外合资时
D. 季末　　E. 月末

3. 财产清查按清查的时间可分为（　　）。

A. 定期清查　　B. 全面清查　　C. 局部清查　　D. 不定期清查

4. 月末企业银行存款日记账与银行对账单不一致，造成企业账面余额大于银行对账单余额的原因可能有（　　）。

A. 企业已收款入账，而银行尚未入账
B. 企业已付款入账，而银行尚未入账
C. 银行已收款入账，而企业尚未入账
D. 银行已付款入账，而企业尚未入账

5. “待处理财产损溢”账户属于资产类账户，该账户用于核算各项财产物资的（　　）。

A. 盘盈　　B. 盘亏　　C. 报废　　D. 出售

6. 财产清查中遇有账实不符时，不能作为调整账簿记录的原始凭证有（　　）。

A. 银行存款余额调节表　　B. 账存实存对比表

C. 现金盘点报告表　　D. 银行对账单

7. 可以采用实地盘点法进行清查的财产物资是（　　）。

A. 银行存款　　B. 往来款项　　C. 固定资产

D. 库存现金　　E. 库存商品

8. 核对账目法适用于（　　）。

A. 应收账款的清查　　B. 应付账款的清查

C. 库存现金的清查　　D. 固定资产的清查

E. 短期借款的清查

9. 财产清查中发现现金长款，查明原因，报经批准后作账务处理时贷方可能涉及的会计科目是（　　）。

A. 其他应收款　　B. 营业外收入　　C. 其他应付款　　D. 管理费用

10. 财产清查结果的处理步骤是（　　）。

A. 核准数字、查明原因　　B. 调整账簿记录，做到账实相符

C. 根据盈亏原因进行报批　　D. 经批准后的账务处理

四、业务题

1. 大众工厂 2011 年 12 月 31 日“银行存款日记账”账面余额为 41 353 元，开户银行转来的“对账单”余额为 43 835 元。经核查，发现有以下几笔未达账项。

（1）企业收到支票一张，系前期销货款，面额为 1 765 元，企业已增加银行存款，开户银行尚未入账。

（2）银行代企业支付水费 183 元，银行已入账，企业尚未接到通知，没有入账。

（3）银行代企业收讫销售货款 3 950 元，银行已入账，企业尚未接到通知，没有入账。

（4）企业开出支票一张，购买办公用品金额为 480 元。企业已记银行存款减少，银行尚未入账。

【要求】根据上述材料，编制“银行存款余额调节表”，并说出企业月末可动用的银行存款实有数额。

2. 某企业在 2011 年年终进行的财产清查中发现以下问题。

（1）发现库存现金短缺 300 元。后查明原因并经批准，短缺款项是因出纳人员李英工作疏忽造成的，应由其负责赔偿。

（2）经盘点发现库存现金长款 600 元。经核查，未查明原因，报经批准后作营业外收入处理。

（3）经盘点，盘盈甲材料 80kg，单位成本 60 元，价值 4 800 元。经调查，盘

盈甲材料是计量器具不准造成的，经批准冲减本月管理费用。

（4）经盘点，盘亏 A 产品 60kg，单位成本 30 元。经调查，属于定额内正常损耗，批准后将损失列作管理费用。

（5）发现盘亏设备一台，其原值为 60 000 元，已提折旧额 40 000 元。经调查，盘亏设备是由于责任人张力过失造成的毁损，应由其赔偿 8 000 元，扣除累计折旧、责任人赔偿后的差额计入营业外支出。

【要求】根据上述财产清查中的问题和批准结果，编制相应的会计分录。

第8章 财务会计报告

【知识目标】

1. 了解现金流量表、所有者权益变动表的结构和内容；
2. 理解财务报告的含义、作用、结构及会计报表的种类；
3. 掌握资产负债表的内容、格式和编制方法；
4. 掌握利润表的内容、格式和编制方法。

【技能目标】

1. 能根据会计账簿资料编制资产负债表；
2. 能根据会计账簿资料编制利润表。

【知识框架】

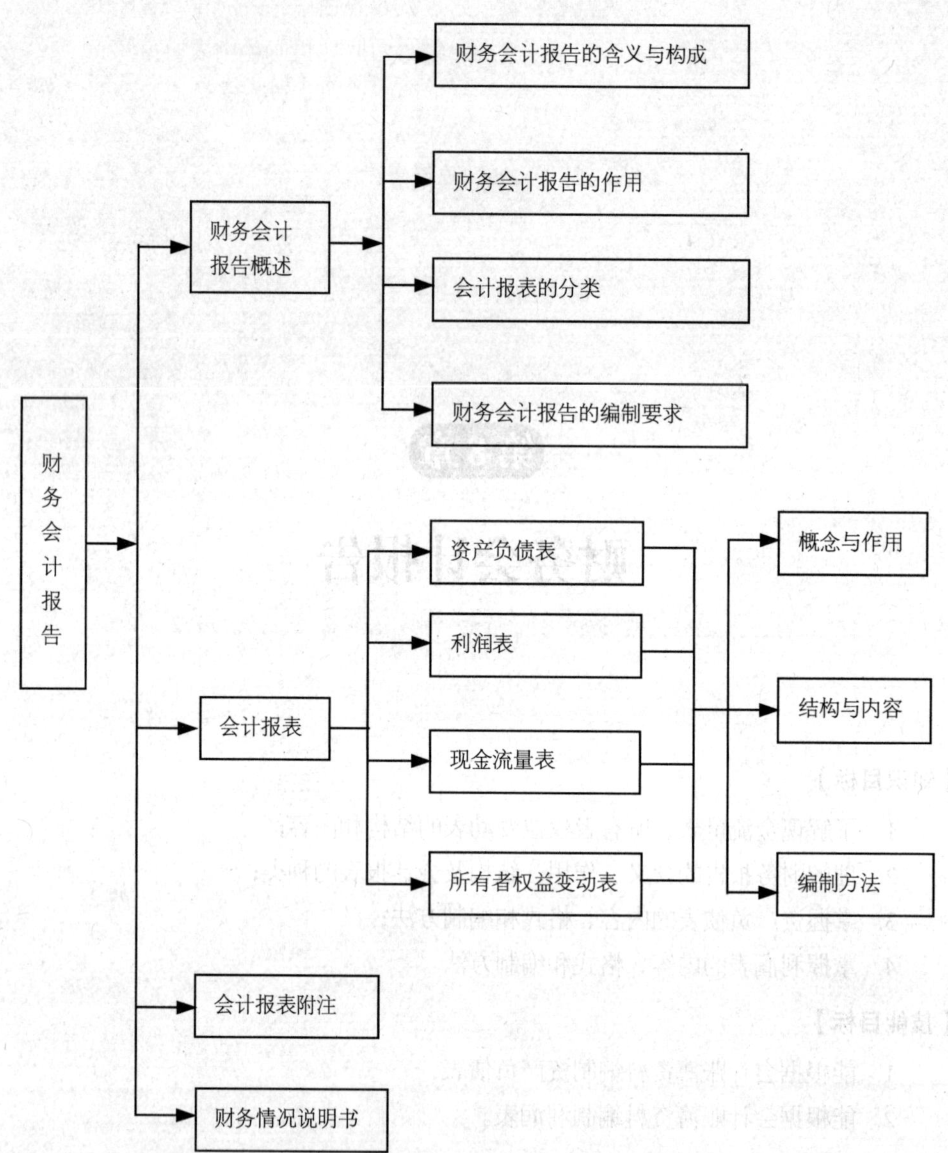

8.1 财务会计报告的概述

8.1.1 财务会计报告的含义与构成

1. 含义

财务会计报告，是指企业对外提供的反映企业某一特定日期的财务状况和某一会计期间的经营成果、现金流量等会计信息的文件。

2. 财务会计报告的构成

企业发生的任何一项经济业务，都可以通过编制凭证、登记账簿加以记录和反映。但凭证和账簿记录无法全面、系统、总括地分析企业的经济活动全貌，以及企业资产拥有量、负债多少、收益情况等。而根据账簿编制的财务会计报告则可以简单明了、通俗易懂地表达这些内容。财务会计报告是会计核算的一项专门方法，是会计核算过程中的最后一个环节。

企业的财务会计报告包括财务会计报表和其他应当在财务报告中披露的相关信息和资料。其中，季度和月度的财务会计报告通常仅指会计报表，而年度、半年度财务会计报告包括三个方面：会计报表、会计报表附注和财务情况说明书。其体系如图 8-1 所示。

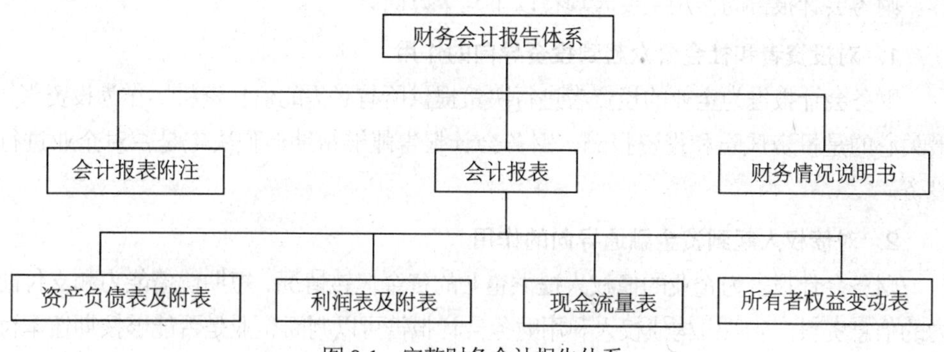

图 8-1　完整财务会计报告体系

（1）会计报表。会计报表是企业财务报告的主要部分，也是企业向外传递会计信息的主要手段，包括：①资产负债表；②利润表；③现金流量表；④所有者权益变动表（股东权益变动表）；⑤其他有关附表等。

（2）会计报表附注。会计报表附注是指对在会计报表中列示项目所作的进一步说明，以及对未能在这些报表中列示项目的说明等。会计报表附注是财务会计报告不可缺少的组成部分，是反映企业财务状况、经营成果和现金流量的补充表，是为了便于财务会计报告的使用者更好地理解会计报表内容。其主要包括对企业的基本情况，会计报表的编制基础、编制依据、编制原则和方法及主要项目所作的解释，遵循企业会计准则的声明，重要会计政策和会计估计、会计政策和会计估计变更以及差错更正的说明，报表重要项目的说明，分部报告和关联方披露等。

【知识链接】

依照《企业财务会计报告条例》的规定，企业向有关各方提供的财务会计报告，其编制基础、编制依据、编制原则和方法应当一致，不得提供编制基础、编制依据、编制原则和方法不同的财务会计报告。

（3）财务情况说明书。财务情况说明书是对企业一定会计期间内生产经营、资金周转和利润实现及分配等情况的综合性说明。单位提供的财务情况说明书至少应当对下列情况作出说明：①企业生产经营的基本情况；②利润实现和分配情况；③资金增减和周转情况；④对企业财务状况、经营成果和现金流量有重大影响的其他事项。

（4）财务会计报告披露的内容：①编报企业的名称；②资产负债表日或财务报表涵盖的会计期间；③人民币金额单位；④财务报表是合并财务报表的，应当予以注明。

8.1.2 财务会计报告的作用

企业提供财务会计报告主要是为会计信息使用者提供有用的会计信息。财务会计报告的使用者包括企业投资者（股东）、债权人、企业职工、政府有关部门和企业管理者等。这些使用者因各自不同的目的，对财务会计报告的需要和关心程度也不一样。财务会计报告的作用主要表现在以下几个方面。

1. 对投资者和社会公众起到投资导向的作用

财务会计报告为企业的投资者进行决策提供所有必需的信息资料。作为投资者，最关心的是投资风险和投资报酬，财务会计报告能够帮助他们决定是否对企业进行投资。

2. 对债权人起到资金融通导向的作用

财务会计报告为企业的债权人提供企业的资金运转情况、短期偿债能力和支付能力的信息资料。金融机构债权人利用财务会计报告可以判断企业是否能够按期还本付息，贷款能否按协议规定使用，是否继续向企业贷款，以减少企业的借贷风险；商业债权人可以利用财务会计报告得到企业所欠款项能否按期支付信息等。

3. 对企业管理者起到完善管理、提高效益的作用

财务会计报告为企业管理者进行日常的管理活动提供必要的信息资料。企业管理者可以通过财务会计报告及时了解企业一定日期的财务状况和一定时期的经营成果，分析企业成本费用开支情况，以便发现问题、纠正缺点、巩固成绩，从而达到加强经济核算、提高经济效益的目的。

4. 为职工全面了解企业、实施监督提供依据

企业职工可以通过财务会计报告了解企业的经营状况，了解各自报酬水平、企业福利和就业机会等情况，还可以监督企业各级管理人员的工作，提出改进企业管理的合理化建议，帮助企业管理人员提高企业管理水平。

5. 为政府部门宏观调控、检查和监督提供依据

财务会计报告为财政、税务、工商、审计等政府部门进行宏观调控、制定经济政策提供依据。财税部门利用财务会计报告可以监督检查企业各种税金的提取、上交和利润分配情况等，督促企业依法纳税，履行企业对国家应承担的义务。

6. 为其他报表使用者提供财务参考信息

财务会计报告为供应商和客户决定是否与企业发生赊销往来业务提供重要的参考信息，以保证自身资金的安全。

8.1.3 会计报表的分类

1. 按反映的经济内容分类

会计报表按反映的经济内容不同，可分为静态报表和动态报表。静态报表是指综合反映企业某一特定日期资产、负债和所有者权益状况的报表，如资产负债表；动态报表是指综合反映企业一定期间的经营情况或现金流量情况的报表，如利润表、现金流量表和所有者权益变动表。

2. 按编制的时间不同分类

按编制的时间不同，划分为月报、季报、半年报和年报。月报、季报和半年报统称为“中期会计报表”。

（1）月报，是反映企业月份内经营情况、财务状况及其财务成果的会计报表，在每月的月末进行编制。由于每月都需要编制，因此往往只编制主要的会计报表，如资产负债表、利润表。月报要求简明扼要、反映及时。

（2）季报，是反映企业某个季节的经营状况、财务状况和财务成果的会计报表，在每季度终了时进行编制。一般也仅编制主要的会计报表，如资产负债表、利润表。季报在提供信息的详细程度上介于月报和年报之间。

（3）半年报，是在每个会计年度的前 6 个月结束后对外提供的会计报表。股份有限公司编制的半年度会计报表，其内容与年度报表相同，但资料略微简化。

（4）年报，是全面反映企业某一年度的经营活动情况、财务状况及其财务成果的总结性会计报表，在年度终了时进行编制。它包括企业对外、对内编制的所有会计报表。年报要求反映信息要完整全面，至少应反映两个会计年度或相关两个会计期间的比较数据。

3. 按服务的对象分类

编制会计报表的目的是向有关方面提供会计信息。会计报表的使用者（对象）包括企业内部的使用者和企业外部的使用者。因此，会计报表可以划分为内部报表和外部报表。

（1）内部报表，是指为适应企业内部经营管理需要而编制的不对外公开的会计报表，其种类、格式、编制方法、编制日期及报送对象等由企业自行确定。

（2）外部报表，是指企业对外提供的，供政府部门、投资者、债权人、其他企业和个人使用的会计报表，包括资产负债表、利润表和现金流量表等。外部报表的种类和格式目前由财政部制定的会计准则统一规定。

4. 按编制单位不同分类

会计报表所反映的是特定主体某一时期的会计信息，因此，按其编制基础不同，可以分为基层报表、汇总报表和合并报表。

（1）基层报表，是指仅反映某个单一企业本身财务状况及其经营成果等方面信息资料的会计报表，反映个别企业的财务状况和经营成果。

（2）汇总报表，是由企业主管部门或上级机关根据所属单位报送的基层报表连同本单位的会计报表简单汇总编制的会计报表。它是用来反映某一部门或一个区域的经济活动及其结果的综合性报表。它通常按照隶属关系，采取逐级汇总的办法进行编制。

（3）合并报表，是指由控股公司（母公司）编制的，在母公司和子公司基层报表的基础上，对企业集团内部交易进行相应的抵销后编制的会计报表，以反映集团综合的财务状况和经营成果。按照规定，当企业对外投资超过被投资企业资本总额半数以上或者实质上拥有被投资企业控制权时，应当编制合并会计报表。

8.1.4 财务会计报告的编制要求

为了发挥财务会计报告的作用，保证财务会计报告信息的质量，企业编制财务会计报告必须做到编制基础稳定、数字真实、计算准确、内容完整、编报及时和便于理解。

1. 以持续经营为基础

企业应该以持续经营为基础编制财务报告。企业管理当局应对是否能够持续经营进行评估，若某些重大不确定因素可能导致对企业持续经营产生重大影响时，应对不确定因素充分加以披露；若财务报告不是以持续经营为基础编制，应说明原因。

2. 数字真实

编制财务会计报告应以实际发生的交易和事项为依据，如实反映企业的财务状况、经营成果和现金流量，严禁弄虚作假、估计数字。这是财务会计报告编制的基本要求之一，也是充分发挥财务会计报告作用的前提条件。只有保证财务会计报告真实可靠，才能为报告使用者提供正确的信息，从而作出正确的决策。

3. 计算准确

企业在编制财务会计报告之前，要依据《中华人民共和国会计法》、《企业会计准则》等规定的口径计算、填列。财务会计报告编制前，必须按期结账，认真对账和进行财产清查，做到账证相符、账账相符和账实相符。编制以后，必须做到账表相符，并使各种报表之间的数字相互衔接一致。

4. 内容完整

财务会计报告应当全面披露企业的财务状况、经营成果和现金流量，完整地反映企业财务活动的过程和结果，以满足有关方面对会计信息的需要。因此，企业在编制财务会计报告时，应当按照《中华人民共和国会计法》、《企业会计准则》等规定的格式和内容填写，并且保证报表种类齐全、报表项目完整。对于企业某些重要的事项，会计报表中未能全面反映的，还应当按照要求在会计报表附注中用文字加以说明，不得漏编、漏报。

5. 编报及时

为了使会计信息使用者及时了解企业的财务信息，企业应当按照规定的时间和程序及时编制和报送，以保证财务会计报告的时效性。否则，即使财务会计报告的编制真实可靠、内容完整，但由于编报不及时，也可能失去价值。因此，企业应当依照有关法律、行政法规和《企业财务会计报告条例》规定的结账日进行结账，不得提前或延迟。年度结账日为公历年度每年的 12 月 31 日；半年度、季度、月度结账日分别为公历年度每半年、每季、每月的最后一天。

6. 便于理解

企业财务会计报告提供的信息应当清晰明了，易于理解和运用。如果财务会计报告难懂，不易理解，财务会计报告使用者就不能据以作出准确的判断。需要说明的是，编制财务会计报告的这一要求是建立在信息使用者具有一定的阅读财务会计报告能力的基础之上的。

7. 对外提供

我国《企业财务报告条例》规定，企业对外提供的财务报表应当依次编定页数，加具封面，装订成册，加盖公章。封面上应当注明：企业名称、企业统一代码、组织形式、地址、报表所属年度或者月份、报出日期，并由企业负责人和主管会计工作的负责人、会计机构负责人（会计主管员）签名并盖章；设立总会计师的企业，还应当由总会计师签名并盖章。

8. 财务会计报告的报送期限

月度财务会计报告应当于月度终了后 6 天内（节假日顺延，下同）对外提供；季度中期财务会计报告应当于季度终了后 15 天内对外提供；半年度中期财务会计报告应当于年度中期结束后 60 天内（相当于两个连续的月份）对外提供；年度财务会计报告应当于年度终了后 4 个月内对外提供。

【知识链接】

依据我国《会计档案管理办法》规定，财务会计报告的保管期限分为永久和定期两类，其中月度、季度财务会计报告及文字分析的保管期限为 3 年；年度财务会计报告（决算）及文字分析的保管期限是永久保存。

8.2 资产负债表

8.2.1 资产负债表的概念与作用

1. 资产负债表的概念

资产负债表，是指反映企业在某一特定日期的财务状况的会计报表。因为反映的是某一特定日期的情况，所以是静态会计报表。该表是根据“资产 = 负债 + 所有者权益”这一基本会计等式，依照一定的分类标准和一定的顺序，把企业在某一特定日期的资产、负债和所有者权益按一定的编制要求编制而成的。

2. 资产负债表的作用

资产负债表可以反映企业资产、负债和所有者权益的全貌，能为信息使用者提供以下会计信息：

（1）企业拥有或控制的经济资源及其分布情况；

（2）企业资金的来源构成，即债权人和投资者各项权益所占比重；

（3）便于信息使用者了解企业的财务实力、企业的偿债能力和支付能力等；

（4）企业未来财务状况的发展趋势。

8.2.2 资产负债表的结构与内容

1. 资产负债表的结构

资产负债表由表头、表身和表尾等部分组成。表头部分应列明报表名称、编表单位名称、编制日期和金额计量单位；表身部分反映资产、负债和所有者权益的内容；表尾部分为补充说明。其中，表身部分是资产负债表的主体和核心。资产负债表的格式通常有报告式（上下式）和账户式（左右式）两种。在我国，企业资产负债表一般采用账户式结构。

资产负债表分左、右两方，左边为资产类项目，按资产的流动性强弱排列，即先流动资产，后非流动资产，对流动资产和非流动资产再划分为若干个项目。右边为负债类和所有者权益类项目，负债类一般按求偿权先后顺序排列，即先流动负债，后非流动负债，对流动负债和非流动负债再划分为若干个项目；所有者权益类则按其永久性程度的顺序排列，即先后顺序为实收资本、资本公积、盈余公积、未分配利润。资产负债表左方资产各项目合计数等于右方负债和所有者权益各项目合计数，也就是“资产 = 负债 + 所有者权益”，即资产负债表左方和右方平衡。因此，通过资产负债表可以反映资产、负债和所有者权益之间的内在关系。资产负债表的基本格式如表 8-2 所示。

2. 资产负债表的内容

（1）资产项目。

① 流动资产，包括货币资金、交易性金融资产、应收票据、应收账款、预付账款、应收利息、应收股利、其他应收款、存货、一年内到期的非流动资产等。

② 非流动资产，包括可供出售金融资产、持有至到期投资、长期应收款、长期股权投资、投资性房地产、固定资产、在建工程、无形资产、开发支出、商誉、长期待摊费用等。

（2）负债项目。

① 流动负债，包括短期借款、交易性金融负债、应付票据、应付账款、预收账款、应付职工薪酬、应交税费、应付利息、应付股利、其他应付款、一年内到期的非流动负债等。

② 非流动负债，包括长期借款、应付债券、长期应付款、专项应付款、预计负债等。

（3）所有者权益项目

所有者权益项目包括实收资本（或股本）、资本公积、盈余公积和未分配利润。

8.2.3 资产负债表的编制方法

资产负债表的各项目须列出“年初余额”（年初数）和“期末余额”（期末数）两栏，其数据主要是来源于会计账簿记录。

1. 资产负债表“年初余额”的填列

资产负债表“年初余额”栏内各项数字，应根据上年末资产负债表的“期末余额”栏内所列数字填列。如果本年度资产负债表规定的各项目的名称和内容同上年不一致，则应对上年年末资产负债表各项目的名称和数字按照本年度的规定进行调整，填入本表“年初余额”栏内。

2. 资产负债表“期末余额”的填列

资产负债表的“期末余额”，是指月末、季末、半年末或年末的数字，它们是根据企业本期总分类账户和明细分类账户的期末余额直接填列或计算分析填列。

资产负债表的“期末余额”栏则根据会计报表编报时间，可分为月末、季末或年末数额。“期末余额”主要是通过对本会计期间会计核算记录的数据加以归集、整理而成，其资料来源有以下几个方面。

（1）大部分项目可直接根据总分类账户余额填列。资产负债表中的有些项目，可直接根据有关总分类账户余额填列，如“短期借款”、“交易性金融资产”、“应付职工薪酬”、“资本公积”、“固定资产清理”、“长期待摊费用”、“递延所得税资产”、“短期借款”、“交易性金融负债”、“应付票据”、“应交税费”、“应付利息”等项目。

（2）根据若干个总分类账户期末余额的合计数计算填列。例如，“货币资金”项目，应根据“库存现金”、“银行存款”、“其他货币资金”等总分类账户的期末借方余额汇总后填列。

（3）根据有关明细分类账户的余额计算填列。例如，“预付账款”项目，应根据“预付账款”和“应付账款”的明细分类账户的借方余额合计填列；“应付账款”项目，应根据“应付账款”和“预付账款”的明细分类账户的贷方余额合计填列。

（4）根据有关总分类账户和明细分类账户的余额分析计算填列。例如，“长期应收款”项目，应根据“长期应收款”总分类账户余额，减去“未实现融资收益”总分类账户余额，再减去所属相关明细分类账户中将于一年内到期的部分填列；“长期借款”项目，应根据“长期借款”总分类账户余额，减去其所属明细分类账户中将于一年内到期的部分填列；“应付债券”项目，应根据“应付债券”总分类账户余额，减去其所属明细分类账户中将于一年内到期的部分填列；“长期应付款”项目，应根据“长期应付款”总分类账户余额，减去“未确认融资费用”总分类账户余额，再减去所属相关明细分类账户中将于一年内到期的部分填列。

（5）根据总分类账户与其备抵后的净额填列。例如，“存货”项目，应根据“材料采购”、“原材料”、“库存商品”、“生产成本”等总分类账户的借方期末余额合计数，减去“存货跌价准备”总分类账户的贷方余额后填列；“持有至到期投资”项目，应当根据“持有至到期投资”账户期末余额，减去“持有至到期投资减值准备”账户期末余额后的金额填列；“固定资产”项目，应当根据“固定资产”账户期末余额，减去“累计折旧”、“固定资产减值准备”等账户余额后的金额填列。

（6）根据资产负债表内有关项目金额计算填列。例如，“流动资产合计”、“非流动资产合计”、“资产合计”、“流动负债合计”、“非流动负债合计”、“负债合计”、“所有者权益合计”、“负债和所有者权益合计”等项目。

3. 资产负债表主要项目的填列方法

根据《企业会计准则》，资产负债表中主要项目的填列方法如下所述。

（1）资产项目的填列方法。

①“货币资金”项目，反映企业库存现金、银行存款、外埠存款、银行汇票存款、银行本票存款、信用卡存款、信用证保证金存款等的合计数。本项目应依据“库存现金”、“银行存款”、“其他货币资金”总分类账户期末余额的合计数填列。

②“交易性金融资产”项目，反映企业为交易目的所持有的债券投资、股票投资、基金投资等交易性金融资产的公允价值和企业持有的直接指定为以公允价值计量且其变动计入当期损益的金融资产，该项目应根据本账户期末余额填列。

③“应收票据”项目，反映企业收到的未到期并且未向银行贴现的应收票据，包括商业承兑汇票和银行承兑汇票。本项目应依据“应收票据”科目的期末余额减去“坏

账准备”账户中有关应收票据计提的坏账准备期末余额后的金额填列。已向银行贴现和已背书转让的应收票据，不包括在本项目内，其中已贴现的商业承兑汇票，应在会计报表附注中单独披露。

④“应收账款”项目，反映企业因销售商品、产品和提供劳务等而应向购买单位收取的各种款项，减去已计提的坏账准备后的净额。本项目应根据“应收账款”和“预收账款”账户所属各明细分类账户的借方期末金额合计减去“坏账准备”账户中有关应收账款计提的坏账准备期末金额后的金额填列。如果“应收账款”账户所属明细分类账户期末有贷方余额的，应在本表“预收账款”项目内填列。

⑤“预付账款”项目，反映企业预付给供货单位、供应劳务单位的款项。本项目应根据“预付账款”和“应付账款”账户所属各明细分类账户的期末借方金额合计数减去“坏账准备”账户中有关预付账款计提的坏账准备期末余额后的金额填列。如果“预付账款”所属各明细分类账户期末有贷方余额的，应在本表“应付账款”项目内填列。如果“应付账款”所属明细分类账户有借方余额的，也包括在本项目内。

⑥“应收利息”项目，反映企业因债权投资而应收取的利息。企业购入到期还本付息债券应收的利息，不包括在本项目内。本项目应根据“应收利息”账户的期末余额减去“坏账准备”账户中有关应收利息计提的坏账准备期末余额后的金额填列。

⑦“应收股利”项目，反映企业因股权投资而应收取的现金股利。企业应收其他单位的利润，也包括在本项目内。本项目应依据“应收股利”账户的期末余额减去“坏账准备”账户中有关应收股利计提的坏账准备期末余额后的金额填列。

⑧“其他应收款”项目，反映企业对其他单位和个人的应收和暂付款项，减去已计提坏账准备后的净额。本项目应根据“其他应收款”账户的期末余额，减去“坏账准备”账户中有关其他应收款计提的坏账准备期末余额后的金额填列。

⑨“存货”项目，反映企业期末在库、在途和在加工中的各种存货的实际价值。存货包括各种材料、商品、在产品、半成品、周转材料、分期收款发出商品、委托代销商品、受托代销商品等。本项目应根据“在途物资”、“原材料”、“自制半成品”、“库存商品”、“周转材料”、“发出商品”、“委托加工物资”、“委托代销商品”、“受托代销商品”、“生产成本”等账户的期末余额合计，减去“代销商品款”、“存货跌价准备”账户期末余额后的金额填列。

⑩“其他流动资产”项目，反映企业除以上流动资产项目外的其他流动资产。本项目应根据有关账户的期末余额填列，如果其他流动资产价值较大的，应在会计报表附注中披露其内容和金额。

⑪“持有至到期投资”项目，反映企业持有至到期投资的摊余成本。本项目应根据“持有至到期投资”账户的期末余额，减去“持有至到期投资减值准备”账户期末余额后的金额填列。

⑫“长期应收款”项目，反映企业的长期应收款项。本项目应根据“长期应收款”账户的期末余额减去相应的“未实现融资收益”账户和“坏账准备”账户所属相关明细分类账户期末余额后的金额填列。

⑬“长期股权投资”项目，反映企业不准备在一年内（含一年）变现的各种股权性质投资的可收回金额。本项目应根据“长期股权投资”账户的期末余额，减去“长期股权投资减值准备”账户的期末余额后的金额填列。

⑭“固定资产”项目，反映企业的各种固定资产原价减去累计折旧和累计减值准备后的净额。融资租入的固定资产，其原价及已提折旧也包括在内。融资租入固定资产原价在会计报表附注中另行反映。这两个项目应根据“固定资产”账户期末余额减去“累计折旧”、“固定资产减值准备”账户期末余额后的金额填列。

⑮“在建工程”项目，反映企业期末各项未完工程的实际支出。本项目应依据“在建工程”账户的期末余额，减去“在建工程减值准备”账户期末余额后的金额填列。

⑯“工程物资”项目，反映企业各项工程尚未使用的工程物资的实际成本。本项目应依据“工程物资”账户的期末余额填列。

⑰“固定资产清理”项目，反映企业因出售、毁损和报废等原因转入清理但尚未清理完毕的固定资产的净值，以及固定资产清理过程中所发生的清理费用和变价收入等各项金额的差额。本项目应依据“固定资产清理”账产的期末借方余额填列。如果“固定资产清理”账户期末为贷方余额，以“-”号填列。

⑱“无形资产”项目，反映企业各项无形资产的期末可收回金额。本项目应根据“无形资产”账户的期末余额，减去“无形资产减值准备”账户期末余额后的金额填列。

⑲“商誉”项目，反映企业合并中形成的商誉价值。该项目根据“商誉”账户期末余额填列；商誉发生减值的，应根据“商誉”账户期末余额，减去“商誉减值准备”账户期末余额后的金额填列。

⑳“长期待摊费用”项目，反映企业已经发生但应由本企业以后各期分摊，期限在一年以上的各种费用，本项目应依据“长期待摊费用”账户的期末余额减去将于一年内（含一年）摊销的数额后的金额填列。

（2）负债项目的填列方法。

①“短期借款”项目，反映企业借入尚未归还的一年期以下（含一年）的借款。本项目应根据“短期借款”账户的期末余额填列。

②“应付票据”项目，反映企业为了抵付货款等而开出并承兑的尚未到期付款的应付票据，包括银行承兑汇票和商业承兑汇票。本项目应根据“应付票据”账户的期末余额填列。

③“应付账款”项目，反映企业购买材料、商品或接受劳务供应等而应付给供应

单位的款项。本项目应根据“应付账款”和“预付账款”账户所属各明细分类账户的期末贷方余额合计数填列；如果“应付账款”账户所属明细分类账户期末有借方余额的，应在本表“预付账款”项目内填列。

④“预收账款”项目，反映企业预收购买单位的账款。本项目应根据“预收账款”和“应收账款”账户所属各明细分类账户的期末贷方余额合计数填列。如果“预收账款”账户所属各明细分类账户期末有借方余额，应在本表“应收账款”项目内填列；如果“应收账款”账户所属明细分类账户有贷方余额的，也包括在本项目内。

⑤“应付职工薪酬”项目，反映企业应付未付的职工各种薪酬，包括工资、职工福利、社会保险费、住房公积金、工会经费、职工教育经费和非货币性福利等。按规定从净利润中提取的职工奖励和福利基金也在本项目反映。本项目应根据“应付职工薪酬”账户所属各明细分类账户的期末贷方余额合计数填列。如果该账户期末有借方余额，以“-”号填列。

⑥“应交税费”项目，反映企业期末未交、多交或未抵扣的各种税费，包括增值税、消费税、所得税、资源税、土地增值税、城市维护建设税、房产税、土地使用税、教育费附加和矿产资源补偿费等。本项目应根据“应交税费”账户所属明细分类账户的期末贷方余额合计数填列；如果“应交税费”账户期末为借方余额，应以“-”号填列。

⑦“应付利息”项目，反映企业按照合同约定应支付的利息，包括吸收存款、分期付息到期还本的长期借款、企业债券等应支付的利息。本项目应根据“应付利息”账户的期末余额填列。

⑧“应付股利”项目，反映企业尚未支付的现金股利。本项目应根据“应付股利”账户的期末余额填列。

⑨“其他应付款”项目，反映企业所有应付和暂收其他单位和个人的款项。本项目应根据“其他应付款”账户的期末余额填列。

⑩“一年内到期的非流动负债”项目，反映非流动负债各项目中将于一年内（含一年）到期的长期负债。本项目应根据有关账户期末余额减去将于一年内（含一年）到期偿还数后的余额填列。

⑪“长期借款”项目，反映企业借入尚未归还的一年期以上（不含一年）的借款本息。本项目应根据“长期借款”账户的期末余额填列。

⑫“应付债券”项目，反映企业发行的尚未偿还的各种长期债券的本息。本项目应根据“应付债券”账户的期末余额填列。

⑬“长期应付款”项目，反映企业除长期借款和应付债券以外的其他各种长期应付款。本项目应根据“长期应付款”账户的期末余额，减去“未确认融资费用”账户期末余额后的金额填列。

（3）所有者权益项目的填列方法。

①“实收资本”（或股本）项目，反映企业各投资者实际投入的资本（或股本）总额。本项目应根据“实收资本”（或“股本”）账户的期末余额填列。

②“资本公积”项目反映企业资本公积的期末余额。本项目应根据“资本公积”账户的期末余额填列。

③“盈余公积”项目，反映企业盈余公积的期末余额。本项目应根据“盈余公积”账户的期末余额填列。

④“未分配利润”项目，反映企业尚未分配的利润。本项目应根据“本年利润”账户和“利润分配”账户的余额计算填列。未弥补的亏损，在本项目以内“–”号填列。

4. 资产负债表编制举例

【例 8-1】 华泰公司 2011 年 12 月 31 日的全部总账和有关明细账余额如表 8-1 所示。

表 8-1 总账和有关明细账余额表

单位：元

总　账	明细账户	借方余额	贷方余额	总　账	明细账户	借方余额	贷方余额
库存现金		800		短期借款			90 000
银行存款		60 000		应付账款			38 000
交易性金融资产		15 000			E 企业	2 000	
应收账款		3 200			F 企业		40 000
	A 企业		800	预收账款			6 000
	B 企业	4 000			M 企业		8 500
预付账款		10 000			N 企业	2 500	
	C 企业		1 500	其他应付款			4 000
	D 企业	11 500		应付职工薪酬			32 400
其他应收款		2 000		应交税费			10 000
原材料		70 000		应付股利			20 000
生产成本		32 000		应付利息			800
库存商品		65 000		长期借款			30 000
应收利息		1 200		实收资本			550 000
持有至到期投资		11 600		盈余公积			24 000
固定资产		618 400		利润分配			74 000
累计折旧			10 000		未分配利润		74 000

根据上述资料，编制该公司 2011 年 12 月 31 日的资产负债表，如表 8-2 所示。

表8-2　　资产负债表

编制单位：华泰公司　　2011年12月31日　　单位：元

资　　产	期末余额	年初余额	负债和所有者权益（或股东权益）	期末余额	年初余额
流动资产：		略	流动负债：		略
货币资金	60 800		短期借款	90 000	
交易性金融资产	15 000		交易性金融负债		
应收票据			应付票据		
应收账款	6 500		应付账款	41 500	
预付账款	13 500		预收账款	9 300	
应收利息	1 200		应付职工薪酬	32 400	
应收股利			应交税费	10 000	
其他应收款	2 000		应付利息	800	
存货	167 000		应付股利	20 000	
一年内到期的非流动资产			其他应付款	4 000	
其他流动资产			一年内到期的非流动负债		
流动资产合计	266 000		其他流动负债		
非流动资产：			流动负债合计	208 000	
可供出售金融资产			非流动负债：		
持有至到期投资	11 600		长期借款	30 000	
长期应收款			应付债券		
长期股权投资			长期应付款		
投资性房地产			专项应付款		
固定资产	608 400		预计负债		
在建工程			递延所得税负债		
工程物资			其他非流动负债		
固定资产清理			非流动负债合计	30 000	
生产性生物资产			负债合计	238 000	
油气资产			所有者权益（或股东权益）：		
无形资产			实收资本（或股本）	550 000	
开发支出			资本公积		
商誉			减：库存股		
长期待摊费用			盈余公积	24 000	
递延所得税资产			未分配利润	74 000	
其他非流动资产			所有者权益（或股东权益）合计	648 000	
非流动资产合计	620 000				
资产总计	886 000		负债和所有者权益（或股东权益）总计	886 000	

8.3 利 润 表

8.3.1 利润表的概念与作用

1. 利润表的概念

利润表，是指反映企业在一定会计期间的经营成果的会计报表。因为反映的是某一会计期间的情况，所以是动态报表。利润表是财务会计报告中的重要报表之一，主要提供企业经营成果方面的信息，根据“收入－费用＝利润”这一会计等式编制。

2. 利润表的作用

（1）评价和预测企业的经营成果和获利能力，为投资者决策提供依据，可以反映企业一定会计期间的收入、费用以及利润情况，并据以分析、判断企业经营成果。

（2）可以评价企业的获利能力，预测未来赢利趋势，并为管理者的经营决策提供依据。

（3）可以分析企业利润增减变动的主要原因，以改善经营管理，提高赢利水平。

8.3.2 利润表的结构与内容

利润表一般有表头、表身两部分。表头说明报表名称、编制单位、编制日期、金额计量单位等；表身是利润表的主体，反映形成经营成果的各个项目和计算过程。利润表主要有两种格式，即单步式和多步式。

1. 单步式利润表

单步式是将所有收入和所有费用分别加以汇总，用收入合计减去费用合计，从而得出本期利润。由于它只有一个相减的步骤，因而称为单步式利润表。其格式如表 8-3 所示。

单步式利润表编制方法简单，收入、支出归类清楚，但缺点是反映不出企业利润的构成内容、收入和费用部分的层次和步骤，因而不利于企业不同期间利润表与行业间利润表的纵向和横向的比较及分析。

2. 多步式利润表

多步式利润表是按照利润表的构成内容，分层次、分步骤，逐项、逐步计算编制而成的报表，其反映的重点不仅在于企业最终的利润，还在于企业利润的形成过程。其优点是按利润的性质分步计算利润，反映了净利润各要素之间的内在联系，便于财务报告使用者进行获利能力分析，预测未来赢利趋势。因此，按照我国《企业会计准则》规定，我国企业的利润表采用多步式利润表结构。

表8-3 利润表（单步式）

编制单位： 年 月 单位：元

项 目	本期金额	上期金额
一、营业收入和收益		
其中：主营业务收入		
其他业务收入		
营业外收入		
投资收益		
营业收入和收益合计		
二、营业费用和损失		
其中：主营业务成本		
其他业务支出		
营业税金及附加		
销售费用		
管理费用		
财务费用		
营业外支出		
营业费用和损失合计		
三、利润总额		
减：所得税费用		
四、净利润		

多步式利润表一般按以下几步进行计算。

第一步，计算营业利润

营业利润＝营业收入－营业成本－营业税金及附加－销售费用－管理费用－财务费用－资产减值损失±公允价值变动损益±投资收益

第二步，计算利润总额

利润总额＝营业利润＋营业外收入－营业外支出

第三步，计算净利润

净利润＝利润总额－所得税费用

多步式利润表的基本格式如表8-4所示。

表8-4 利润表（多步式）

编制单位： 年 月 单位：元

项 目	本期金额	上期金额
一、营业收入		
减：营业成本		
营业税金及附加		
销售费用		
管理费用		

续表

项　　目	本期金额	上期金额
财务费用		
资产减值损失		
加：公允价值变动收益（损失"-"号填列）		
投资收益（损失以"-"号填列）		
其中：对联营企业和合营企业的投资收益		
二、营业利润（亏损以"-"号填列）		
加：营业外收入		
减：营业外支出		
其中：非流动资产处置净损失		
三、利润总额（亏损总额以"-"号填列）		
减：所得税费用		
四、净利润（净亏损以"-"号填列）		
五、每股收益		
（一）基本每股收益		
（二）稀释每股收益		

8.3.3 利润表的编制方法

利润表反映企业月度、季度和年度利润的实现情况，一般根据总分类账户中损益类账户发生额合计数直接填列。表中一般有"本期金额"和"上期金额"两栏，其填列方法如下。

（1）表中的"上期金额"栏内各项数字，应根据上年该期利润表"本期金额"栏内所列数字填列。

（2）表中的"本期金额"栏内各项数字，一般根据损益类科目的发生额分析填列，主要项目说明如下。

①"营业收入"项目，反映企业经营主要业务和其他业务所确认的收入总额。本项目应根据"主要业务收入"和"其他业务收入"账户的发生额分析填列。

②"营业成本"项目，反映企业经营主要业务和其他业务发生的实际成本总额。本项目应根据"主要业务成本"和"其他业务成本"账户发生额分析填列。

③"营业税金及附加"项目，反映企业经营业务应负担的营业税、消费税、城市维护建设税、资源税、土地增值税和教育费附加等。本项目应根据"营业税金及附加"账户的发生额分析填列。

④"销售费用"项目，反映企业在销售商品和提供劳务等主要经营业务过程中发生的包装费、广告费等费用和为销售本企业商品而专设的销售机构的职工薪酬等经营

费用。本项目应根据“销售费用”账户的发生额分析填列。

⑤“管理费用”项目，反映企业为组织和管理生产经营发生的管理费用。本项目应根据“管理费用”账户发生额分析填列。

⑥“资产减值准备”项目，反映企业各项资产发生的减值损益。本项目应根据“资产减值损失”账户的发生额填列。

⑦“公允价值变动净收益”项目，是指企业交易性金融资产等公允价值变动形成的应计入当期损益的利得（或损失）。如果为净损失，以“–”填列。

⑧“投资收益”项目，反映企业以各种方式对外投资所取得的收益。本项目应根据“投资收益”账户的发生额分析填列。如果为净损失，以“–”填列。

⑨“营业外收入”项目和“营业外支出”项目，反映企业发生的与其生产经营活动无直接关系的各项收入和支出。本项目应根据“营业外收入”和“营业外支出”账户的发生额分析填列。

⑩“利润总额”项目，反映企业实现的利润总额。如果为亏损总额，以“–”填列。

⑪“所得税费用”项目，反映企业应从当期利润总额中扣除的所得税费用。该项目应根据“所得税费用”账户的发生额分析填列。

⑫“净利润”项目，反映企业实现的利润。如果为亏损，本项目以“–”填列。

（3）利润表编制举例。

【例 8-2】 华泰公司 2011 年度损益类账户本年累计发生金额如表 8-5 所示。

表 8-5　　**损益类账户发生额**

账 户 名 称	借方发生额	贷方发生额
主营业务收入		2 000 000
主营业务成本	890 000	
营业税金及附加	3 200	
销售费用	35 000	
主营业务收入		2 000 000
管理费用	196 000	
财务费用	38 000	
资产减值损失	26 000	
投资收益		66 000
营业外收入		43 000
营业外支出	36 000	
所得税费用	663 600	

根据表 8-5 损益类账户发生额资料，编制利润表，如表 8-6 所示。

表 8-6 利润表

编制单位：华泰公司 2011 年度 单位：元

项　目	本期金额	上期金额
一、营业收入	2 000 000	略
减：营业成本	890 000	
营业税金及附加	3 200	
销售费用	35 000	
管理费用	196 000	
财务费用	38 000	
资产减值损失	26 000	
加：公允价值变动收益（损失“–”号填列）		
投资收益（损失以“–”号填列）	66 000	
其中：对联营企业和合营企业的投资收益		
二、营业利润（亏损以“–”号填列）	877 800	
加：营业外收入	43 000	
减：营业外支出	36 000	
其中：非流动资产处置净损失		
三、利润总额（亏损总额以“–”号填列）	884 800	
减：所得税费用	221 200	
四、净利润（净亏损以“–”号填列）	663 600	

8.4 现金流量表

8.4.1 现金流量表的概念与作用

1. 现金流量表的概念

现金流量表，是指反映企业在一定会计期间的现金和现金等价物流入和流出的会计报表。它是以现金为基础编制的财务状况变动表。

现金是指企业库存现金，以及可以随时用于支付的存款，包括库存现金、银行存款和其他货币资金等。不能随时用于支付的存款不属于现金。

现金等价物，是指企业持有的期限短、流动性强、易于转换为已知金额现金、价值变动风险很小的投资。期限短，一般是指从购买日起 3 个月内到期的短期债券投资等。权益性投资变现的金额通常不确定，因而不属于现金等价物。企业应当根据具体情况，确定现金等价物的范围，一经确定不得随意变更。

2. 现金流量表的作用

现金流量表以现金的收支为基础，是对资产负债表和利润表的重要补充。通过现金流量表，可以为报表使用者提供企业一定会计期间内现金流入和现金流出的信息，便于报表使用者了解和评价企业获取现金的能力，并据以预测企业未来的现金流量。现金流量表的作用可概括为以下几点。

（1）可以评价企业未来获取现金的能力。

（2）可以了解企业偿还债务及支付投资者投资报酬的能力。

（3）可以了解企业现金收支产生差异的原因。

（4）可以评估企业当期现金与非现金投资和理财事项对企业财务状况的影响。

（5）可以了解不涉及现金收支的重大投资和筹资活动信息。

8.4.2　现金流量的概念及其分类

1. 现金流量的概念

现金流量是指一定会计期间内企业现金和现金等价物的流入和流出。

2. 现金流量的分类

《企业会计准则第 31 号——现金流量表》第四条规定，通常按照企业经营业务发生的性质将企业在一定期间内产生的现金流量归为以下三类。

（1）经营活动产生的现金流量。经营活动是指企业投资活动和筹资活动以外的所有交易和事项。经营活动主要包括销售商品、提供劳务、购买商品、接受劳务、支付工资和缴纳税款等流入和流出现金和现金等价物的活动事项。

（2）投资活动产生的现金流量。投资活动是指企业长期资产的购建和不包括现金等价物范围内的投资及其处置活动。投资活动主要包括购建固定资产、处置子公司及其他营业单位等流入和流出现金和现金等价物的活动或事项。

（3）筹资活动产生的现金流量。筹资活动是指导致企业资本及债务规模和构成发生变化的活动。筹资活动主要包括吸收投资、发行股票、分配利润、发行债券、偿还债务等流入和流出现金和现金等价物的活动或事项。

企业应合理划分经营活动、投资活动和筹资活动，对于自然灾害损失、保险索赔等特殊项目，应当根据特定情况和性质进行划分，分别归类到经营活动、投资活动和筹资活动类别中，并要一贯地遵守这种划分标准。

8.4.3　现金流量表的结构与编制方法

1. 现金流量表的结构

我国企业现金流量表采用报告式结构，分类反映经营活动产生的现金流量、投资活动产生的现金流量和筹资活动产生的现金流量，最后汇总反映企业某一期间现金及现金等价物的净额增加。

现金流量表具体包括五个部分：

（1）经营活动产生的现金流量；

（2）投资活动产生的现金流量；

（3）筹资活动产生的现金流量；

（4）汇率变动对现金的影响额；

（5）现金及现金等价物净增加额。

我国企业现金流量表的一般格式及有关内容如表 8-7 所示。

表 8-7　　现金流量表

编制单位：　　年　月　　单位：元

项　目	本期金额	上期金额
一、经营活动产生的现金流量：		
销售商品、提供劳务收到的现金		
收到的税费返还		
收到其他与经营活动有关的现金		
经营活动现金流入小计		
购买商品、接受劳务支付的现金		
支付给职工以及为职工支付的现金		
支付的各项税费		
支付其他与经营活动有关的现金		
经营活动现金流出小计		
经营活动产生的现金流量净额		
二、投资活动产生的现金流量		
收回投资收到的现金		
取得投资收益收到的现金		
处置固定资产、无形资产和其他长期资产收回的现金净额		
处置子公司及其他营业单位收到的现金净额		
收到其他与投资活动有关的现金		
投资活动现金流入小计		
购建固定资产、无形资产和其他长期资产支付的现金		
投资支付的现金		
取得子公司及其他营业单位支付的现金净额		
支付其他与投资活动有关的现金		
投资活动现金流出小计		
投资活动产生的现金流量净额		
三、筹资活动产生的现金流量		
吸收投资收到的现金		
取得借款收到的现金		
收到其他与筹资活动有关的现金		
筹资活动现金流入小计		
偿还债务支付的现金		
分配股利、利润或偿付利息支付的现金		

续表

项目	本期金额	上期金额
支付其他与筹资活动有关的现金		
筹资活动现金流出小计		
筹资活动产生的现金流量净额		
四、汇率变动对现金及现金等价物的影响		
五、现金及现金等价物净增加额		
加：期初现金及现金等价物余额		
六、期末现金及现金等价物余额		

2. 现金流量表的编制方法

现金流量表的编制方法有两种基本方法，即直接法和间接法。企业应当采用直接法列示经营活动产生的现金流量。直接法是指通过现金收入和现金支出的主要类别列示经营活动的现金流量。采用直接法编制经营活动的现金流量时，一般以利润表中的营业收入为起算点，调整与经营活动有关的项目的增减变动，然后计算出经营活动的现金流量。采用直接法具体编制现金流量表时，可以采用工作底稿法或T型账户法，也可以根据有关账户记录分析填列。

现金流量表主要说明如下。

（1）经营活动产生的现金流量。

①“销售商品、提供劳务收到的现金”项目，反映企业本年销售商品、提供劳务收到的现金，以及前期销售商品、提供劳务本期收到的现金（包括应向购买者收取的增值税销项金额）和本期预售的款项，减去本年销售本期退回商品和前期销售本期退回商品支付的现金。企业销售材料和代销业务收到的现金，也在本项目反映。

②“收到的税费返还”项目，反映企业收到返还的所得税、增值税、营业税、消费税、关税和教育费附加等各种税费返还款。

③“收到其他与经营活动有关的现金”项目，反映企业经营租赁收到的租金等其他与经营活动有关的现金流入，金额较大的应当单独列示。

④“购买商品、接受劳务支付的现金”项目，反映企业本期购买商品、接受劳务实际支付的现金（包括增值税进项税额），以及本期支付前期购买商品、接受劳务的未付款项和本期预付款项，减去本期发生的购货退回收到的现金。企业购买材料和代购、代销业务支付的现金，也在本项目反映。

⑤“支付给职工以及为职工支付的现金”项目，反映企业实际支付给职工的工资、奖金、各种津贴和补贴等职工薪酬（包括代扣、代缴的职工个人所得税）。

⑥“支付的各项税费”项目，反映企业发生并支付、前期发生本期支付以及预交的各项税费，包括所得税、增值税、营业税、消费税、印花税、房产税、土地增值税、车船税和教育费附加等。

⑦“支付其他与经营活动有关的现金”项目，反映企业经营租赁的租金、差旅费、业务招待费、保险费、罚款支出等其他与经营活动有关的现金流出，金额较大的应当单独列示。

（2）投资活动产生的现金流量。

①“收回投资收到的现金”项目，反映企业出售、转让或到期收回现金等价物以外的对其他企业长期股权投资等收到的现金，但处置子公司或其他营业单位收到的现金净额除外。

②“取得投资收益收到的现金”项目，反映企业除现金等价物以外对其他企业的长期股权投资等分回的现金股利和利息等。

③“处置固定资产、无形资产和其他长期资产收回的现金净额”项目，反映企业出售、报废固定资产、无形资产和其他长期资产所取得的现金（包括因资产损毁而收到的保险赔偿收入），减去为处置这些资产而支付的有关费用后的净额。

④“处置子公司及其他营业单位收到的现金净额”项目，反映企业处置子公司及其他营业单位所取得的现金，减去相关处置费用以及子公司及其他营业单位持有的现金和现金等价物后的净额。

⑤“购建固定资产、无形资产和其他长期资产支付的现金”项目，反映企业购买、购建固定资产，取得无形资产和其他长期资产支付的现金（含增值税款等），以及用现金支付的应由在建工程和无形资产负担的职工薪酬。

⑥“投资支付的现金”项目，反映企业取得除现金等价物以外的对其他企业的长期股权投资等所支付的现金以及支付的佣金、手续费等附加费用，但取得子公司及其他营业单位支付的现金净额除外。

⑦“取得子公司及其他营业单位支付的现金净额”项目，反映企业购买子公司及其他营业单位出价中以现金支付的部分，减去子公司及其他营业单位持有的现金和现金等价物后的净额。

⑧“收到其他与投资活动有关的现金”、“支付其他与投资活动有关的现金”项目，反映企业除上述①至⑦项目外收到或支付的其他与投资活动有关的现金，金额较大的应当单独列示。

（3）筹资活动产生的现金流量。

①“吸收投资收到的现金”项目，反映企业以发行股票、债券等方式筹集资金实际收到的款项（发行收入减去支付的佣金等发行费用后的净额）。

②“取得借款收到的现金”项目，反映企业举借各种短期、长期借款而收到的现金。

③“偿还债务支付的现金”项目，反映企业为偿还债务本金而支付的现金。

④“分配股利、利润和偿付利息支付的现金”项目，反映企业实际支付的现金股利、支付给其他投资单位的利润或用现金支付的借款信息、债券利息。

⑤“收到其他与筹资活动有关的现金”、“支付其他与筹资活动有关的现金”项目，反映企业除上述①至④项目外收到或支付的其他与筹资活动有关的现金，金额较大的

应当单独列示。

（4）“汇率变动对现金及现金等价物的影响”。

“汇率变动对现金及现金等价物的影响”项目，反映下列项目之间的差额。

① 企业外币现金流量折算为记账本位币时，采用现金流量发生日的即期汇率或按照系统合理的方法确定的、与现金流量发生日即期汇率近似的汇率折算的金额（编制合并现金流量表时折算境外子公司的现金流量，应当比照处理）。

② 企业外币现金及现金等价物净增加额按资产负债表日即期汇率折算的金额。

8.5 所有者权益变动表

8.5.1 所有者权益变动表的作用

1. 所有者权益变动表的概念

所有者权益变动表，是指反映所有者权益各组成部分当期增减变动情况的报表。

2. 所有者权益变动表的作用

所有者权益变动表，既可以为报表使用者提供所有者权益总量增减变动的信息，也能为其提供所有者权益增减变动的结构信息，特别是能够让报表使用者理解所有者权益增减变动的原因。

8.5.2 所有者权益变动表的内容与结构

1. 所有者权益变动表的内容

在所有者权益变动表上，企业至少应当单独列示反映下列信息的项目：

（1）净利润；

（2）直接计入所有者权益的利得和损失项目及其总额；

（3）会计政策变更和差错更正的累积影响金额；

（4）所有者投入资本和向所有者分配利润等；

（5）提取的盈余公积；

（6）实收资本或资本公积、盈余公积、未分配利润的期初和期末金额及其调节情况。

2. 所有者权益变动表的结构

所有者权益变动表以矩阵的形式列示：一方面，列示导致所有者权益变动的交易或事项，即所有者权益变动的来源，对一定时期所有者权益的变动情况进行全面反映；另一方面，按照所有者权益各组成部分（即实收资本、资本公积、盈余公积、未分配利润和库存股）列示交易或事项对所有者权益各部分的影响。

我国企业所有者权益变动表的格式如表8-8所示。

表 8-8

所有者权益变动表

年　　度

编制单位：　　　　　　　　　　　　　　　　　　　　　单位：元

项　　目	本年金额						上年金额					
	实收资本（或股本）	资本公积	减：库存股	盈余公积	未分配利润	所有者权益合计	实收资本（或股本）	资本公积	减：库存股	盈余公积	未分配利润	所有者权益合计
一、上年年末余额												
加：会计政策变更												
前期差错更正												
二、本年年初余额												
三、本年增减变动金额（减少以"－"号填列）												
（一）净利润												
（二）直接计入所有者权益的利得和损失												
1. 可供出售金融资产公允价值变动净额												
2. 权益法下被投资单位其他所有者权益变动影响												
3. 与计入所有者权益项目相关的所得税影响												
4. 其他												
上述（一）和（二）小计												
（三）所有者投入和减少资本												
1. 所有者投入资本												
2. 股份支付计入所有者权益的金额												
3. 其他												
（四）利润分配												
1. 提取盈余公积												
2. 对所有者（或股东）的分配												
3. 其他												
（五）所有者权益内部结转												
1. 资本公积转增资本（或股本）												
2. 盈余公积转增资本（或股本）												
3. 盈余公积弥补亏损												
4. 其他												
四、本年年末余额												

8.5.3　所有者权益变动表的编制方法

1. 所有者权益变动表项目的填列方法

所有者权益变动表各项目均须填列“本年金额”和“上年金额”两栏。

所有者权益变动表“上年金额”栏内各项数字，应根据上年度所有者权益变动表“本年金额”栏内所列数字填列。上年度所有者权益变动表规定的各项目的名称和内容与本年度不一致的，应对上年度所有者权益变动表各项目的名称和数字按照本年度的规定进行调整，填入所有者权益变动表的“上年金额”栏内。

所有者权益变动表“本年金额”栏内各项数字一般应根据“实收资本（或股本）”、“资本公积”、“盈余公积”、“利润分配”、“库存股”、“以前年度损益调整”账户的发生额分析填列。

企业的净利润及其分配情况作为所有者权益变动的组成部分，不需要单独编制利润分配表列示。

2. 所有者权益变动表主要项目说明

（1）“上年年末余额”项目，反映企业上年资产负债表中实收资本（或股本）、资本公积、库存股、盈余公积、未分配利润的年末余额。

（2）“会计政策变更”、“前期差错更正”项目，分别反映企业采用追溯调整或处理的会计政策变更的累积影响金额和采用追溯调整重述法处理的会计差错更正的积累影响金额。

3. “本年增减变动金额”项目

（1）“净利润”项目，反映企业当年实现的净额利润（或净亏损）金额。

（2）“直接计入所有者权益的利得和损失”项目，反映企业当年直接计入所有者权益的利得和损失金额。

①“权益法下被投资单位其他所有者权益变动的影响”项目，反映企业对按照权益法核算的长期股权投资，在被投资单位除当年实现的净损益以外其他所有者权益变动中应享有的份额。

②“与计入所有者权益项目相关的所得税影响”项目，反映企业根据《企业会计准则第 18 号——所得税》规定应计入所有者权益项目的当年所得税影响金额。

4. “所有者投入和减少资本”项目

反映企业当年所有者投入的资本和减少的资本。

（1）“所有者投入资本”反映企业接受投资者投入形成的实收资本（或股本）和资本溢价或股本溢价。

（2）“股份支付计入所有者权益的金额”项目，反映企业处于等待期中的权益结算的股份支付当年计入资本公积的金额。

5. “利润分配”项目

“利润分配”项目反映企业当年的利润分配金额。

6. “所有者权益内部结转”项目

反映企业构成所有者权益的组成部分之间的增减变动情况。

（1）“资本公积转增资本（或股本）”项目，反映企业以资本公积转增资本或股本的金额。

（2）“盈余公积转增资本（或股本）”项目，反映企业以盈余公积转增资本或股本的金额。

（3）“盈余公积弥补亏损”项目，反映企业以盈余公积弥补亏损的金额。

本章小结

财务会计报告，是指企业对外提供的反映企业某一特定日期的财务状况和某一会计期间的经营成果、现金流量等会计信息的文件。财务会计报告包括财务会计报表和其他应当在财务报告中披露的相关信息和资料。财务会计报告由会计报表、会计报表附注和财务情况说明书组成。财务会计报告为投资者、社会公众和债权人进行投资决策、企业内部管理者加强企业经营管理、国家经济管理部门进行宏观调控提供依据。财务会计报表按反映的经济内容分为静态报表和动态报表，按报送的对象不同分为内部报表和外部报表，按编报的时间不同分为年报、半年报、季报和月报，按编报单位的不同分为基层报表、汇总报表和合并报表。为保证会计报表的质量，财务会计报告的编制应当以持续经营为基础，数字要真实、全面、完整，编制及时，也要便于理解。

资产负债表，是指反映企业在某一特定日期的财务状况的会计报表。因为反映的是某一特定日期的情况，所以是静态会计报表。通过资产负债表可以了解企业资产的构成及其状况，了解企业在某一日期所拥有的经济资源及其分布情况；了解企业承担的债务责任及其偿还期分布情况；了解企业净资产及其构成状况；了解企业资产、负债及所有者权益之间的关系，企业的偿债能力和现金支付能力；了解企业未来财务状况的变动趋势。资产负债表由表头、表身和表尾等部分组成，表身部分是它的主体和核心。资产负债表的格式主要有账户式（左右式）和报告式（上下式）两种。账户式的左边为资产项目，按资产流动性强弱排列，右边为负债和所有者权益项目，根据“资产 = 负债 + 所有者权益”的会计等式，左右两边总额相等。资产负债表在编制时有的数据可根据总分类账户余额直接填列，有的数据须根据几个总分类账户余额通过计算合计数填列，有的数据根据有关明细分类账户余额计算填列，有的数据根据有关总分类账户和明细分类账户余额计算填列，有的数据根据总分类账户与其备抵账户抵销后的净额填列，还有的数据根据资产负债表内有关项目金额计算填列。

利润表，是指反映企业在一定会计期间的经营成果的会计报表。因为反映的是某一会计期间的情况，所以是动态报表。通过利润表可以从总体上了解企业的收入、成本和费用及净利润的实现及构成情况，可以通过利润表提供的不同时期的数字进行比较来分析企业的获利能力及利润的未来发展趋势，了解投资人投入资本的保值增值情况。利润表由表头、表身和表尾等部分组成。其格式主要有单步式和多步式两种。我国企业的利润表采用多步式。利润表的编制根据各损益类账户的发生额分析填列。

现金流量表，是指反映企业在一定会计期间的现金和现金等价物流入和流出的会计报表。它是以现金为基础编制的财务状况变动表，是对资产负债表和利润表的重要补充。它为报表使用者的决策提供更为有用的现金信息，可以了解和评价企业获取现金的能力，并据以预测企业未来的现金流量。现金流量是反映企业一定会计期间现金的流入和流出。该表按照企业经营业务发生的性质，将企业一定期间产生的现金流量分为经营活动产生的现金流量、投资活动产生的现金流量和筹资活动产生的现金流量三种。现金流量表由五部分组成：经营活动产生的现金流量、投资活动产生的现金流量、筹资活动产生的现金流量、汇率变动对现金的影响额、现金及现金等价物净增加额。

所有者权益变动表，是指反映所有者权益各组成部分当期增减变动情况的报表。所有者权益变动表既可以为报表使用者提供所有者权益总量增减变动的信息，也可以提供所有者权益增减变动的结构信息，特别是能够让报表使用者理解所有者权益增减变动的原因。所有者权益变动表的内容包括：①净利润；②直接计入所有者权益的利得和损失项目及其总额；③会计政策变更和差错更正的累积影响金额；④所有者投入资本和向所有者分配利润等；⑤提取的盈余公积；⑥实收资本或资本公积、盈余公积、未分配利润的期初和期末金额及其调节情况。所有者权益变动表以矩阵的形式列示：一方面，列示导致所有者权益变动的交易或事项，即所有者权益变动的来源，对一定时期所有者权益的变动情况进行全面反映；另一方面，按照所有者权益各组成部分（即实收资本、资本公积、盈余公积、未分配利润和库存股）列示交易或事项对所有者权益各部分的影响。

复习思考

1. 什么是财务会计报告？它由哪几部分组成？
2. 什么是利润表？它有何重要的作用？

3. 会计报表的编制要求有哪些？

4. 我国资产负债表采用何种形式？根据什么原理排列？

5. 资产负债表中各项目填列依据是什么？

6. 什么是现金流量表？其结构如何？

同步测试

一、名词解释

1. 财务会计报告　　2. 资产负债表　　3. 利润表

二、单项选择题

1. 财务会计报告按照编报时间的不同，可分为（　　）。

A. 月、季财务报告和年度财务报告　　B. 季度财务报告和年度财务报告

C. 半年度财务报告和年度财务报告　　D. 中期财务报告和年度财务报告

2. 月度财务报告应于月度终了后的（　　）内对外提供。

A. 6 天　　B. 10 天　　C. 15 天　　D. 30 天

3. 年度财务会计报告应当于年度终了后（　　）内对外提供。

A. 2 个月　　B. 3 个月　　C. 4 个月　　D. 120 天

4. 资产负债表是反映企业在（　　）财务状况的会计报表。

A. 某一特定时间　　B. 某一特定会计期间

C. 一定时间　　D. 某一特定日期

5. 根据“资产 = 负债 + 所有者权益”这一平衡公式填列的会计报表是（　　）。

A. 主营业务收入　　B. 利润表　　C. 资产负债表　　D. 现金流量表

6. 根据“收入 − 费用 = 利润”填列的会计报表是（　　）。

A. 利润分配表　　B. 资产负债表　　C. 现金流量表　　D. 利润表

7. 我国企业的资产负债表采用的是（　　）。

A. 账户式　　B. 多步骤报告式　　C. 单步骤报告式　　D. 平衡式

8. 账户式资产负债表的资产项目在左方，通常是按照（　　）进行排列。

A. 重要性　　B. 流动性　　C. 相关性　　D. 偿付期限长短

9. 我国企业的利润表采用的是（　　）结构的报表。

A. 账户式　　B. 多步式　　C. 单步式　　D. 平衡式

10. 资产负债表中的“应收账款”项目是根据（　　）减“坏账准备”账户的期末余额后的净额填列。

A. “应收账款”和“预收账款”总分类账户的借方余额合计数

B. “应收账款”和“预收账款”总分类账户的贷方余额合计数

C.“应收账款”和“预收账款”所属有关明细分类账户的借方余额合计数

D. “应收账款”和“预收账款”所属有关明细分类账户的贷方余额合计数

11. 资产负债表中的“预收账款”项目根据（ ）填列。

A. “应收账款”和“预收账款”总分类账户的借方余额合计数

B. “应收账款”和“预收账款”总分类账户的贷方余额合计数

C. “应收账款”和“预收账款”总分类账户所属明细分类账户的借方余额合计数

D.“应收账款”和“预收账款”总分类账户所属明细分类账户的贷方余额合计数

12. 资产负债表中的“预付账款”项目根据（ ）填列。

A. “应收账款”和“预收账款”总分类账户的借方余额合计数

B. “应收账款”和“预收账款”总分类账户的贷方余额合计数

C. “应付账款”和“预付账款”总分类账户所属明细账户的借方余额合计数

D. “应付账款”和“预付账款”总分类账户所属明细账户的贷方余额合计数

13. 在下列资产负债表项目中，可以根据总分类账户余额直接填列的是（ ）。

A. “应收账款” B. “货币资金” C. “短期借款” D. “长期借款”

14. 下列属于资产负债表中非流动资产项目的是（ ）。

A. 存货 B. 固定资产 C. 应收利息 D. 其他应收款

15. 下列项目不是形成营业利润的项目是（ ）。

A. 营业外收入 B. 营业收入 C. 投资收益 D. 管理费用

三、多项选择题

1. 会计报表主要包括（ ）。

A. 资产负债表 B. 利润表

C. 现金流量表 D. 所有者权益变动表

2. 下列会计报表中，属于企业对外报送的主要会计报表是（ ）。

A. 资产负债表 B. 利润表

C. 现金流量表 D. 制造费用分配表

3. 会计报表按照编制基础不同，可分为（ ）。

A. 基层会计报表 B. 个别汇总表 C. 合并会计报表 D. 汇总会计报表

4. 会计报表按报送对象不同，可分为（ ）。

A. 内部报表 B. 资产负债表 C. 外部报表 D. 利润表

5. 下列各项中，属于不能用总分类账户余额直接填列的项目有（ ）。

A. “应收账款” B.“固定资产” C. “预收账款” D.“应付账款”

6. 资产负债表的基本要素有（　　）。

A. 资产　B. 负债　C. 收入　D. 费用

7. 利润表的基本要素有（　　）。

A. 资产　B. 负债　C. 收入　D. 费用

8. 财务会计报告列报的要求有（　　）。

A. 持续经营为基础　B. 数字真实　C. 编报及时

D. 便于理解　E. 内容完整

9. 在资产负债表中，流动资产包括（　　）。

A. 存货　B. 货币资金　C. 一年内到期的非流动资产

D. 应收账款　E. 交易性金融资产

10. 资产负债表中“货币资金”项目应根据（　　）账户的期末借方余额合计数填列。

A. “其他应收款”　B. “库存现金”　C. “银行存款”

D. “交易性金融资产”　E. “应收账款”

11. 多步式利润表是通过几个步骤计算出当期损益，一般将其计算过程划分为（　　）等进行。

A. 可供分配利润　B. 营业利润　C. 利润总额　D. 营业收入

E. 净利润

12. 下列账户中，可能影响资产负债表中“应付账款”项目金额的有（　　）。

A. 预付账款　B. 预收账款　C. 应付账款　D. 其他应收款

E. 应收账款　F. 短期借款

13. 在利润表的编制过程中，（　　）等项目按有关账户发生额转入“本年利润”账户借方的发生额填列。

A. “销售费用”　B. “管理费用”　C. “营业外支出”　D. “资本公积”

E. “营业收入”

14. 下列资产负债表项目中，可根据其总分类账户期末余额计算填列的是（　　）。

A. “存货”　B. “实收资本”　C. “货币资金”　D. “应付票据”

E. “应收账款”

15. 资产负债表中的“存货”项目应根据（　　）子账户的期末借方余额之和填列。

A. “在途物资”　B. “生产成本”　C. “库存商品”　D. “在建工程”

E. “原材料”

四、判断题

1. 编制财务会计报告的主要目的就是为投资者提供信息。（　　）

2. 财务会计报告就是财务会计报表。　(　　)
3. 资产负债表为动态报表，利润表为静态报表。　(　　)
4. 利润表是反映企业在某一定期间财务状况的会计报表。　(　　)
5. 企业的资产负债表是按年编制的会计报表。　(　　)
6. 资产负债表是反映企业某一特定日期财务状况的会计报表。　(　　)
7. 利润表是以“收入－费用＝利润”为基础编制的。　(　　)

参考文献

[1] 中华人民共和国会计法 [N].（修订）1999 年 10 月 31 日

[2] 中华人民共和国财政部. 会计基础工作规范 [N]. 财会字 [1996] 19 号，1996 年 6 月 17 日

[3] 中华人民共和国财政部. 企业会计准则 [M]. 北京：经济科学出版社，2006 年 2 月

[4] 企业会计准则编审委员会. 企业会计准则案例讲解. 上海：立信会计出版社，2011.

[5] 山西省财政厅，山西省会计学会. 企业会计准则应用指南会计科目和主要账务处理汇编.

[6] 中华人民共和国财政部. 会计档案管理办法. 财会字 [1998] 32 号，1998 年 8 月 21 日

[7] 周仁义. 会计学. 长沙：湖南大学出版社，2009 年 7 月

[8] 财政部会计资格评价中心. 初级会计实务. 北京：中国财政经济出版社，2011 年 11 月

[9] 韦雁玲. 基础会计与实务. 大连：大连理工大学出版社，2008 年 6 月

[10] 高香林，吴彦文. 基础会计. 北京：高等教育出版社，2011 年 6 月

[11] 会计从业资格考试命题研究组. 财经法规与会计职业道德. 上海：立信会计出版社

[12] 赵丽生，董京原. 基础会计习题与实训. 北京：北京师范大学出版社，2010 年 8 月

[13] 杨桂洁. 会计基础与实务. 北京：人民邮电出版社，2010 年 9 月